Vallen en opstaan in de adolescentie

Wim Meeus

Vallen en opstaan in de adolescentie

een overzicht van de ontwikkeling van 12 tot 25 jaar

Houten 2019

ISBN 978-90-368-2361-6   ISBN 978-90-368-2362-3 (eBook)
https://doi.org/10.1007/978-90-368-2362-3

© Bohn Stafleu van Loghum is een imprint van Springer Media B.V., onderdeel van Springer Nature 2019
Alle rechten voorbehouden. Niets uit deze uitgave mag worden verveelvoudigd, opgeslagen in een geautomatiseerd gegevensbestand, of openbaar gemaakt, in enige vorm of op enige wijze, hetzij elektronisch, mechanisch, door fotokopieën of opnamen, hetzij op enige andere manier, zonder voorafgaande schriftelijke toestemming van de uitgever.

Voor zover het maken van kopieën uit deze uitgave is toegestaan op grond van artikel 16b Auteurswet j° het Besluit van 20 juni 1974, Stb. 351, zoals gewijzigd bij het Besluit van 23 augustus 1985, Stb. 471 en artikel 17 Auteurswet, dient men de daarvoor wettelijk verschuldigde vergoedingen te voldoen aan de Stichting Reprorecht (Postbus 3060, 2130 KB Hoofddorp). Voor het overnemen van (een) gedeelte(n) uit deze uitgave in bloemlezingen, readers en andere compilatiewerken (artikel 16 Auteurswet) dient men zich tot de uitgever te wenden.

Samensteller(s) en uitgever zijn zich volledig bewust van hun taak een betrouwbare uitgave te verzorgen. Niettemin kunnen zij geen aansprakelijkheid aanvaarden voor drukfouten en andere onjuistheden die eventueel in deze uitgave voorkomen. De uitgever blijft onpartijdig met betrekking tot juridische aanspraken op geografische aanwijzingen en gebiedsbeschrijvingen in de gepubliceerde landkaarten en institutionele adressen.

NUR 770
Basisontwerp omslag: Studio Bassa, Culemborg
Automatische opmaak: Scientific Publishing Services (P) Ltd., Chennai, India

Bohn Stafleu van Loghum
Walmolen 1
Postbus 246
3990 GA Houten

www.bsl.nl

Voorwoord

Als we mensen vragen welke gebeurtenissen ze zich het best herinneren of welke ervaringen hen het meeste raakten komen ze vaak met verhalen uit hun jeugd. Als we mensen vragen naar hun tien favoriete liedjes komen ze met de hits uit hun jeugd. En ook beschrijven velen de jeugd als de beste tijd van hun leven. Aan de andere kant vinden de meeste ouders de adolescentie de moeilijkste opvoedingsperiode. Hieruit blijkt wel dat de adolescentie een sleutelfase in het leven is.

Dit boek geeft een overzicht van de psychosociale ontwikkeling in de adolescentie. Ik bespreek onderzoek naar de ontwikkeling van het ik, persoonlijke relaties en psychopathologie. Ook geef ik een inleiding in de vele theorieën hierover. Het boek is een uitvoerige versie van een overzichtsartikel dat ik in 2016 in het tijdschrift *Developmental Psychology* publiceerde en een sterk vereenvoudigde en grondig herschreven versie van mijn boek *Adolescent Development* uit 2019. Ik gebruik veel ideeën uit mijn eerdere publicaties en uit die van collega's van de onderzoeksgroep Adolescentie van de Universiteit Utrecht en ook, in mindere mate, van de vakgroep Ontwikkelingspsychologie van de Universiteit Tilburg.

Een kernidee van dit boek is dat het gemakkelijk is om de ontwikkeling in de adolescentie te beschrijven, moeilijker om individuele verschillen in de ontwikkeling te vinden, en nog moeilijker om oorzaak en gevolg in de ontwikkeling vast te stellen. Dit laatste onderwerp is belangrijk omdat in onderzoeksartikelen vaak onterechte claims worden gedaan over oorzaak en gevolg in de ontwikkeling van jongeren.

Onderzoek in de eenentwintigste eeuw is groepswerk, en dat is zeker het geval voor longitudinaal onderzoek. Het is eenvoudig onmogelijk om een longitudinale studie te beginnen en vol te houden zonder een groep van toegewijde onderzoekers die samenwerken aan dataverzameling, data-analyse en publicaties. Ik bedank daarom de vele collega's die met mij een serie longitudinale studies uitvoerden. Samen zijn we veel te weten gekomen over de ontwikkeling van adolescenten. Twee personen bedank ik in het bijzonder: Susan Branje voor haar slimme en voortdurende bijdragen aan de continuering van onze longitudinale studies, en Elisabetta Crocetti voor haar bijdrage aan het onderzoek naar identiteit. De vele bijdragen van mijn andere collega's staan in de tekst en in de literatuurverwijzingen aan het eind van elk hoofdstuk.

Ik draag dit boek op aan Truus, Arthur en Merlijn.

Wim Meeus
Utrecht, maart 2019

Inhoud

1	**Wat is adolescentie?**	1
1.1	De moeilijke adolescentie, een populair beeld	2
1.1.1	Malala, Lucebert, Henk Kistemaker en het Wurgspel	2
1.1.2	Wat denken ouders?	3
1.1.3	Adolescentie in dit boek: de ontwikkeling centraal	3
1.2	Adolescentie nu	4
1.2.1	Een uitgerekte levensfase	4
1.2.2	Subfasen in de adolescentie	5
1.3	De wetenschap over adolescentie: twee perspectieven	6
1.3.1	De moeilijke adolescentie	6
1.3.2	Een ander wetenschappelijk idee: adolescentie als vormende periode	7
1.4	Conclusie	9
	Literatuur	10
2	**Kijken naar ontwikkeling**	13
2.1	Vier manieren om de ontwikkeling te beschrijven	14
2.2	Ontwikkeling bij adolescenten als groep	14
2.2.1	Gemiddelde verandering	14
2.2.2	Ontstaan en stabiel worden van individuele verschillen	14
2.3	Ontwikkeling op individueel niveau	15
2.3.1	Profielstabiliteit	15
2.3.2	Ontwikkelingsketens	16
2.4	Vier manieren van beschrijving van ontwikkeling samengevat	19
	Literatuur	20
3	**Iemand worden: ontwikkeling van identiteit**	21
3.1	Persoonlijke identiteit: theorie	23
3.1.1	Wat is identiteit?	23
3.1.2	De ontwikkeling van identiteit	26
3.2	Ontwikkeling van persoonlijke identiteit bij adolescenten als groep	27
3.2.1	Gemiddelde verandering van identiteitsprocessen	27
3.2.2	Individuele verschillen in identiteit worden stabieler	28
3.3	Individuele ontwikkeling van persoonlijke identiteit	28
3.3.1	Profielstabiliteit	28
3.3.2	Ontwikkelingsketens	29
3.4	Politieke identiteit: theorie	32
3.4.1	Wat is politieke identiteit?	32
3.5	Ontwikkeling van politieke identiteit en opvattingen bij adolescenten als groep	33
3.5.1	Gemiddelde verandering	33
3.5.2	Individuele verschillen in politieke opvattingen worden stabieler	33
3.6	Individuele ontwikkeling van politieke identiteit	34
3.6.1	Profielstabiliteit	34

3.7	**Ontwikkeling van persoonlijke en politieke identiteit samengevat**	35
3.7.1	Maturatie	35
3.7.2	Wat als de ontwikkeling niet positief verloopt?	37
	Literatuur	39

4	**Iemand worden: ontwikkeling van de persoonlijkheid**	41
4.1	**Persoonlijkheid: theorie**	43
4.1.1	Wat is persoonlijkheid?	43
4.1.2	Ontwikkeling van de persoonlijkheid	44
4.2	**Ontwikkeling van de persoonlijkheid bij adolescenten als groep**	45
4.2.1	Gemiddelde verandering van persoonlijkheidstrekken	45
4.2.2	Individuele verschillen in persoonlijkheidstrekken worden stabieler	45
4.3	**Individuele ontwikkeling van de persoonlijkheid**	47
4.3.1	Profielstabiliteit	47
4.3.2	Ontwikkelingsketens	47
4.4	**Ontwikkeling van de persoonlijkheid samengevat**	49
4.4.1	Maturatie	49
4.4.2	Wat als de ontwikkeling niet positief verloopt?	50
	Literatuur	52

5	**Ontwikkeling van relaties met ouders en vrienden en empathie**	55
5.1	**Ontwikkeling van relaties: theorie**	57
5.1.1	Adolescenten en ouders	57
5.1.2	Vriendschappen in de adolescentie	59
5.1.3	Empathie	60
5.2	**Ontwikkeling van relaties en empathie bij adolescenten als groep**	60
5.2.1	Gemiddelde verandering	60
5.2.2	Ontwikkeling van individuele verschillen in ervaring van relaties	66
5.3	**Individuele ontwikkeling van relaties**	67
5.3.1	Ontwikkelingsketens	67
5.4	**Ontwikkeling van relaties samengevat**	72
5.4.1	Ouder-adolescentrelaties: maturatie	72
5.4.2	Vriendschappen: maturatie, ja, maar	75
5.4.3	Empathie: rijping cognitie	76
5.4.4	Conclusie	76
5.4.5	Wat als de ontwikkeling niet positief verloopt?	76
	Literatuur	79

6	**Problemen met jezelf en de wereld: psychopathologie**	83
6.1	**Ontwikkeling van internaliserend en externaliserend probleemgedrag: theorie**	85
6.1.1	Internaliserend probleemgedrag	85
6.1.2	Externaliserend probleemgedrag	86
6.1.3	Tegelijk voorkomen van internaliserend en externaliserend probleemgedrag	87
6.1.4	Conclusie	88
6.2	**Ontwikkeling van internaliserend en externaliserend probleemgedrag bij adolescenten als groep**	88
6.2.1	Gemiddelde verandering	88

6.2.2	Individuele verschillen in internaliserend en externaliserend probleemgedrag worden stabieler, meestal	90
6.3	**Individuele ontwikkeling van internaliserend en externaliserend probleemgedrag**	94
6.3.1	Ontwikkelingsketens	94
6.4	**Ontwikkeling van internaliserend en externaliserend probleemgedrag samengevat**	97
6.4.1	Maturatie, ja, maar	97
6.4.2	Wat als de ontwikkeling niet positief verloopt?	99
6.4.3	Bijdrage aan theorievorming	99
	Literatuur	100
7	**Kijken naar meervoudige ontwikkeling**	105
7.1	**Voorspellingsmodellen**	108
7.1.1	Een klassiek voorbeeld: marshmallows en zelfcontrole	108
7.2	**Voorspellingsmodellen: theorie en onderzoek**	109
7.2.1	Relaties met ouders, leeftijdsgenoten en een intieme partner: theorie	109
7.2.2	Relaties met ouders, leeftijdsgenoten en een intieme partner: voorspelling	111
7.2.3	Conclusie	112
7.3	**Ontwikkelingsvolgordemodellen**	112
7.4	**Ontwikkelingsvolgorde en oorzaak en gevolg**	112
7.5	**Ontwikkelingsvolgordemodellen: theorie en onderzoek**	113
7.5.1	Opmerkingen ter inleiding	113
7.5.2	Ouders dragen denken en doen over op adolescenten	115
7.5.3	Gaat affectieve empathie aan cognitieve empathie vooraf? Theorie en onderzoek	116
7.5.4	Psychopathologie en relaties van adolescenten	117
7.5.5	Psychopathologie en onafhankelijkheid van ouders	118
7.5.6	Conclusie	119
	Literatuur	121
8	**Verklaren van stabiliteit van individuele verschillen en volgorde in ontwikkeling**	127
8.1	**Individuele verschillen zijn stabiel: welke kortetermijnprocessen zorgen daarvoor? Mediatie op korte termijn**	129
8.1.1	Mechanismen van psychopathologie bij adolescenten: theorie	129
8.1.2	Mislukte emotieregulatie en stressgevoeligheid als mechanismen van psychopathologie: empirie	130
8.2	**Welke processen zorgen voor een ontwikkelingsvolgorde? Mediatie op lange termijn**	132
8.2.1	De rol van ouders: theorie	132
8.2.2	De rol van ouders: onderzoek	134
8.3	**Welke processen zorgen voor een ontwikkelingsvolgorde? Mediatie op korte termijn**	135
8.3.1	Mislukte emotieregulatie, ouder-adolescentrelaties en psychopathologie	135
8.3.2	Identiteit, angst en depressie	135
8.4	**Conclusie**	137
	Literatuur	138

9	**Tijdelijke turbulentie en ontwikkelingspatronen**	141
9.1	**Beschrijven van ontwikkeling: ontwikkelingspatronen**	143
9.1.1	Maturatie	143
9.1.2	Regels van individuele ontwikkeling	144
9.1.3	Subfasen in de adolescentie	150
9.2	**Beschrijven van de ontwikkeling en theorieën van ontwikkeling in de adolescentie**	152
9.2.1	Het ik: groei van continuïteit, flexibiliteit en organisatie	153
9.2.2	Persoonlijke relaties: individuatie	153
9.2.3	Problemen van adolescenten: tussen maturatiestress en maturatiegebrek	154
9.3	**Patronen van meervoudige ontwikkeling**	155
9.3.1	Ontwikkelingspatronen in samenhang: drie combinaties	158
9.4	**Patronen van meervoudige ontwikkeling en theorieën over adolescentie**	159
9.4.1	Adolescenten en ouders: verschuivende posities	159
9.4.2	Erosie van persoonlijke relaties, mislukte emotieregulatie en onzekerheid	160
9.4.3	Ouders als rolmodel: hechting en overdracht	161
9.4.4	Een noot bij ontwikkelingspatroon 3: goed gaat samen met goed, en slecht met slecht	161
9.5	**Sekseverschillen**	161
9.5.1	Sekseverschillen in de ontwikkeling bij adolescenten als groep	162
9.5.2	Sekseverschillen in de meervoudige ontwikkeling	162
9.6	**De moeilijke of vormende adolescentie? Een conclusie**	162
9.7	**Onderzoek naar ontwikkeling in de adolescentie: een blik op de toekomst**	164
9.7.1	Kijken naar ontwikkeling en meervoudige ontwikkeling	164
9.7.2	Ontwikkeling van individuele verschillen en individuele ontwikkeling	165
9.7.3	Ontwikkelingsvolgorde en oorzaak en gevolg in modellen van individuele ontwikkeling	166
9.7.4	Combineren van verschillende tijdsschalen in onderzoek naar ontwikkeling	167
9.7.5	Op weg naar onderzoek over de hele wereld dat multidisciplinair is	167
	Literatuur	167
	Bijlagen	173
	Bijlage A	174
	Literatuur	175
	Register	176

Wat is adolescentie?

Samenvatting

Adolescenten zijn ondernemend en gaan daarbij risico's niet uit de weg. Dat is een van de redenen dat de adolescentie in de media en door ouders, maar ook door wetenschappers vaak wordt beschreven als een moeilijke periode, een leeftijdsfase van rebellie, chaos en conflict. Daarnaast bestaat het beeld dat de adolescentie de vormende periode in het leven is. De leeftijdsfase waarin jonge mensen uitvinden wie ze zijn en stabiel gedrag, voorkeuren en duidelijke ideeën over de maatschappij ontwikkelen. Voor beide visies op de adolescentie bestaat empirisch bewijs. De vraag is welke visie het overtuigendst is. Om dat te bepalen moeten we naar de ontwikkeling van adolescenten kijken, en dat doen we in dit boek. De adolescentie is tegenwoordig een lange ontwikkelingsfase; ze loopt van 12 tot 23 jaar en kent 4 subfasen: de vroege adolescentie (12–14 jaar), de middenadolescentie, (15–17 jaar), de late adolescentie (18–20 jaar) en de postadolescentie (21–23 jaar).

1.1 De moeilijke adolescentie, een populair beeld – 2
1.1.1 Malala, Lucebert, Henk Kistemaker en het Wurgspel – 2
1.1.2 Wat denken ouders? – 3
1.1.3 Adolescentie in dit boek: de ontwikkeling centraal – 3

1.2 Adolescentie nu – 4
1.2.1 Een uitgerekte levensfase – 4
1.2.2 Subfasen in de adolescentie – 5

1.3 De wetenschap over adolescentie: twee perspectieven – 6
1.3.1 De moeilijke adolescentie – 6
1.3.2 Een ander wetenschappelijk idee: adolescentie als vormende periode – 7

1.4 Conclusie – 9

Literatuur – 10

© Bohn Stafleu van Loghum is een imprint van Springer Media B.V., onderdeel van Springer Nature 2019
W. Meeus, *Vallen en opstaan in de adolescentie*, https://doi.org/10.1007/978-90-368-2362-3_1

Adolescentie komt van het Latijnse werkwoord *adolescere*, wat 'opgroeien' betekent. Om op te groeien moeten jonge mensen verschillende ontwikkelingstaken oplossen: de goede opleiding vinden en afmaken, de overgang naar een beroep maken, een eigen huishouding opzetten, uitvinden wie ze zijn, de relaties met ouders en vrienden uit de kindertijd veranderen in volwassen relaties, een intieme partner vinden en een goed geïnformeerde burger worden die een bijdrage kan leveren aan het oplossen van maatschappelijke en politieke vraagstukken.

En dat moeten adolescenten allemaal doen tussen de 12 en 25 jaar. Want zo lang duurt de adolescentie tegenwoordig in welvarende maatschappijen. Hierbij teken ik aan dat het einde van de adolescentie niet exact te bepalen is; vaak wordt 23 tot 25 jaar als eindpunt genoemd. Ik open het hoofdstuk met het populaire beeld van de adolescentie.

1.1 De moeilijke adolescentie, een populair beeld

1.1.1 Malala, Lucebert, Henk Kistemaker en het Wurgspel

Op 9 oktober 2012 wordt de vijftienjarige Malala in een schoolbus neergeschoten door twee talibanstrijders [29]. Bij deze aanslag op haar leven ontsnapt ze bij toeval aan de dood. Malala is een activiste in Mingora, de grootste stad in de Swatvallei in Pakistan. Zij staat op twaalfjarige leeftijd op tegen de Taliban, die meisjes het recht ontzeggen om naar school te gaan. Zij eist toegang tot onderwijs in blogs en publieke campagnes. Ze weet dat ze risico loopt, heeft nachtmerries en is bang om naar school te gaan. Maar dat weerhoudt haar er niet van om publiekelijk het recht op te eisen voor onderwijs aan meisjes. De aanslag maakt maar tijdelijk een einde aan Malala's activisme. Na ingewikkelde operaties in Engeland herstelt ze, en vanaf 2013 gaat ze naar school in Birmingham. In 2014 is zij de jongste winnaar van de Nobelprijs voor de Vrede.

In 1943 meldt Bertus Zwaanswijk, later bekend geworden als Lucebert, zich aan voor vrijwilligerswerk in Duitsland [12]. Hij vertrekt en vervult enkele jaren een veilig kantoorbaantje. Hij is dan achttien jaar. Zijn stap is geen toeval zoals later blijkt uit de brieven die Bertus in 1943 en 1944 aan zijn vriendin stuurt. Hij noemt Duitsland zijn *Wahlheimat* en gelooft in het superieure Germaanse ras. Ook heeft hij uitgesproken antisemitische opvattingen: 'De Joodse sjacherige zwetsaard heeft ons Nederduitsers erg, erg besmet …' Hij ondertekent zijn brieven met *Sieg Heil*. Na de oorlog herziet Lucebert in stilte zijn foute standpunten, ontwikkelt zich tot criticus van de koloniale oorlogen in Indonesië en wordt de geëngageerde dichter, de keizer van de Vijftigers, die het burgerlijke Nederland tart.

Het verhaal van Henk Kistemaker lijkt op dat van Lucebert, maar ook weer niet [15]. Kistemaker meldt zich in 1941 als achttienjarige aan als vrijwilliger bij de Waffen SS. Hij vecht aan het Oostfront, eerst bij de infanterie en later bij de SS-divisie Wiking. Hij raakt meerdere keren gewond en verliest goede kameraden in de vele gevechten. Naar eigen zeggen was Kistemaker geen overtuigd nazi, maar werd hij aangetrokken door de orde en discipline van Hitler-Duitsland, en vooral door het avontuur: 'Als je achttien bent wil je spanning en avontuur. De wijde wereld in.' Na de oorlog wordt Kistemaker tot vijf jaar gevangenisstraf veroordeeld voor 'vreemde krijgsdienst'; in 1948 krijgt hij gratie. Daarna moffelt hij in zijn cv zijn oorlogsverleden weg en lukt het hem met hard werken een maatschappelijke carrière op te bouwen.

In juni 2017 vinden twee Nederlandse ouders hun zoon Tim M. dood wanneer ze thuiskomen van een avondje uit [21]. In eerste instantie lijkt het op zelfmoord, maar een filmpje op zijn telefoon maakt later duidelijk dat Tim zichzelf per ongeluk verwurgd heeft met een ceintuur. Tim is een van de slachtoffers van het wurgspel, een zogenaamde *internet challenge*,

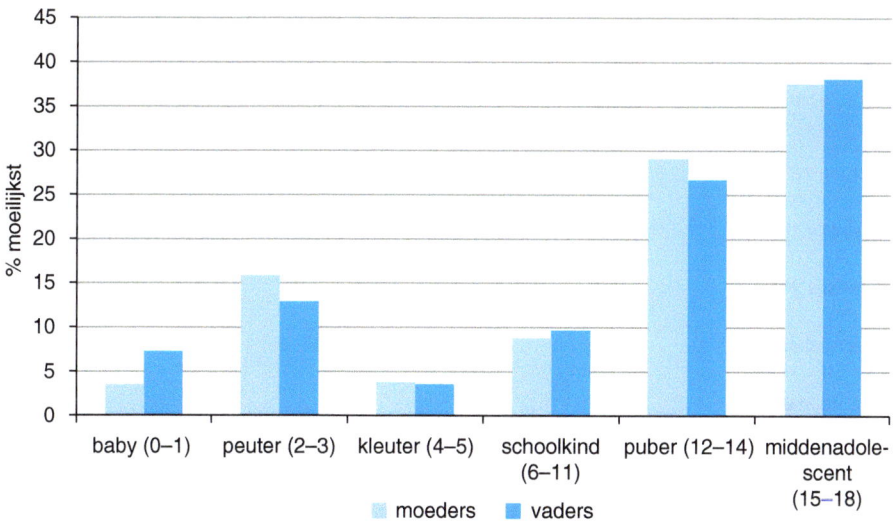

□ **Figuur 1.1** De moeilijkste periode in de opvoeding volgens moeders en vaders. Gegevens uit Rispens, Hermanns, en Meeus [24]

waarbij jongeren elkaar of zichzelf verwurgen om in een roes te raken, dat filmen en vervolgens online zetten. Tim zat op het lyceum en was volgens zijn ouders geen jongen die uitzonderlijk veel risico nam of met andere gevaarlijke dingen bezig was. Het geval van Tim staat niet op zichzelf: meerdere tieners hebben de dood gevonden in internet challenges.

Deze vier voorbeelden laten allemaal hetzelfde zien: jonge mensen die veel risico nemen en rare dingen denken. Dit doen ze ongeacht de gevolgen van hun gedrag. Vaak loopt het goed af, maar regelmatig ook niet. Ze volgen graag nieuwe ideeën, en dat kan een bron zijn voor emancipatie en creativiteit, maar ook leiden tot geweld. Daarom wordt de adolescentie vaak beschreven als een periode van gedoe, chaos en ook wel rebellie.

1.1.2 Wat denken ouders?

Het beeld van de moeilijke adolescentie vinden we ook bij ouders. In een nationaal onderzoek in de jaren negentig van de vorige eeuw werd aan Nederlandse ouders gevraagd welke periode zij het moeilijkst vonden in de opvoeding van hun kinderen [24]. □Figuur 1.1 laat de resultaten zien, uitgesplitst voor moeders en vaders.

□Figuur 1.1 laat zien dat voor ongeveer 65 % van de ouders de puberteit en adolescentie de moeilijkste opvoedingsperiodes zijn. De moeilijke adolescentie bestaat ook in de hoofden van Nederlandse ouders.

1.1.3 Adolescentie in dit boek: de ontwikkeling centraal

De vraag die ik in dit boek ga beantwoorden is of de adolescentie inderdaad zo'n moeilijke periode is. Dat doe ik door te kijken naar de ontwikkeling van jongeren. Dat is namelijk de enige manier om te laten zien of bepaalde problemen in de ontwikkeling van jongeren van

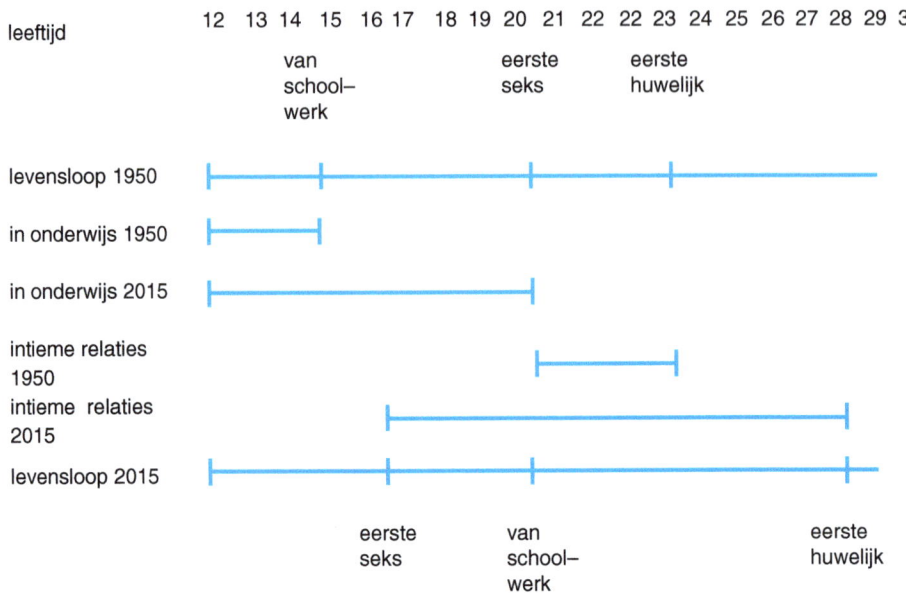

Figuur 1.2 Het ontstaan van de adolescentie voor allen: overgangen in 1950 en 2015

tijdelijke of blijvende aard zijn. En ook om te zien hoeveel jongeren daadwerkelijk een moeilijke en chaotische jeugd hebben. Ik begin met een beschrijving van de periode van de adolescentie anno nu.

1.2 Adolescentie nu

1.2.1 Een uitgerekte levensfase

Van oudsher is de adolescentie de periode die begint met de puberteit en de overgang van de basisschool naar de middelbare school, en eindigt met de overgang van school naar werk. In moderne westerse maatschappijen is de adolescentie een levensfase geworden voor alle jongeren. Deze uitgerekte adolescentie voor allen bestaat nog niet zo lang. Dit wordt duidelijk als we kijken naar het moment waarop belangrijke overgangen plaatsvinden in 1950 en 2015 (fig. 1.2).

Figuur 1.2 laat de timing zien van drie belangrijke overgangen in 1950 en 2015. Voor het maken van de figuur heb ik gebruikgemaakt van gecombineerde gegevens uit de VS [10, 25], de Europese Unie [9] en Nederland [3, 6]. De overgang van school naar werk laat de leeftijd zien waarop jongeren beschikbaar komen voor de arbeidsmarkt. De figuur toont dat jongeren in 1950 gemiddeld op de leeftijd van 15 gingen werken en in 2015 op de leeftijd van 21. Tussen 1950 en 2015 is de onderwijsperiode van jongeren dus met zes jaar verlengd. Ten gevolge daarvan is ook de periode van de vorming van intieme relaties veel langer geworden. In de figuur gebruik ik twee overgangen om de ontwikkeling van intieme relaties te beschrijven. Ik gebruik de leeftijd van de eerste seks als het begin van de vorming van intieme relaties, en het eerste huwelijk als het (tenminste tijdelijke) einde ervan. In 1950 was deze periode relatief kort: ongeveer drie jaar. In 2015 start de vorming van intieme relaties veel vroeger, op

Tabel 1.1 Subfasen in de adolescentie

ontwikkelings-gebieden	vroege adolescentie (leeftijd 12–14)	middenadolescentie (leeftijd 15–17)	late adolescentie (leeftijd 18–20)	postadolescentie (leeftijd 21–23)
fysieke ontwikkeling	– puberteit			
persoonlijke relaties		– uitgaan		
		– eerste intieme partner		
		– eerste seks	– uit huis[b]	– uit huis[a]
school en werk	– van basis-naar middelbaar onderwijs	– van middelbaar naar tertiair onderwijs[a]	– van middelbaar naar tertiair onderwijs[b]	
			– van school naar werk[a]	– van school naar werk[b]

[a] Voor adolescenten met een lage sociaaleconomische status.
[b] Voor adolescenten met een hoge sociaaleconomische status.

de leeftijd van 17, en duurt die veel langer, tot de leeftijd van 29. Samengenomen laten deze cijfers een enorme uitbreiding van de periode van vorming van intieme relaties zien, van drie naar twaalf jaar.

De cijfers uit ⬛fig. 1.2 zijn niet representatief voor de gehele wereld, ze betreffen een beperkt aantal westerse landen. Om die reden moeten de exacte cijfers met enig voorbehoud worden bekeken. Het gaat in de figuur niet in de eerste plaats om de exacte cijfers, maar meer om de trend die ze laten zien. En die trends tonen een enorme verlenging van de periode van het volgen van onderwijs en de vorming van intieme relaties. Deze verlenging is het gevolg van de toenemende rijkdom van landen. Die leidt ertoe dat er meer middelen beschikbaar zijn voor de scholing van jongeren. In het verlengde daarvan hebben jongeren een langere periode voor het verkennen van intieme relaties en kunnen ze op relatief late leeftijd definitieve keuzen maken. Beide trends laten ook zien dat het ontstaan van de adolescentie voor allen een betrekkelijk recent verschijnsel is.

1.2.2 Subfasen in de adolescentie

Omdat de adolescentie tegenwoordig zo lang duurt, kan ze worden onderverdeeld in vier subfasen: de vroege adolescentie (12–14 jaar), de middenadolescentie (15–17 jaar), de late adolescentie (18–20 jaar) en de postadolescentie (21–23 jaar). Deze indeling maakt ook duidelijk dat puberteit en adolescentie verschillende begrippen zijn. De puberteit is de eerste subfase: de vroege adolescentie, zie ⬛tab. 1.1.

In elk van deze subfasen staan enkele ontwikkelingsprocessen centraal. De vroege adolescentie is de periode van ontwikkeling naar geslachtsrijpheid en de overgang van basis- naar middelbaar onderwijs. In de middenadolescentie beginnen jongeren met uitgaan, hebben ze hun eerste verkering, doen ze hun eerste seksuele ervaringen op, en maken jongeren uit de lagere sociaaleconomische milieus de overgang van de middelbare school naar het tertiair onderwijs. In de late adolescentie gaan jongeren uit de hogere sociaaleconomische milieus het huis uit om van middelbaar naar tertiair onderwijs te gaan, terwijl jongeren uit de lagere sociaaleconomische milieus de overgang van school naar werk maken. In de postadolescentie gaan jongeren uit de lagere sociaaleconomische milieus het huis uit en maken jongeren uit de hogere sociaaleconomische milieus de overgang van onderwijs naar werk. Samengenomen laten de overgangen op de verschillende gebieden goed zien hoe jongeren zich ontwikkelen en ook dat er duidelijke sociaaleconomische verschillen zijn. Jongeren met een lagere sociaaleconomische status gaan eerder naar het tertiair onderwijs en van tertiair onderwijs naar werk dan jongeren met een hogere sociaaleconomische status, en gaan later het huis uit. Dit laat ook zien dat, met uitzondering van uit huis gaan, jongeren met een lagere sociaaleconomische status zich sneller ontwikkelen. Dit patroon gaat ook op voor de eerste verkering en de eerste seks [14]. De subfasen uit de tabel zijn gebaseerd op onderzoek in westerse landen. Generalisatie ervan naar andere landen is daarom niet mogelijk.

1.3 De wetenschap over adolescentie: twee perspectieven

Grofweg wordt er in de wetenschap op twee manieren over de adolescentie gedacht. Het eerste perspectief komt dicht bij het populaire beeld en benadrukt de moeilijke adolescentie.

1.3.1 De moeilijke adolescentie

De Amerikaanse psycholoog Stanley Hall was de eerste wetenschapper die de adolescentie omschreef als een periode van storm en stress [11]. Volgens hem is de adolescentie de levensfase waarin jonge mensen de controle over zichzelf verliezen (storm) en uitermate gevoelig zijn voor allerlei prikkels uit de omgeving (stress). Hall zette daarmee een trend in de wetenschap. Ik licht dat toe met een paar voorbeelden.

Generatiekloof. De notie van de generatiekloof komt uit de Amerikaanse sociologie van de jaren veertig van de vorige eeuw, wanneer Davis [5] en Parsons [23] ontdekken dat jongeren er andere ideeën op na houden dan hun ouders en volwassenen in het algemeen. In de jaren zestig van de vorige eeuw wordt de generatiekloof een begrip dat zich in de hoofden van het grote publiek vastzet, en dat is sindsdien zo gebleven. Het gevoel van een generatiekloof vinden we vaak terug in de popmuziek, bijvoorbeeld in het klassieke 'My generation' van de Engelse band The Who [28]:

> People try to put us down
> Talkin' 'bout my generation
> Just because we get around
> Talkin' ...
> The things they do look awful cold
> Talkin' ...
> I hope I die before I get old

Hier horen we jongeren die niet willen dat ouderen zich met hen bemoeien, die de wereld van volwassenen koud en vijandig vinden, en die niet volwassen willen worden (*I hope I die ...*). De generatiekloof is sindsdien in talloze jeugdculturen uitgedrukt: van rockers tot gabbers, van gothics tot punks, en van rastafari's tot gangstarappers. In al die jeugdculturen is een aantal steeds terugkerende elementen aan te wijzen: (1) afkeer van ouders en volwassenen, (2) afkeer van de wereld van volwassenen en haar vertegenwoordigers (leraren, politici, politie), (3) een kloof in opvattingen en gedrag tussen de generaties, en (4) het geloof dat jongeren zich kunnen verzetten tegen de wereld van volwassen. Generatiekloof en conflict gaan dus hand in hand.

No Future is de harde kern van het negatieve groepsgevoel van jonge mensen. Het begrip komt uit de Duitse jeugdsociologie van de jaren tachtig van de vorige eeuw en geeft aan dat jongeren niet geloven dat er een fatsoenlijke plaats voor hen is in de toekomstige maatschappij. Het is bij alle jeugdgeneraties onder de oppervlakte aanwezig, in allerlei varianten. Een recent voorbeeld ervan is de Nederlandse discussie over de pensioenen, waar jongeren stellen dat de pensioenen nu te hoog zijn waardoor zij later geen fatsoenlijk pensioen meer zullen overhouden. Een ander voorbeeld is de discussie in Engeland over de Brexit. Jongeren verwijten ouderen dat hun massale stem voor de Brexit hen van een goede economische toekomst heeft beroofd. Het no-futuregevoel toont soms ook zijn grimmige gezicht, bijvoorbeeld in de maandenlange rellen in de Parijse voorsteden in 2007 en 2008, waarbij jongeren winkels plunderden, auto's in brand staken en de politie bekogelden met stenen. Er zijn ook goede redenen om aan te nemen dat het no-futuregevoel voor een aantal jongeren reden was om naar Syrië af te reizen en zich bij IS aan te sluiten [19].

Identiteitscrisis. Volgens de Amerikaanse psychiater en psycholoog Erikson is de adolescentie de periode waarin mensen één centrale opgave hebben: uit te vinden wie ze zijn [8]. Een identiteitscrisis, een periode waarin twijfel en onzekerheid toeslaan, en een periode waarin we het echt niet weten, is daarbij onvermijdelijk. Later is in de adolescentiepsychologie daarvoor de term *moratorium* in zwang geraakt.

Psychische stoornissen: ontstaan en piek in de adolescentie. In ongeveer dertig jaar wetenschappelijk onderzoek is meer en meer duidelijk geworden dat de adolescentie een kritische periode is voor het ontstaan van psychische stoornissen, en dat die stoornissen vaak ook het sterkst zijn in deze periode [16]. Angststoornissen (vooral gegeneraliseerde angst), stemmingsstoornissen, schizofrenie, delinquentie en drugsgebruik ontstaan allemaal in de adolescentie, en vertonen daar ook vaak een piek.

Dit korte overzicht maakt duidelijk dat de invloed van Hall [11] op de adolescentiewetenschap nog steeds groot is. De wetenschap laat zien dat jongeren problemen hebben met de maatschappij en zichzelf: ze hebben conflicten met ouders en volwassenen, voelen zich niet thuis in de maatschappij, weten niet wie ze zijn en vertonen allerlei vormen van probleemgedrag.

1.3.2 Een ander wetenschappelijk idee: adolescentie als vormende periode

Tegenover het idee van de moeilijke adolescentie staat een ander: dat de adolescentie de periode is waarin individuen uitvinden wie ze zijn en wat ze met het leven willen. Ze ontwikkelen een duidelijk zelfbeeld en een duidelijk beeld van zichzelf in relatie tot anderen, ze krijgen meer controle over hun emoties, en ze gaan minder risico's nemen. Dit betekent ook dat voor de meeste jongeren veel problemen, van identiteitscrisis tot agressie, en van conflicten met hun ouders tot delinquentie, tijdelijk zijn. Er is wel storm en stress in de adolescentie, maar het gaat over, is de boodschap [1, 13, 18]. Het is duidelijk dat dit idee nogal verschilt van dat van de moeilijke adolescentie: het is optimistisch en staat tegenover het pessimisme van de moeilijke adolescentie. Ik geef twee voorbeelden die inderdaad laten zien dat de adolescentie de vormende periode in het leven is.

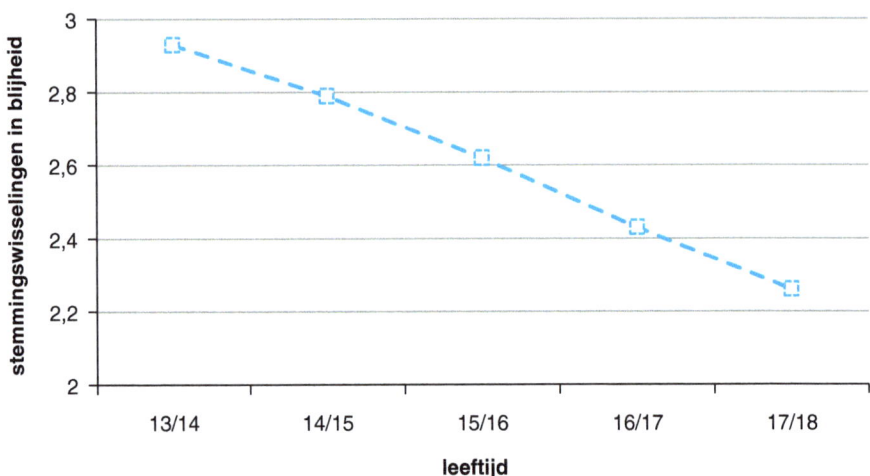

 Figuur 1.3 Stemmingswisselingen in blijheid van dag tot dag van 13 tot 18 jaar. Resultaten van een studie van Maciejewski en anderen [17]

Het eerste voorbeeld komt uit onderzoek naar stemmingswisselingen [17]. De onderzoekers keken hoe positieve (blijheid) en negatieve (woede, verdriet en angst) stemmingen van dag tot dag wisselden bij adolescenten van 13 tot 18 jaar. Zij vonden dat stemmingswisselingen gemiddeld duidelijk afnamen; fig. 1.3 laat de uitkomst van de studie zien voor stemmingswisselingen in blijheid.

De resultaten voor wisselingen in woede, verdriet en angst waren hetzelfde als voor blijheid. Met het ouder worden nemen de stemmingswisselingen van adolescenten dus duidelijk af. Jongeren worden gelijkmatiger in hun emoties, en het komt minder voor dat ze de ene dag ontzettend blij zijn en de volgende dag heel boos of verdrietig. Adolescenten leren hun emoties beheersen.

Het tweede voorbeeld is een combinatie van onderzoek naar delinquentie [20] en cognitieve empathie [26]. Bij delinquentie keken de onderzoekers naar de toe- en afname van verschillende delinquente handelingen in de leeftijd van 12 tot en met 18 jaar. Bij het onderzoek naar cognitieve empathie gingen de onderzoekers na of perspectief nemen, dat is het vermogen om de ideeën van anderen te begrijpen, toeneemt tussen de 13 en 18 jaar. Ik combineer de gegevens van deze twee studies omdat heel vaak gevonden is dat cognitieve empathie samengaat met minder antisociaal gedrag [27] en delinquentie. Als je anderen beter begrijpt, snap je ook dat delinquentie de belangen van anderen schaadt en zul je dus minder delinquent zijn. Figuur 1.4 laat de ontwikkeling van delinquentie en cognitieve empathie zien.

 Figuur 1.4 laat zien dat in de adolescentie delinquentie sneller toeneemt dan cognitieve empathie. Anders gezegd: het risicogedrag ontwikkelt zich sneller dan de rem erop. Dat betekent dat de kans op risicogedrag tussen 13 en 17 jaar het grootst is, en dat daarna de rem erop sterker is. Het grijze gebied in de figuur toont het risicogebied.

 Figuur 1.4 geeft ook een nieuw perspectief op de ontwikkeling in de adolescentie: probleemgedrag is tijdelijk en wordt aan het einde van de adolescentie vervangen door controle ervan. Dat suggereert dat de moeilijke adolescentie tijdelijk is en dat de meeste jongeren aan het einde van de adolescentie probleemgedrag achterwege laten.

Het onderzoek naar stemmingswisselingen en naar delinquentie en cognitieve empathie laat duidelijk zien dat de adolescentie de vormende periode in het leven is: adolescenten leren wisseling in stemmingen beheersen, en ze leren anderen beter begrijpen en worden daardoor minder delinquent.

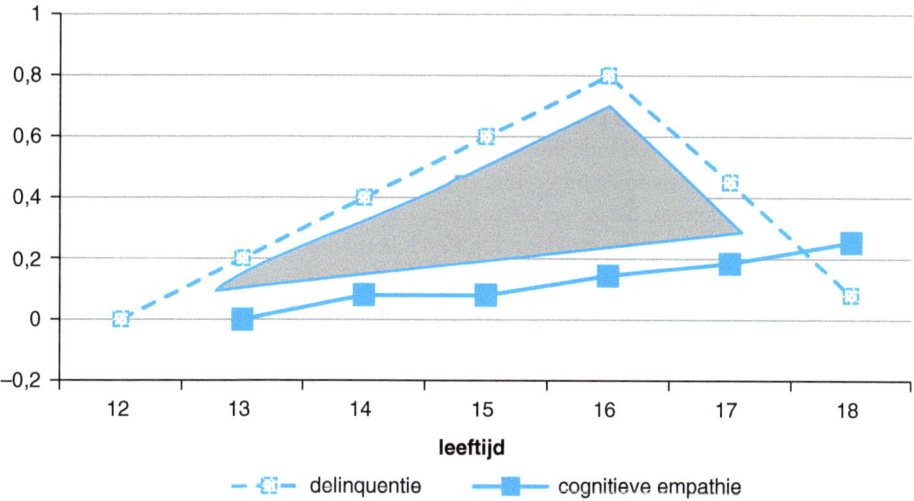

Figuur 1.4 De ontwikkeling van delinquentie en cognitieve empathie tussen 12 en 18 jaar. De gegevens komen uit onderzoek van Meeus en anderen [20] en Van der Graaff en anderen [26]. Om de ontwikkelings-curves te kunnen vergelijken is het beginniveau van delinquentie en empathie op 0 gesteld. De curve van delinquentie is herberekend

1.4 Conclusie

Er zijn twee perspectieven op de adolescentie: dat van de moeilijke adolescentie en dat van de adolescentie als vormende periode in het leven. Dat de adolescentie moeilijk is vinden we terug in de publieke opinie, in de ideeën van ouders over de opvoeding van jongeren, én in de wetenschap. Maar in de wetenschap bestaat ook het idee dat de adolescentie de vormende periode van het leven is: de moeilijke adolescentie is van tijdelijke aard. Zoals ik eerder al opmerkte kunnen we alleen op basis van onderzoek naar de ontwikkeling van jongeren een definitieve uitspraak doen over beide perspectieven. En dat onderzoek komt in de volgende hoofdstukken aan de orde. Daarin bespreek ik eerst eigen onderzoek, uitgevoerd in Nederland, dat jongeren over een langere periode heeft gevolgd, ten minste vijf jaar. In bijlage1 staat een overzicht van deze studies. Daarna kijk ik of dat onderzoek herhaald is onder andere groepen jongeren in Nederland en in andere landen. Dat laatste doe ik omdat de laatste jaren veel vraagtekens zijn gezet bij de herhaalbaarheid van psychologisch onderzoek [22]. Door meerdere studies over hetzelfde onderwerp in en buiten Nederland te bekijken kan ik dus een betrouwbaarder beeld geven [7]. Ik ben daarbij op zoek naar *ontwikkelingspatronen*. Als de verschillende studies in en buiten Nederland hetzelfde beeld geven concludeer ik tot een ontwikkelingspatroon. Uiteindelijk zullen dat er acht zijn.

Ik concentreer me in dit boek op de psychosociale ontwikkeling van adolescenten: het zelf (identiteit en persoonlijkheid), relaties met ouders en vrienden, en psychopathologie (angst, depressie, delinquentie, directe agressie en drugsgebruik).

- **En de hersenen dan?**

De laatste tien jaar is er veel mooi onderzoek gedaan naar het brein van adolescenten [4]. Het merendeel van die onderzoeken richt zich echter niet op de ontwikkeling van het brein in relatie tot de ontwikkeling van gedrag. Om die reden vallen de resultaten buiten het bestek van dit boek. Dit betekent ook dat allerlei claims dat de hersenen de ontwikkeling van gedrag bepalen ongegrond zijn, er is simpelweg nog te weinig ontwikkelingsonderzoek om deze claim te doen. Wel merk ik op dat er een grote overeenkomst is tussen ◘fig. 1.4 en het neurobiologische model van de ontwikkeling van het adolescente brein zoals voorgesteld door Casey en collega's [2]. Dat model verklaart risicogedrag van jongeren uit het gegeven dat gebieden in het brein (subcorticale limbische gebieden) die jongeren gevoeliger maken voor allerlei uitdagende prikkels in de omgeving, zich sneller ontwikkelen dan gebieden (prefrontale cortex) die voorkomen dat ze op die prikkels ingaan. Risicogedrag is zo het gevolg van gebrek aan controle op riskante prikkels. Op dezelfde manier als delinquentie het gevolg is van het feit dat cognitieve empathie zich later ontwikkelt.

Literatuur

1. Arnett, J. (1999). Adolescent storm and stress, reconsidered. *American Psychologist, 54,* 317–326. ►https://doi.org/10.1037/0003-066x.54.5.317.
2. Casey, B. J., Jones, R., & Somerville, L. (2011). Braking and accelerating of the adolescent brain. *Journal of Research on Adolescence, 21,* 21–33.
3. CBS (1975). *75 jaar statistiek van Nederland.* 's-Gravenhage: Staatsuitgeverij.
4. Crone, E. (2008). *Het puberende brein.* Amsterdam: Bert Bakker.
5. Davis, K. (1940). The sociology of parent-youth conflict. *American Sociological Review, 5,* 523–535.
6. De Graaf, H., Kruijer, H., Van Acker, J., & Meijer, S. (2012). *Seks onder je 25e: Seksuele gezondheid van jongeren in Nederland anno 2012.* Delft: Eburon.
7. Duncan, G., Engel, M., Claessens, A., & Dowsett, C. (2014). Replication and robustness in developmental research. *Developmental Psychology, 50,* 2417–2426.
8. Erikson, E. (1968). *Identity: youth and crisis.* New York: W.W. Norton.
9. Eurostat (2015). *Being young in Europe today.* Luxemburg: Publications Office of the European Union.
10. Finer, L. (2007). Trends in premarital sex in the United States, 1954–2003. *Public Health Reports, 122,* 73–78.
11. Hall, G. S. (1904). *Adolescence: Its psychology and its relation to physiology, anthropology, sociology, sex, crime, religion, and education.* Englewood Cliffs, NJ: Prentice-Hall.
12. Hazeu, W. (2018). *Lucebert – Biografie.* Amsterdam: De Bezige Bij.
13. Hollenstein, T., & Lougheed, J. (2013). Beyond storm and stress. *American Psychologist, 68,* 444–454.
14. Hovell, M, Sipan, C., Blumberg, E., Atkins, C., Hofstetter, C., & Kreitner, S. (1994). Family influences on Latino and Anglo adolescents' sexual behavior. *Journal of Marriage and the Family, 56,* 973–986.
15. Kistemaker, H. (2008). *Wiking. Een nederlandse SS-er aan het Oostfront.* Hilversum: Just Publishers.
16. Lee, F., Heimer, H., Giedd, J., Lein, E., Šestan, N., Weinberger, D., & Casey, B. J. (2014). Adolescent mental health: Opportunity and obligation. *Science, 346,* 547–549.
17. Maciejewski, D., Van Lier, P., Branje, S., Meeus, W., & Koot, H. (2015). A 5-year longitudinal study on mood variability across adolescence using daily diaries. *Child Development, 86,* 1908–1921.
18. Meeus, W. (1992). *Kiezen, legitimeren en adolescente identiteit. Over jongeren, levensloop en het zelf.* Groningen: Wolters-Noordhoff.
19. Meeus, W. (2015). Why do young people become Jihadists? A theoretical account on radical identity development. *European Journal of Developmental Psychology, 12,* 275–281.
20. Meeus, W., Branje, S., & Overbeek, G. (2004). Parents and partners in crime: A six-year longitudinal study on changes in supportive relationships and delinquency in adolescence and young adulthood. *Journal of Child Psychology and Psychiatry, 45,* 1288–1298.
21. NOS.nl (2017, 6 Juni). Jongen dood bij wurgspel, ouders waarschuwen voor 'choking challenge'. ►https://nos.nl/artikel/2178294.
22. Open Science Collaboration (2015). Estimating the reproducibility of psychological science. *Science, 349* (6251), aac4716.
23. Parsons, T. (1942). Age and sex in the social structure of the United States. *American Sociological Review, 7,* 604–616.
24. Rispens, J., Hermanns, J., & Meeus, W. (red.) (1996). *Opvoeden in Nederland.* Assen: Van Gorcum.
25. US Census Bureau (2010). *American Community Survey.* Washington: US Census Bureau.

Literatuur

26. Van der Graaff, J., Branje, S., Wied, M. de, Hawk, S., Van Lier, P., & Meeus, W. (2014). Perspective taking and empathic concern in adolescence: gender differences in developmental changes. *Developmental Psychology, 50,* 881–888.
27. Van der Graaff, J., Branje, S., De Wied, M., & Meeus, W. (2012). The moderating role of empathy in the association between parental support and adolescent aggressive and delinquent behavior. *Aggressive Behavior, 38,* 368–377.
28. The Who (1965). My generation. Op *My Generation* (LP). New York: Brunswick.
29. Youzafsai, M., & McCormick, P. (2015). *I am Malala: How a girl stood up for education and changed the world.* London: Hachette Children's Group.

Kijken naar ontwikkeling

Samenvatting

We kunnen de ontwikkeling van jonge mensen op vier manieren beschrijven. Bij de eerste twee manieren gaat het over de ontwikkeling van adolescenten als groep. We kijken dan naar de gemiddelde verandering van een kenmerk, bijvoorbeeld aardig zijn, en naar het ontstaan van stabiele individuele verschillen. Door naar de gemiddelde verandering te kijken kunnen we de richting van de ontwikkeling vaststellen. Als jongeren met de leeftijd gemiddeld aardiger worden, betekent dat dat aardig-zijn een ontwikkelingsnorm is. Bij het ontstaan van individuele verschillen gaan we na of iemand stabiel tot de meer aardige of minder aardige adolescenten in de groep gaat behoren. Omdat ontwikkeling op groepsniveau niet per se iets zegt over de individuele ontwikkeling beschrijf ik twee manieren om de ontwikkeling van individuen te bestuderen: onderzoek naar profielstabiliteit en naar ontwikkelingsketens. Met profielstabiliteit kunnen we bijvoorbeeld voor elk individu nagaan of hij/zij met het ouder worden een meer georganiseerde persoonlijkheid krijgt. Met ontwikkelingsketens kunnen we voor elk individu een ontwikkelingstype vaststellen en nagaan hoe mensen in de adolescentie van type veranderen. Dit boek gaat over de ontwikkeling van adolescenten. De eerste vraag die we moeten beantwoorden als we naar de ontwikkeling kijken, is hoe die ontwikkeling verloopt. We moeten de ontwikkeling beschrijven.

2.1   Vier manieren om de ontwikkeling te beschrijven – 14

2.2   Ontwikkeling bij adolescenten als groep – 14
2.2.1   Gemiddelde verandering – 14
2.2.2   Ontstaan en stabiel worden van individuele verschillen – 14

2.3   Ontwikkeling op individueel niveau – 15
2.3.1   Profielstabiliteit – 15
2.3.2   Ontwikkelingsketens – 16

2.4   Vier manieren van beschrijving van ontwikkeling samengevat – 19

Literatuur – 20

© Bohn Stafleu van Loghum is een imprint van Springer Media B.V., onderdeel van Springer Nature 2019
W. Meeus, *Vallen en opstaan in de adolescentie*, https://doi.org/10.1007/978-90-368-2362-3_2

2.1 Vier manieren om de ontwikkeling te beschrijven[1]

Ik presenteer vier veelgebruikte manieren om ontwikkeling te beschrijven. Bij de eerste twee manieren kijken we naar de ontwikkeling van adolescenten als groep. Het gaat om de gemiddelde verandering en het ontstaan van individuele verschillen. In beide gevallen krijgen we dus meer inzicht in kenmerken van de gehele groep van adolescenten. In die algemene ontwikkeling van de groep adolescenten zijn echter veel verschillende ontwikkelingspatronen van individuele adolescenten verborgen. Om een voorbeeld te nemen: als adolescenten gemiddeld delinquenter of depressiever worden, betekent dat niet automatisch dat alle adolescenten delinquent of depressief worden: sommigen zullen heel delinquent of depressief worden, anderen een beetje, en weer anderen helemaal niet. Naar die patronen van individuele ontwikkeling kijken we ook op twee manieren: het gaat dan om profielstabiliteit en om ontwikkelingsketens.

2.2 Ontwikkeling bij adolescenten als groep

2.2.1 Gemiddelde verandering

Bij de gemiddelde verandering kijken we hoe een bepaald kenmerk bij adolescenten in de tijd toe- of afneemt. ◘Figuur 2.1 geeft als voorbeeld de toename van het gebruik van harddrugs tussen de 12 en 20 jaar.

2.2.2 Ontstaan en stabiel worden van individuele verschillen

Jongeren vertonen individuele verschillen op in principe alle kenmerken. Sommigen zijn slim en anderen niet, sommigen zijn sportief en anderen niet enzovoorts. De vraag is nu of deze individuele verschillen in het begin van de adolescentie even systematisch zijn als aan het einde. Als ze aan het einde van de adolescentie meer systematisch zijn, laat dat zien dat de adolescentie de vormende periode in het leven is, de periode waarin wordt vastgelegd wie we in vergelijking tot anderen zijn. Ik licht dat toe in ◘fig. 2.2.

In de bovenste helft van ◘fig. 2.2 staan de leerprestaties van een groep van 8 jongeren aan het begin van de brugklas (t1, leeftijd 12 jaar) en vier maanden later (t2, leeftijd 12 jaar en 4 maanden). De figuur laat zien dat er nog geen systematische verschillen in leerprestaties zijn op leeftijd 12. Persoon 1 en 2 presteren op t1 niet goed, persoon 3, 4, 5 en 6 goed, en persoon 7 en 8 heel goed. Op t2 is persoon 3 van een goede leerling in de slechtste veranderd, persoon 7 van een heel goede in een slechte en persoon 4, 5 en 6 van goede in heel goede leerlingen. In de onderste helft van de figuur kijken we naar leerprestaties op leeftijd 18. En dan zien we dat de verschillen heel stabiel zijn geworden. De adolescenten die goed of slecht presteren op t1 doen dat ook op t2. Op 18 jaar zijn er dus duidelijk goede en slechte leerlingen, terwijl dat op 12 jaar nog niet zo duidelijk is. De veronderstelling is dat dit patroon zich in het algemeen voordoet. Personen gaan na verloop van tijd een vrij stabiele positie innemen in hun groep. En ze gaan duidelijk verschillen van anderen.

---

1 Een meer statistische inleiding in deze beschrijvingsmodellen is te vinden in Meeus [4, 5].

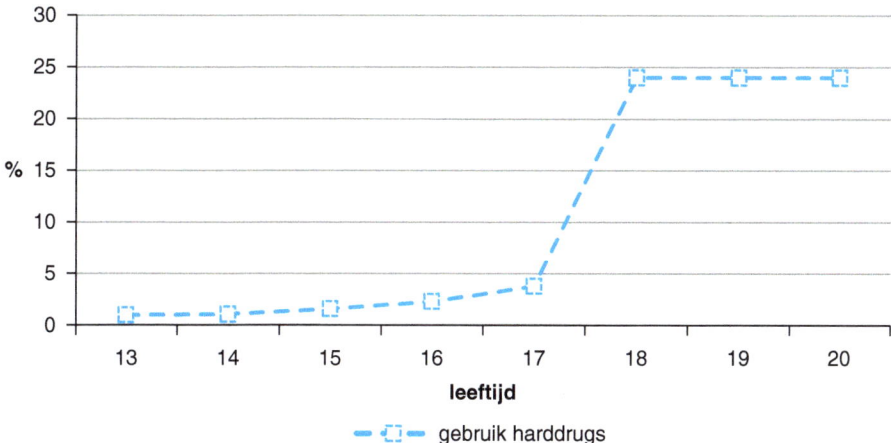

Figuur 2.1 Gemiddelde verandering van adolescenten: jongeren gaan gemiddeld meer harddrugs gebruiken als ze ouder worden, uit een studie van Van Delden en anderen [7]

2.3 Ontwikkeling op individueel niveau

Dat individuele verschillen stabiel worden betekent niet automatisch dat bepaalde kenmerken bij een individu ook een stabiel en georganiseerd patroon gaan vormen. Dus dat er goede en slechte leerlingen ontstaan wil niet per se zeggen dat bij een leerling een patroon ontstaat van vakken waarin hij of zij heel goed is en vakken waarin dat minder het geval is. En dat is natuurlijk wel een belangrijk gegeven in de ontwikkeling. Want ontwikkeling betekent ook dat we willen nagaan of er een duidelijke organisatie van kenmerken bij personen ontstaat. Die kunnen we bekijken met de maat profielstabiliteit.

2.3.1 Profielstabiliteit

Dit is de stabiliteit van de rangorde van trekken of kenmerken van een persoon. Het is een maat voor de formele organisatie van een individueel profiel [3]. De verwachting is dat dit individuele profiel in de loop van de ontwikkeling stabieler wordt: de organisatie van het ik neemt toe. De maat voor profielstabiliteit is de Q-correlatie die in de regel loopt van 0 (in het geheel geen stabiliteit) tot 1 (perfecte stabiliteit). De maat komt uit de persoonlijkheidspsychologie; daarom gebruik ik een Big Five-voorbeeld ter toelichting (fig. 2.3).

De persoon met de lage stabiliteit (links in de figuur) heeft dus een persoonlijkheid die niet erg georganiseerd is: op tijdstip 1 vindt deze persoon zichzelf vooral extravert en aardig, en niet open, en op tijdstip 2 vooral emotioneel stabiel en niet consciëntieus en open (de rangorde van de trekken E, A, C, ES en O is 1, 2, 3, 4, 5 op tijdstip 1 en 3, 2, 4, 1, 5 op tijdstip 2). De persoon rechts in de figuur heeft wel een georganiseerde persoonlijkheid. Deze persoon vindt zichzelf op beide tijdstippen emotioneel stabiel en consciëntieus, en niet open (de rangorde van ES, C, A, E en O is 1, 2, 3, 4, 5 op tijdstip 1 en 1, 2, 4, 3, 5 op tijdstip 2).

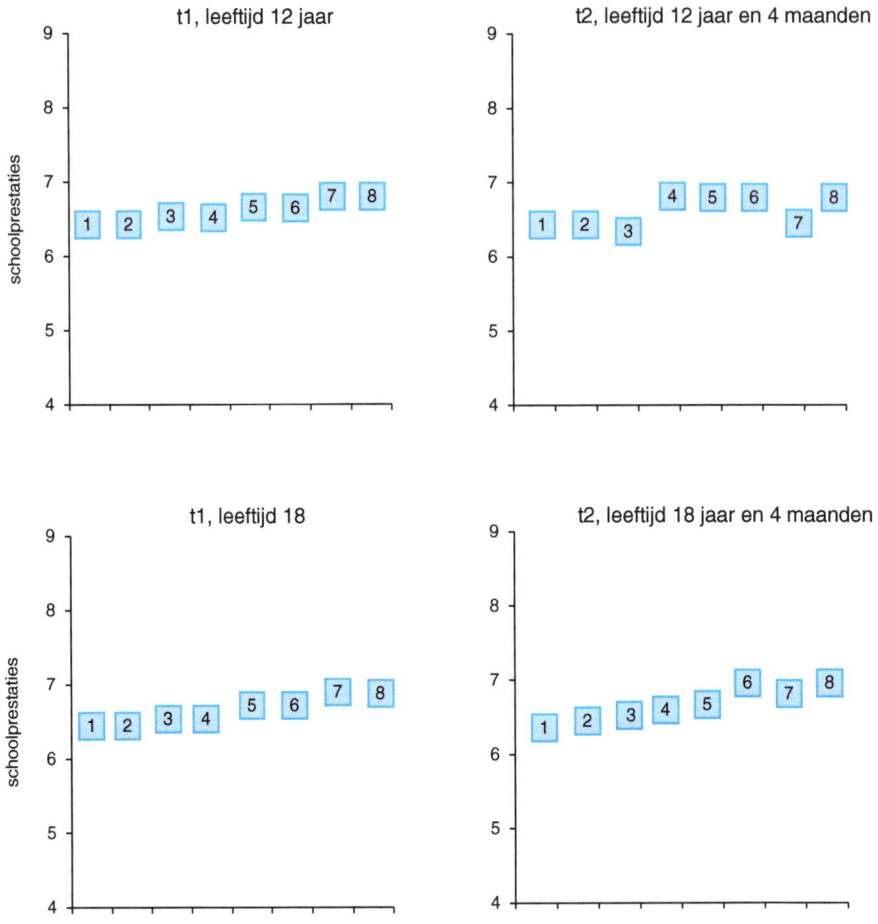

Figuur 2.2 Gemiddelde (t1, leeftijd 12 jaar en t2, leeftijd 12 jaar en 4 maanden, $r = 0{,}26$) en hoge (t1, leeftijd 18 en t2, leeftijd 18 en 4 maanden, $r = 0{,}76$) stabiliteit van individuele verschillen in leerprestaties in een groep van 8 personen op 12 en 18 jaar. T1 is tijdstip 1 en t2 is tijdstip 2

2.3.2 Ontwikkelingsketens

Onderzoek naar ontwikkelingsketens [2, 6] levert op vijf manieren informatie over de ontwikkeling van individuele adolescenten: (1) het laat verschillende typen van adolescenten zien; (2) het laat zien hoe deze typen in de ontwikkeling in aantal toe- of afnemen; (3) het geeft aan welke typen een eindpunt van ontwikkeling vormen en welke typen meer tijdelijk zijn; (4) het toont de aard van de individuele verandering: hoe adolescenten van het ene in het andere type veranderen; en (5) het maakt duidelijk hoe vaak adolescenten van type veranderen, hoe dynamisch de ontwikkeling is. Ik licht de vijf manieren toe met behulp van een fictief voorbeeld over roken, drinken en gebruik van drugs.

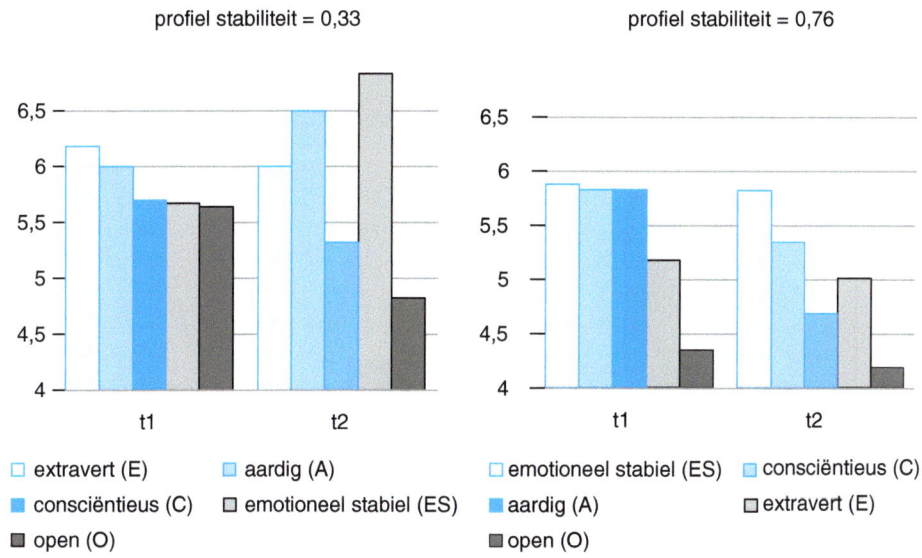

□ **Figuur 2.3** Profielstabiliteit van de persoonlijkheid. Links in de figuur staat een persoon met een vrij lage profielstabiliteit, rechts een persoon met een hoge profielstabiliteit

1. *Drie typen van middelengebruik*: een hoog-risicogroep, sociale gebruikers en een laag-risicogroep, zie □fig. 2.4a. De figuur laat een groep zien die veel rookt, drinkt en drugs gebruikt – de hoog-risicogroep –, een groep die vooral sociaal drinkt en drugs gebruikt en weinig rookt – de sociale gebruikers –, en een groep die heel weinig gebruikt – de laag-risicogroep.
2. *Toe- en afname van de drie typen in de adolescentie*. □Figuur 2.4b laat zien dat het aantal sociale gebruikers in de adolescentie toeneemt en dat zowel het aantal hoog- als het aantal laag-risico-adolescenten afneemt. Ook toont de figuur dat de omvang van de hoog-risicogroep klein is en die van de twee andere groepen groot.
3. *Eindpunten van ontwikkeling en tijdelijke typen*. □Tabel 2.1 laat zien dat het type sociale gebruikers een eindpunt van ontwikkeling vormt: 92 % van de adolescenten die op leeftijd 14 tot dit type behoorden doet dat op leeftijd 18 nog steeds. Het type sociale gebruikers is dus heel stabiel in de tijd. Dat geldt juist niet voor het hoog-risicotype: slechts 15 % van de adolescenten uit de hoog-risicogroep op leeftijd 14 behoort ook op leeftijd 18 tot deze groep. Het hoog-risicotype is dus een tijdelijk type dat de meeste jongeren aan het einde van de adolescentie achter zich laten. Het laag-risicotype vormt ook een eindpunt van een ontwikkeling: 76 % van de jongeren blijft tussen de 14 en 18 jaar tot dit type behoren. Maar het laag-risicotype is minder een eindpunt van een ontwikkeling dan het sociale-gebruikerstype.

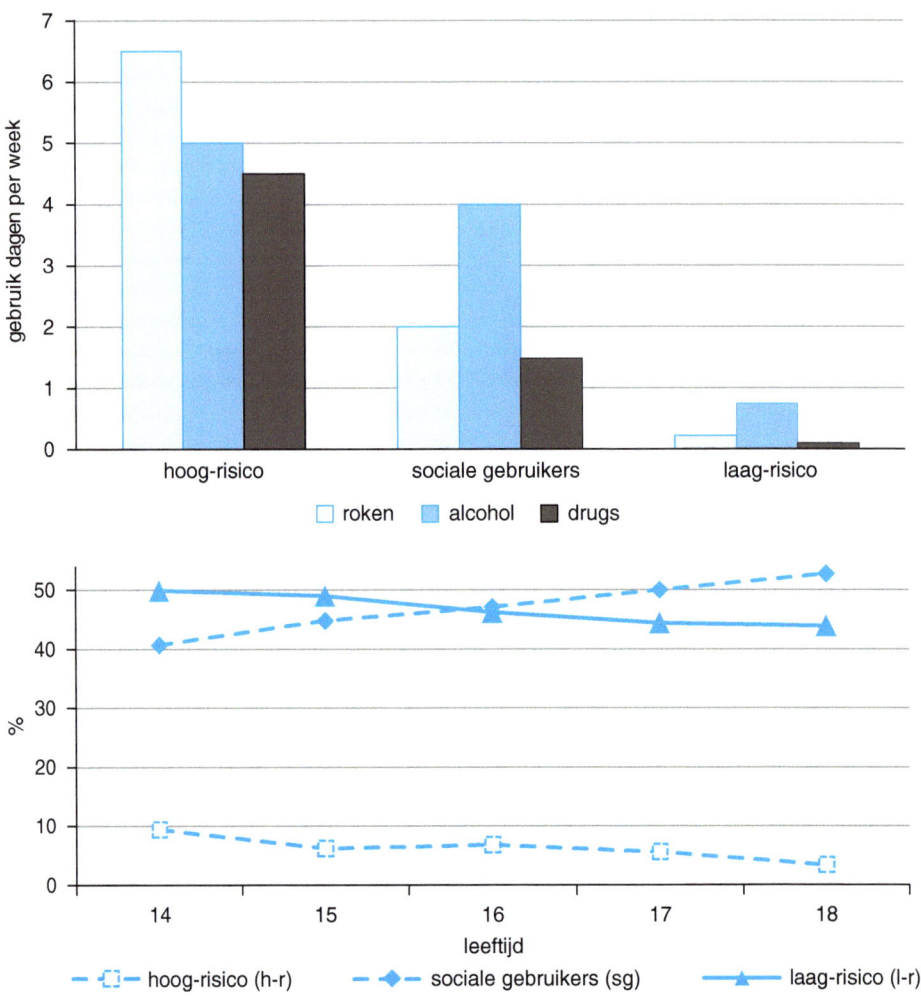

◘ Figuur 2.4 (a) Typen van middelengebruik (b) Afname van de hoog- en laag-risicogroep in de adolescentie en toename van het aantal sociale gebruikers

4. *Hoe veranderen adolescenten van type?* Hierboven heb ik al deels een antwoord op deze vraag gegeven. Het type sociale gebruiker is het stabielst, daarna het laag-risicotype, en het hoog-risicotype is heel veranderlijk. De stabiliteitspercentages van alle drie de typen staan in ◘tab. 2.1. Verder laat de tabel zien dat h-r 14 vooral verandert in sg 18 (0,50) en dat l-r 14 ook het vaakst verandert in sg 18 (0,21). Wel is de verandering van h-r 14 in sg veel sterker dan die van l-r in sg. Ook laat de tabel zien dat de kans van h-r 14 en l-r 14 om te veranderen in sg 18 groter is dan die van h-r 14 om te veranderen in l-r 18 en die van l-r 14 om te veranderen in h-r 18. Samenvattend kunnen we zeggen dat adolescenten veranderen in de richting van sociale gebruikers, dat dit meer het geval is voor het hoog-risicotype dan voor het laag-risicotype, en dat de beide risicotypen veel minder vaak in elkaar veranderen dan in het sociale-gebruikerstype. ◘Figuur 2.5 vat die ontwikkeling samen. De figuur geeft zo ook een verklaring voor de toe- en afname van de typen zoals weergegeven in ◘fig. 2.4b.

typen van middelengebruik op leeftijd 14	typen van middelengebruik op leeftijd 18		
	h-r	sg	l-r
hoog-risico (h-r)	0,15	0,50[a]	0,34
sociale gebruikers (sg)	0,01	0,92	0,07
laag-risico (l-r)	0,03	0,21	0,76

◻ **Tabel 2.1** Veranderingskansen van typen van middelengebruik van leeftijd 14 naar leeftijd 18

[a] 0,50 betekent dat 50 % van h-r op leeftijd 14 verandert naar sg op leeftijd 18.

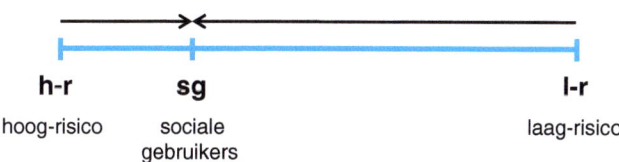

◻ **Figuur 2.5** Het patroon van verandering van de typen in elkaar tussen de 14 en 18 jaar

5. *Hoe vaak veranderen adolescenten van type?* In dit voorbeeld kunnen we die vraag beantwoorden door voor elke adolescent voor leeftijd 14 tot en met 18 de ontwikkelingsketen van typen te bekijken. Dat levert dus een keten op van vijf opeenvolgende typen die er bijvoorbeeld uit kan zien als l-r 14, l-r 15, l-r 16, sg 17 en sg 18. In dit voorbeeld is de adolescent één keer van type veranderd.

2.4 Vier manieren van beschrijving van ontwikkeling samengevat

De vier manieren om ontwikkeling te beschrijven laten steeds een ander aspect van de ontwikkeling zien (◻tab. 2.2).

Als we willen zien hoe de gehele groep van adolescenten zich ontwikkelt, kijken we naar gemiddelde verandering. We kunnen zo de richting van de ontwikkeling zien voor adolescenten in het algemeen [1]. Ook kunnen we bijvoorbeeld zien op welke leeftijd bij adolescenten bepaalde problemen het grootst zijn. Als we de vraag willen beantwoorden wanneer adolescenten een stabiele relatief goede en slechte positie in gaan nemen in de groep van leeftijdsgenoten, dan kijken we naar de leeftijd waarop deze verschillen systematisch en stabiel worden. Maar als we na willen gaan wanneer een individuele adolescent een georganiseerd iemand wordt, kijken we naar de ontwikkeling van de profielstabiliteit. En als we willen zien in welke richting een individuele adolescent zich ontwikkelt en welke veranderingen dit verklaren, dan kijken we naar ontwikkelingsketens. In de volgende hoofdstukken zal ik deze vier manieren gebruiken voor een beschrijving van de ontwikkeling van identiteit, persoonlijkheid, persoonlijke relaties en psychopathologie.

Tabel 2.2 Manieren van beschrijving: verschillende beelden van ontwikkeling

manier van beschrijving	niveau van beschrijving	beeld van ontwikkeling?
1. gemiddelde verandering	groep	Vertoont de ontwikkeling van adolescenten een richting?
2. stabiel worden van individuele verschillen	groep	Worden individuele verschillen tussen adolescenten systematischer?
3. profielstabiliteit	individu	Neemt de zelforganisatie van de individuele adolescent toe?
4. ontwikkelingsketens	individu	Ontwikkelt de individuele adolescent zich in een bepaalde richting? Welke veranderingen verklaren deze ontwikkeling?

Literatuur

1. Baltes, P. (1987). Theoretical propositions of life-span developmental psychology: On the dynamics between growth and decline. *Developmental Psychology, 23,* 611–626.
2. Kaplan, D. (2008). An overview of Markov chain methods for the study of stage-sequential developmental processes. *Developmental Psychology, 44,* 457–467.
3. Klimstra, T. A., Hale, W. W., Raaijmakers, Q. A. W., Branje, S. J. T., & Meeus, W. (2009). Maturation of personality in adolescence. *Journal of Personality and Social Psychology, 96,* 898–912.
4. Meeus, W. (2016). Adolescent psychosocial development: A review of longitudinal models and research. *Developmental Psychology, 52,* 1969–1993.
5. Meeus, W. (2019). *Adolescent development: Longitudinal research into the self, personal relationships and psychopathology.* Abingdon, Oxon & New York: Routledge.
6. Meeus, W., Van de Schoot, R., Keijsers, L., Schwartz, S. J., & Branje, S. (2010). On the progression and stability of adolescent identity formation: A five-wave longitudinal study in early-to-middle and middle-to-late adolescence. *Child Development, 81,* 1565–1581.
7. Van Delden, M., Meeus, W., & Branje, S. (2017). Adolescent substance use trajectories in relation to internalizing problems in young adulthood: The role of friendship quality. *Manuscript submitted for publication.*

Iemand worden: ontwikkeling van identiteit

Samenvatting

In de adolescentie moeten jongeren ontdekken wie ze zijn, ze moeten hun identiteit vinden. De belangrijkste adolescente-identiteitstheorie gaat ervan uit dat mensen een identiteit hebben als ze weten wat ze willen in het leven en als ze duidelijke keuzen hebben gemaakt voor de toekomst. In de theorie heten keuzen *commitments*. Identiteitsonderzoek spreekt van een goed ontwikkelde identiteit als jongeren sterke commitments hebben, als ze die goed overwogen hebben gekozen en geen twijfels hebben over hun keuze. Het oorspronkelijke identiteitsmodel is bedacht door de Amerikaan Marcia en later aangevuld door Europese onderzoekers. Die leggen niet alleen de nadruk op de vorming van identiteit, maar ook op de manier waarop adolescenten hun identiteit in stand houden. Daarom spreken ze van twee cycli in de ontwikkeling van identiteit. Onderzoek laat zien dat identiteit zich in de loop van de adolescentie ontwikkelt van een vage of onzekere identiteit naar een duidelijke en zekere identiteit. Dat wordt gevonden in onderzoek op groepsniveau en individueel niveau. Twee-cycli-modellen kunnen het concrete verloop van de ontwikkeling van identiteit beter laten zien dat het oorspronkelijke model van Marcia.

3.1 Persoonlijke identiteit: theorie – 23
3.1.1 Wat is identiteit? – 23
3.1.2 De ontwikkeling van identiteit – 26

3.2 Ontwikkeling van persoonlijke identiteit bij adolescenten als groep – 27
3.2.1 Gemiddelde verandering van identiteitsprocessen – 27
3.2.2 Individuele verschillen in identiteit worden stabieler – 28

3.3 Individuele ontwikkeling van persoonlijke identiteit – 28
3.3.1 Profielstabiliteit – 28
3.3.2 Ontwikkelingsketens – 29

© Bohn Stafleu van Loghum is een imprint van Springer Media B.V., onderdeel van Springer Nature 2019
W. Meeus, *Vallen en opstaan in de adolescentie*, https://doi.org/10.1007/978-90-368-2362-3_3

3.4	Politieke identiteit: theorie – 32	
3.4.1	Wat is politieke identiteit? – 32	
3.5	Ontwikkeling van politieke identiteit en opvattingen bij adolescenten als groep – 33	
3.5.1	Gemiddelde verandering – 33	
3.5.2	Individuele verschillen in politieke opvattingen worden stabieler – 33	
3.6	Individuele ontwikkeling van politieke identiteit – 34	
3.6.1	Profielstabiliteit – 34	
3.7	Ontwikkeling van persoonlijke en politieke identiteit samengevat – 35	
3.7.1	Maturatie – 35	
3.7.2	Wat als de ontwikkeling niet positief verloopt? – 37	

Literatuur – 39

> Wie ik ben
> Ik weet niet
> Wat ik moet
> Ik weet niet
> Zoeken dan?
> Ik weet niet, misschien ....

De meeste jongeren kennen het gevoel uit het bovenstaande gedichtje. Twijfelen aan wie je bent, twijfels over je toekomst en niet weten waar je jezelf moet zoeken. Volgens Erikson [31] is het vinden van een persoonlijke identiteit de kernopgave van de adolescentie. Hij zet identiteitsverwarring, niet weten wie je bent, tegenover een gevormde identiteit, weten wie je bent en wat je wilt in het leven. De inzichten van Erikson inspireerden Marcia [16] tot een identiteitsmodel dat empirisch kon worden onderzocht: het identiteitsstatussenmodel. Vanaf de jaren 1970 wordt er onderzoek gedaan met dat model. In het begin van deze eeuw is het model van Marcia vervolgens herzien en uitgebreid [13, 22].

In dit hoofdstuk gaat het over persoonlijke en politieke identiteit. Aan de orde komen de ontwikkeling bij adolescenten als groep, het ontstaan van individuele verschillen in de groep van adolescenten, en patronen van ontwikkeling in de individuele adolescent. Ik open het hoofdstuk met een inleiding in de theorie over identiteit.

3.1 Persoonlijke identiteit: theorie

3.1.1 Wat is identiteit?

Er bestaan veel verschillende ideeën over identiteit. Uniciteit, continuïteit en doelgerichtheid worden vaak als kenmerken van identiteit genoemd. Je bent iemand als je uniek bent, unieke eigenschappen of kenmerken hebt [29]. Of je bent iemand omdat je het gevoel hebt bepaalde eigenschappen altijd te hebben, dezelfde persoon te zijn. Ook kun je een gevoel van identiteit ontlenen aan de wetenschap dat je bepaalde doelen altijd nastreeft. Het meeste onderzoek is gedaan naar de laatste benadering, die zegt dat je een identiteit hebt als je duidelijke en goed overwogen doelen hebt in het leven. De Amerikaanse psycholoog James Marcia heeft zijn identiteitstheorie op dit idee gebouwd [16].

Marcia: de vorming van identiteit

Marcia sluit aan bij het idee dat de adolescentie een periode van het maken van keuzen is en dat adolescenten moeten ontdekken welke keuzen het best bij hen passen. Identiteit is dan volgens Marcia dat je voor de belangrijke levensgebieden duidelijke keuzen hebt gemaakt en goed over de verschillende keuzemogelijkheden hebt nagedacht. Keuzen heten in de theorie van Marcia *commitments*: jezelf gebonden voelen aan een bepaalde opleiding, een bepaalde baan en bepaalde andere personen in je leven. Nadenken over de verschillende commitments heet bij Marcia *exploratie*. Commitments kunnen sterk en zwak zijn, en anders zijn in verschillende ontwikkelingsdomeinen. De belangrijkste ontwikkelingsdomeinen van jongeren zijn hun opleiding, persoonlijke relaties en werk. We spreken ook wel van een schoolse, een relationele en een werkidentiteit. Exploratie van de werkidentiteit gaat dan bijvoorbeeld over de verschillende beroepen die iemand kan vervullen, en commitment is de meer of minder

	commitment	
	nee	ja
exploratie nee	diffusion (D)	foreclosure (F)
exploratie ja	moratorium (M)	achievement (A)

◘ Figuur 3.1 De identiteitsstatussen van Marcia [16]

uitgesproken keuze voor een bepaald beroep. Omdat je duidelijke keuzen hebt gemaakt, heb je heldere doelen, en dat geeft je volgens Marcia het gevoel dat je ergens voor staat, zelfvertrouwen hebt en zelfverzekerd bent. Kortom een gevoel van identiteit.

Op basis van exploratie en commitment onderscheidt Marcia vier identiteitsstatussen. Bij de *status identity diffusion*[1] (D) heeft de adolescent nog geen commitments gevormd en heeft hij er ook nog niet of weinig over nagedacht. Bij de *status foreclosure* (F) heeft de adolescent een duidelijke commitment gevormd, zonder dat hij er goed over heeft nagedacht. Bij het *status moratorium* (M) is er sprake van een identiteitscrisis: de adolescent is bezig met het nadenken over verschillende commitments, maar kan niet kiezen. Bij de *status achievement* (A), ten slotte, heeft de adolescent een sterke commitment gevormd nadat hij er goed over heeft nagedacht en de verschillende mogelijke commitments met elkaar heeft vergeleken. ◘Figuur 3.1 geeft het model van Marcia weer.

Nieuwe modellen: de vorming en handhaving van identiteit

Marcia legt in zijn model de nadruk op de vorming van identiteit: door het exploreren van identiteitsalternatieven komen adolescenten tot een duidelijke identiteit. Volgens enkele Europese onderzoekers is dat echter maar het halve verhaal, want wat gebeurt er als de identiteit is gevormd? Zij stellen voor om onderscheid te maken tussen twee cycli van identiteitsontwikkeling: vorming van identiteit en handhaving van identiteit [12, 13, 22]. De vorming van de identiteit vindt in deze nieuwe modellen op dezelfde wijze plaats als bij Marcia: alternatieve commitments verkennen en er vervolgens een kiezen. Handhaving staat daarnaast voor het actief of passief in stand houden van de gekozen commitments. Adolescenten die actief hun identiteit in stand houden praten veel over hun commitments, denken erover na en zoeken er veel informatie over. Adolescenten die passief handhaven doen dat allemaal niet. In ◘fig. 3.2 staat een voorbeeld van een van de nieuwe modellen.

Cyclus 1 in ◘fig. 3.2 geeft het proces van identiteitsvorming weer: het samenspel van het maken en heroverwegen van commitments. Cyclus 2 geeft het proces van handhaving van commitments weer: actief of passief bezig zijn met de instandhouding van eenmaal gekozen commitments. In het nieuwe model zit de aanname dat de vorming van een identiteit (cyclus 1) voorafgaat aan de handhaving (cyclus 2) ervan. Volgens het model is het ook mogelijk een gekozen commitment te verlaten en terug te gaan naar een hernieuwd proces van identiteitsformatie (pijl 3).

In onderzoek met het Meeus-Crocetti-model worden vijf statussen gevonden (◘fig. 3.3).

De vijf statussen zijn *diffusion* (D: laag op alle drie de dimensies), *moratorium* (M: laag op commitment en exploratie en hoog op heroverwegen), *searching moratorium* (SM: hoog op commitment en exploratie, maar ook hoog op heroverwegen), *closure* (hoog op commitment,

---

1 Ik gebruik Engelse termen als begrippen niet goed in het Nederlands kunnen worden vertaald.

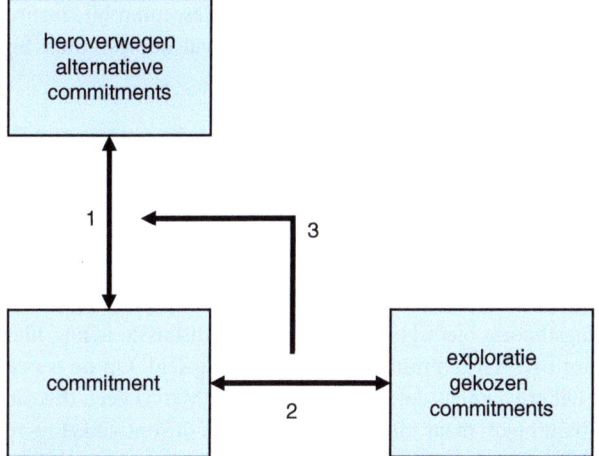

☐ Figuur 3.2 Twee cycli van ontwikkeling van identiteit: het model van Meeus-Crocetti [5, 18, 22]

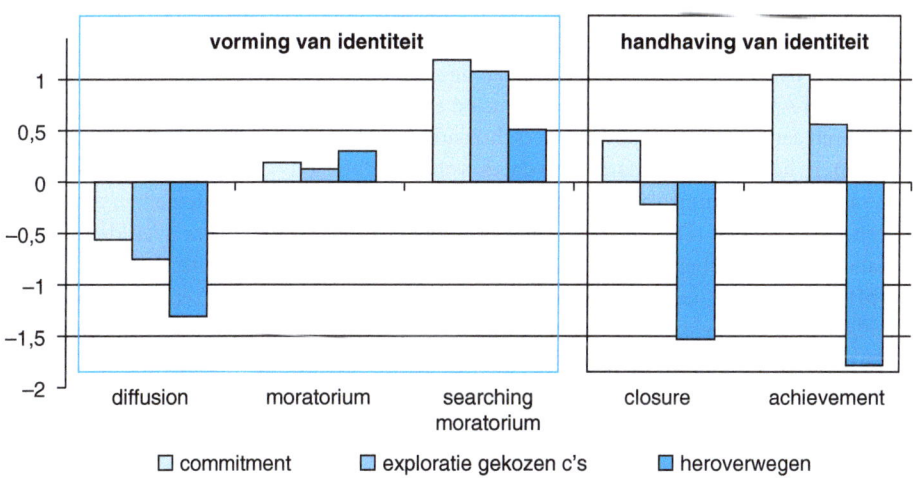

☐ Figuur 3.3 Het profiel van vijf identiteitsstatussen op de drie identiteitsdimensies zoals gevonden in een studie van Meeus en anderen [22]

laag op exploratie en heel laag op heroverwegen) en ten slotte *achievement* (A) heel hoog op commitment, hoog op exploratie en heel laag op heroverwegen. Diffusion is het prille begin van de vorming van een identiteit: jongeren met deze status zijn zich nog nauwelijks bewust van het identiteitsvraagstuk; zij hebben geen commitments en denken ook niet over alternatieven na. Moratoriums zitten midden in een identiteitscrisis: ze hebben geen sterke commitments en zijn vooral bezig de verschillende alternatieven te heroverwegen. Searching-moratoriums zitten in een positief proces van identiteitsvorming: ze hebben sterke en actieve commitments, maar zoeken naar nog betere. Deze drie statussen geven het proces van identiteitsvorming aan. Closure en achievement geven het proces van handhaving van identiteit aan. In beide gevallen hebben jongeren sterke commitments die ze niet meer hoeven heroverwegen. Twee belangrijke verschillen tussen closure en achievement zijn dat bij closure de commitments minder sterk zijn dan bij achievement, en vooral dat adolescenten bij closure niet veel werk steken in het handhaven van hun commitments, terwijl adolescenten bij achievement dat wel doen.

3.1.2 De ontwikkeling van identiteit

Marcia's model: een ontwikkelingstheorie?

Vanaf de jaren tachtig van de vorige eeuw is er intensief gediscussieerd over de vraag of het model van Marcia een ontwikkelingstheorie biedt [1–3, 6, 11, 28]. Die discussie is nog niet helemaal voorbij, maar heeft wel tot overeenstemming op twee punten geleid. Op de eerste plaats zijn identiteitsonderzoekers het erover eens dat de benadering van Marcia geen theorie over de ontwikkeling van een identiteit biedt, maar meer een model is om die ontwikkeling te beschrijven. Waarom is Marcia's model geen ontwikkelingstheorie?

Om die vraag te beantwoorden gebruik ik het identiteitscontinuüm van Marcia. Dat continuüm (◻fig. 3.4) veronderstelt dat de ontwikkeling van een identiteit van links naar rechts verloopt, dus van diffusion in de richting van achievement, en niet omgekeerd [17].

Een ontwikkelingstheorie moet aan ten minste drie voorwaarden voldoen:
1. Zij geeft de begin- en eindpunten aan van de ontwikkeling. In het geval van Marcia zouden dat respectievelijk de statussen diffusion en achievement kunnen zijn.
2. Zij geeft aan in welke volgorde de verschillende ontwikkelingstoestanden worden doorlopen. In het model van Marcia zou dat de volgorde diffusion→foreclosure→moratorium →achievement kunnen zijn. Achter deze volgorde zit het idee dat adolescenten eerst een vage identiteit (D) hebben en dan een sterke identiteit zonder dat ze over identiteitsalternatieven hebben nagedacht (F), dat ze vervolgens in een identiteitscrisis belanden (M) en ten slotte goed overwogen voor een bepaalde identiteit (A) kiezen. Een dergelijke volgorde is geen gekke gedachte, omdat ze loopt van geen keuze, naar een niet goed overwogen keuze, naar een keuzecrisis en ten slotte naar een weloverwogen keuze.
3. Een ontwikkelingstheorie geeft aan dat een bepaalde ontwikkelingsstap niet kan worden teruggedraaid. Neem de vaardigheid om het perspectief van een andere persoon te begrijpen. Die vaardigheid doen mensen in de kindertijd op. Voorbeeld: ik heb een hekel aan Pokémon, maar snap dat een klasgenoot van mij dat spel wel waardeert. Als individuen dit vermogen eenmaal hebben, verliezen ze dat nooit meer. En op dit derde punt schiet het model van Marcia tekort. Het is onmogelijk om te stellen dat adolescenten een bepaalde commitment niet kunnen verliezen, en ook kunnen we er niet van uitgaan dat het verkennen van identiteitsalternatieven op een bepaald moment in het leven voor altijd stopt. Om die reden is het model van Marcia geen strikte theorie over de ontwikkeling van een identiteit. In principe is een identiteitsstatus tijdelijk en veranderbaar.

Daar komt bij dat in het model van Marcia geen theoretische principes zitten die aangeven dat exploratie of commitment moeten toe- of afnemen en in welke mate. Een en ander betekent dus ook dat adolescenten niet per definitie van identiteitsstatus moeten veranderen of van een lagere (D) naar een hogere status (A) over zouden moeten gaan. Kortom, het model van Marcia is geen stringente theorie over de ontwikkeling van identiteit.

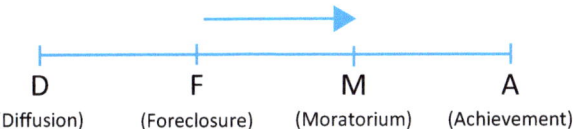

Figuur 3.4 Het identiteitscontinuüm van Marcia [17]

Ik kom nu bij het tweede punt van overeenkomst tussen identiteitsonderzoekers. Ook al biedt het model van Marcia geen ontwikkelingstheorie, dan is het nog steeds mogelijk dat het een goed systeem is om de ontwikkeling van een identiteit te beschrijven. En daar voldoet het model wel aan. In het identiteitscontinuüm van fig. 3.4 zit namelijk de zogenaamde 'fundamentele ontwikkelingshypothese' van het identiteitsstatussenmodel' verborgen [20, 30]. Die hypothese stelt (zie punt 1 hierboven) dat er, empirisch gezien, een ontwikkeling verloopt van de status-diffusion in de richting van de status-achievement; de pijl in fig. 3.4 geeft die ontwikkeling aan. Marcia's model biedt dus geen theorie over de ontwikkeling van een identiteit, maar is wel een goed model om deze te beschrijven. Verderop in dit hoofdstuk bespreek ik of onderzoek de fundamentele ontwikkelingshypothese ondersteunt.

Twee andere vragen over het model van Marcia gaan over de volgorde van die verandering: als adolescenten veranderen, volgen ze dan de stapjes van het continuüm van fig. 3.4? Dat wil zeggen de volgorde diffusion → foreclosure → moratorium → achievement? En: hoe vaak veranderen adolescenten van identiteit? Gebeurt dat, zoals het continuüm suggereert, drie keer? Verderop in dit hoofdstuk geef ik het antwoord op beide vragen.

Bieden de twee-cycli-modellen een ontwikkelingstheorie?

Zoals ik boven al aangaf veronderstellen de nieuwe modellen dat het proces van de vorming van een identiteit voorafgaat aan de handhaving van een identiteit. Specifieker dan dat zijn ze niet over de ontwikkeling.

3.2 Ontwikkeling van persoonlijke identiteit bij adolescenten als groep

3.2.1 Gemiddelde verandering van identiteitsprocessen

Bij gemiddelde verandering kijken we naar de gemiddelde toe- of afname van de verschillende identiteitsprocessen (tab. 3.1). Een figuur is in dit geval niet mogelijk, omdat de verschillende studies veel verschillende leeftijden gebruiken.

De tabel laat een duidelijk patroon zien. Als adolescenten ouder worden, gaan ze meer alternatieve commitments verkennen, neemt hun twijfel over de keuze voor commitments af en worden ze actiever in het in stand houden van bestaande commitments. De identiteit van adolescenten wordt dus gemiddeld sterker, meer overwogen en minder onzeker. Ook maken adolescenten meer werk van het in stand houden van hun identiteit. Er is kortom sprake van identiteitsgroei. Opmerkelijk is dat commitments in twee-cycli-modellen niet systematisch sterker worden. Dat suggereert dat de identiteitsgroei meer voorkomt uit de manier waarop adolescenten met commitments omgaan dan uit de gemiddelde groei van die commitments zelf.

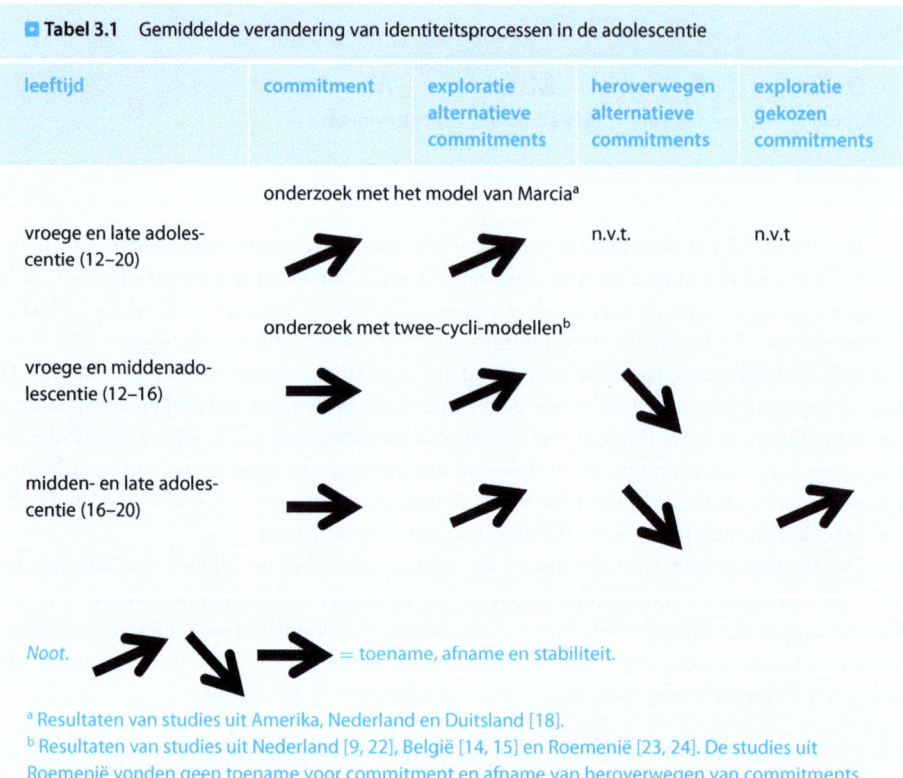

■ Tabel 3.1 Gemiddelde verandering van identiteitsprocessen in de adolescentie

ª Resultaten van studies uit Amerika, Nederland en Duitsland [18].
ᵇ Resultaten van studies uit Nederland [9, 22], België [14, 15] en Roemenië [23, 24]. De studies uit Roemenië vonden geen toename voor commitment en afname van heroverwegen van commitments.

3.2.2 Individuele verschillen in identiteit worden stabieler

Individuele verschillen in de identiteitsprocessen ontstaan in de loop van de adolescentie. De stabiliteit van individuele verschillen in de dimensies commitment, heroverwegen en exploratie van commitments neemt in de vroege en late adolescentie toe van 0,24 tot 0,39, van een klein naar een gemiddeld effect [9]. Dat verschil is echter niet significant. Voorlopig kunnen we dus niet met zekerheid zeggen dat individuele verschillen in identiteit toenemen. Dat geldt wel voor de helderheid van het zelfbeeld, de mate waarin adolescenten een al dan niet helder beeld van zichzelf hebben. In de loop van de adolescentie worden de stabiliteit van deze verschillen groter: van sterk (0,50) in de vroege naar heel sterk (0,78) in de late adolescentie [4].

3.3 Individuele ontwikkeling van persoonlijke identiteit

3.3.1 Profielstabiliteit

In de vroege en middenadolescentie hebben jongeren in de regel al een heel stabiel identiteitsprofiel (> 0,70). Dus als bij een adolescent bijvoorbeeld op een bepaald moment de rangorde van commitments, exploratie van gekozen commitments en heroverwegen van

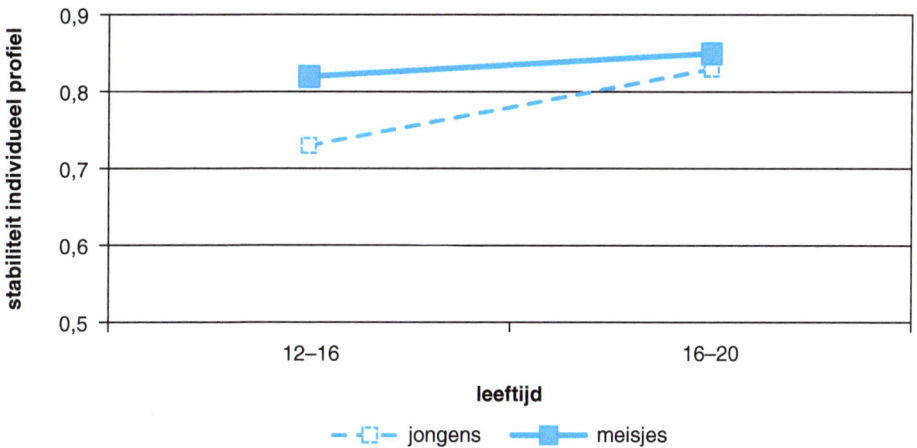

 Figuur 3.5 Stabiliteit van het individuele profiel van identiteit tussen 12–16 en 16–20 jaar. Resultaten van een studie van Klimstra en anderen [9]

alternatieve commitments 1, 2 en 3 is, dan is dat een jaar later heel waarschijnlijk nog zo. Bij jongens neemt de stabiliteit van het profiel nog toe in de midden- en late adolescentie, bij meisjes is het profiel in de vroege en middenadolescentie al groter dan 0,80 en neemt daarna niet meer toe. Figuur 3.5 laat deze ontwikkeling zien. Profielstabiliteit is alleen onderzocht in twee-cycli-modellen.

3.3.2 Ontwikkelingsketens

In het model van Marcia. In vier overzichtsstudies [2, 10, 18, 19] is gekeken naar het patroon van de opeenvolging van de statussen van Marcia in de tijd. Volgt dat patroon het identiteitscontinuüm? Dat continuüm (fig. 3.4) geeft aan dat de ontwikkeling van een identiteit van links naar rechts verloopt, dus van diffusion in de richting van achievement, en niet omgekeerd.

Beide studies vonden steun voor het continuüm en daarmee voor de fundamentele ontwikkelingshypothese van het identiteitsstatussenmodel. In het algemeen ontwikkelden adolescenten zich van diffusion in de richting van achievement. Het omgekeerde, ontwikkeling van achievement in de richting van diffusion, kwam ook voor, maar ongeveer de helft minder vaak.

De studies lieten niet zien dat adolescenten de volgorde diffusion (D) → foreclosure (F) → moratorium (M) → achievement (A) doorliepen. Om te beginnen is het onwaarschijnlijk dat jongeren meer dan één keer van identiteitsstatus veranderen (een kans kleiner dan 0,05) en ook is de kans dat ze van D naar F gaan niet groter dan van D naar M of van D naar A. Ook is de kans dat ze van F naar M gaan niet groter dan die van F naar A. Kortom, identiteitsontwikkeling gaat van D in de richting van A, maar er is geen bewijs voor een stapsgewijs proces waarin adolescenten van D naar F, van F naar M en vervolgens van M naar A gaan. We kunnen identiteitsontwikkeling dus niet zien als een stapsgewijs proces, theoretisch niet en ook empirisch niet.

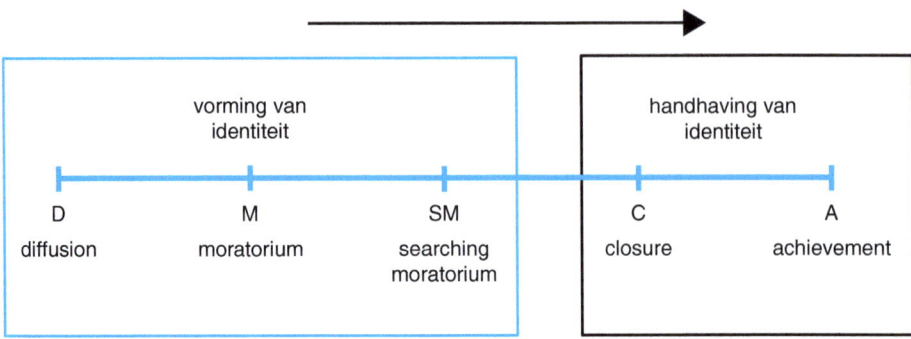

• **Figuur 3.6** Het identiteitscontinuüm van het twee-cycli-model [19]

In de twee-cycli-modellen. In een omvangrijke studie bij adolescenten van 12 tot 20 jaar is gekeken naar de opeenvolging van statussen in het model van Meeus en Crocetti [22]. Het Meeus-Crocetti-model (•fig. 3.2) maakt onderscheid tussen identiteitsvorming en identiteitshandhaving. Deze studie geeft antwoord op vijf vragen.

Welke identiteitsstatussen zijn er? •Figuur 3.3 laat zien dat er vijf identiteitsstatussen zijn: diffusion, moratorium, searching-moratorium, closure en achievement.

Toe- en afname van identiteitsstatussen. De tweede vraag is of deze toe- en afname klopt met het idee dat de ontwikkeling van een identiteit verloopt van vorming van identiteit naar handhaving van identiteit. Verloopt de ontwikkeling van identiteit van diffusion in de richting van achievement, of meer specifiek van statussen die identiteitsvorming aangeven naar statussen die staan voor handhaving van identiteit? •Figuur 3.6 geeft dat idee weer.

•Figuur 3.7 laat zien dat het aantal adolescenten in de statussen van identiteitsvorming systematisch afneemt, terwijl het aantal adolescenten in de statussen van identiteitshandhaving systematisch toeneemt. De ontwikkeling verloopt dus inderdaad van de vorming van een identiteit naar de handhaving van een identiteit.

Eindpunten van ontwikkeling en tijdelijke identiteitsstatussen. De derde vraag is of sommige identiteitsstatussen eindpunten van de ontwikkeling zijn en andere meer tijdelijk. In •tab. 3.2 (kolom stabiel %) staat het antwoord. Closure en achievement vormen eindpunten van de ontwikkeling en diffusion, moratorium en searching-moratorium niet. Als jongeren in C en A zitten, is de kans dat ze in een periode van vier jaar niet veranderen van identiteitsstatus kleiner dan de kans dat ze wel veranderen. De stabiliteit van C en A is 80 en 62 %. Het omgekeerde is het geval voor D, SM en M; ongeveer 65 % van de adolescenten met deze status verandert in een periode van vier jaar van identiteit.

Hoe veranderen adolescenten van identiteit? Is er een specifieke opeenvolging van statussen op het continuüm van •fig. 3.6? In tegenstelling tot het model van Marcia blijkt dat hier wel het geval te zijn. •Tabel 3.2 (kolommen onder … 4 jaar later) geeft de resultaten. De verandering van status is afhankelijk van de status waarin jongeren in het begin van de adolescentie zitten. Als ze in diffusion zitten is de kans dat ze naar closure gaan in een periode van vier jaar 2,8 keer groter dan dat ze naar searching-moratorium, moratorium of achievement gaan. Dus D gaat naar C en bijna nooit naar SM, M en A. Het bovenste continuüm van •fig. 3.8 geeft deze volgorde aan. Als jongeren in het begin van de adolescentie in SM of M zitten is de kans dat ze naar C of A gaan in een periode van vier jaar 13 keer groter dan dat ze naar D gaan, en als ze in het begin van de adolescentie in C zitten is de kans 3,7 keer groter dat ze naar A gaan dan naar D. Dus SM en M gaan naar C of A en niet naar D, en C gaat naar A en niet naar D. Het onderste continuüm van •fig. 3.8 geeft deze volgorde aan.

3.3 · Individuele ontwikkeling van persoonlijke identiteit

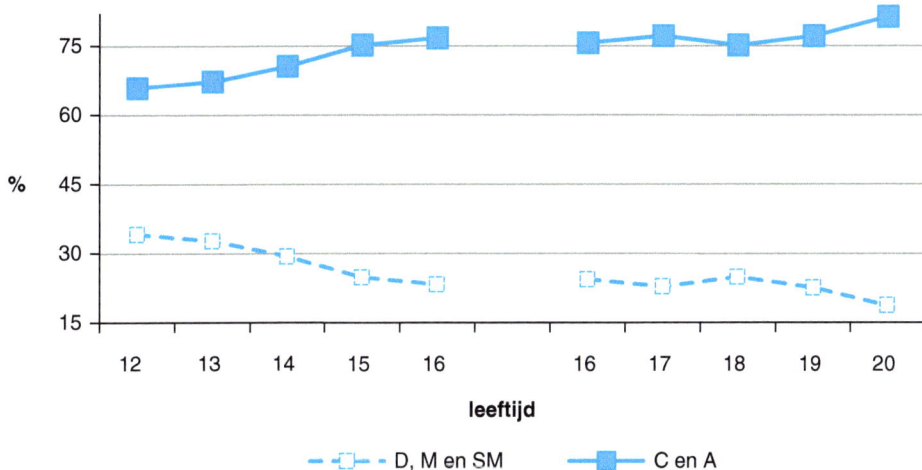

◘ Figuur 3.7 Van vorming van identiteit (status D, M en SM) naar handhaving van identiteit (status C en A). Resultaten van een studie van Meeus en anderen [22]

◘ Tabel 3.2 Ontwikkeling van identiteit in het model van Meeus-Crocetti[a]

identiteitsstatus op tijdstip 1	... 4 jaar later				
	stabiel %	verandering naar	%	niet naar	%
diffusion (D)	39	C	45	M, SM, A	16
moratorium (SM)	39	C, A	52	D	5
searching-moratorium (SM)	18	C, A	52	D	3
closure (C)	80	A	11	D	3
achievement (A)	62	C	26	D, M, SM	12

[a] Resultaten van een studie van Meeus en anderen [22].

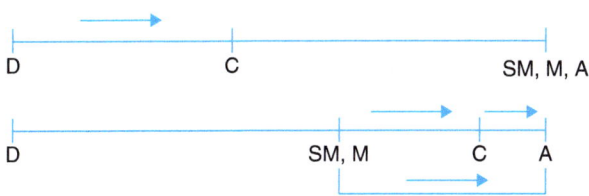

◘ Figuur 3.8 Twee continuüms van identiteitsvorming in het model van Meeus-Crocetti. Resultaten van een studie van Meeus [19]

Theoretisch geeft ▶fig. 3.8 zo aan dat er twee manieren zijn van identiteitsvorming. De eerste manier, die van het bovenste continuüm, is dat jongeren met een vage identiteit (D) zich ontwikkelen naar een identiteit met een relatief sterke commitment (C), maar niet heel actief worden in het handhaven van hun identiteit. Deze jongeren hebben een positieve identiteit, die ontstaat zonder dat ze er actief mee bezig zijn. De tweede manier is die van het onderste continuüm. Deze jongeren vormen hun identiteit door actief naar alternatieve commitments te kijken.

Hoe vaak veranderen adolescenten van identiteit? Dit betreft de vraag hoe vaak adolescenten van identiteitsstatus veranderen. Net als in het model van Marcia was dat bij de overgrote meerderheid van de adolescenten die veranderden maar één keer. Dus adolescenten veranderen van identiteitsstatus, maar niet heel vaak.

Marcia en twee-cycli-modellen. Het bovenstaande laat zien dat het model van Marcia en het Meeus-Crocetti-model op twee punten overeenkomen wat betreft de ontwikkeling van een identiteit: (1) de ontwikkeling verloopt van D in de richting van A, en (2) jongeren veranderen in de adolescentie gemiddeld maar één keer van identiteitsstatus. Een verschil tussen Marcia en Meeus-Crocetti is dat het laatste model specifiek is over de opeenvolging van statussen in de ontwikkeling, terwijl het model van Marcia dat niet is.

3.4 Politieke identiteit: theorie

3.4.1 Wat is politieke identiteit?

In de adolescentiepsychologie wordt er niet veel onderzoek gedaan naar de ontwikkeling van politieke identiteit. Dat heeft te maken met de algemene oriëntatie van ontwikkelingspsychologen. Zij hebben meer belangstelling voor het individu en de directe leefsituatie dan voor maatschappelijke vraagstukken, en daar gaat het bij politieke identiteit om. Toch is politieke identiteit van belang in de adolescentie. Met name omdat jongeren in die periode een houding ontwikkelen over de inrichting van de maatschappij en allerlei concrete politieke vraagstukken. Politieke identiteit omschrijf ik als een basale oriëntatie van individuen wat betreft de verdeling van de rijkdom in een maatschappij en wat betreft sociale gelijkheid. Moet die verdeling gelijk zijn voor alle burgers, of mag die ongelijk zijn? Het betreft de vraag of een adolescent voor- of tegenstander is van gelijkheid van opleiding, inkomen en maatschappelijke status.

Links-rechtsidentificatie is een goede maat voor politieke identiteit [26, 27]. De maat geeft aan of jongeren op een linkse of rechtse politieke partij (zouden) stemmen. Links-rechtsidentificatie is een goede maat voor iemands politieke identiteit, omdat zij (1) op een continuüm kan worden gemeten; (2) een goed beeld geeft van de politieke identiteit van een heel groot deel van de jongeren; (3) stabiel is gedurende de levensloop; en (4) sterk gerelateerd is aan allerlei politieke opvattingen. Een linkse keuze geeft steun aan meer gelijkheid tussen burgers en een rechtse steun aan meer ongelijkheid.

Politieke opvattingen. Dit zijn opvattingen over concrete politieke vraagstukken. Omdat hier niet veel longitudinaal onderzoek naar gedaan is, beperk ik me tot etnocentrisme, afkeer van etnische minderheidsgroepen en het streven naar sociaaleconomische gelijkheid.

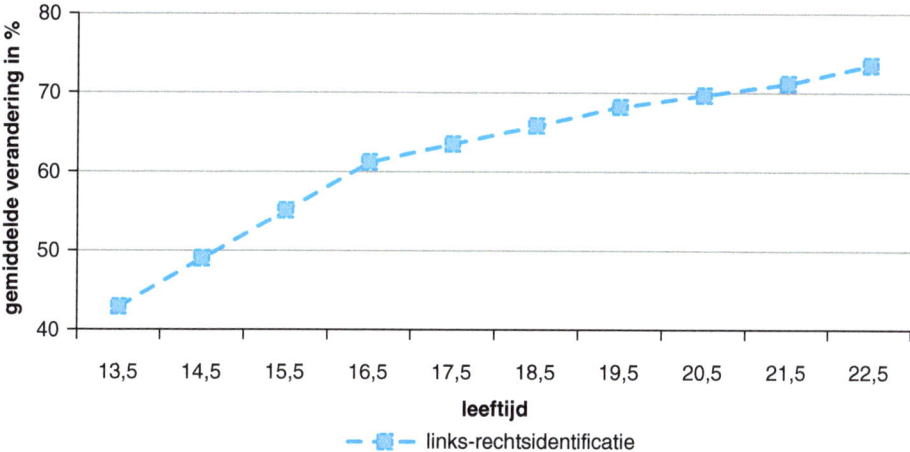

☐ **Figuur 3.9** Toename van links-rechtsidentificatie in de adolescentie zoals gevonden in een studie van Rekker en anderen [?7]. De figuur bevat data van vier cohorten (12–14, 15–17, 18–20 en 21–23 jaar)

3.5 Ontwikkeling van politieke identiteit en opvattingen bij adolescenten als groep

3.5.1 Gemiddelde verandering

Politieke identiteit. In de loop van de adolescentie vormen adolescenten hun politiek identiteit: ze identificeren zich steeds meer met een linkse of rechtse politieke partij. ☐Figuur 3.9 geeft de toename van links-rechtsidentificatie aan tussen 13,5 en 22,5 jaar. De toename is vooral sterk in de vroege en middenadolescentie.

Politieke opvattingen. ☐Figuur 3.10 laat de ontwikkeling van etnocentrisme zien tussen de 12 en 30 jaar.

Afkeer van etnische minderheidsgroepen is het sterkst in de middenadolescentie en neemt daarna weer af. Late adolescenten zijn dan weer ongeveer even tolerant als vroege adolescenten. Hetzelfde patroon zien we voor streven naar sociaaleconomische gelijkheid tussen burgers. In de middenadolescentie wijzen jongeren dat het meest af, en daarna gaan ze het meer accepteren. In de middenadolescentie hebben jongeren dus relatief antisociale politieke opvattingen.

3.5.2 Individuele verschillen in politieke opvattingen worden stabieler

In het begin van de adolescentie zijn individuele verschillen in politieke opvattingen nog niet systematisch aanwezig voor het streven naar sociaaleconomische gelijkheid en al wel voor etnocentrisme. In de late en postadolescentie zijn deze verschillen systematisch en sterk ($\geq 0{,}57$, zie ☐fig. 3.11). Aan het einde van de adolescentie kunnen we dus met vrij grote zekerheid zeggen dat bepaalde personen een afkeer hebben van minderheidsgroepen en tegen sociaaleconomische gelijkheid zijn en blijven, terwijl anderen positief staan tegenover minderheidsgroepen en voor sociaaleconomische gelijkheid zijn en zullen blijven. In het begin van de adolescentie zijn deze systematische verschillen afwezig en veel minder sterk.

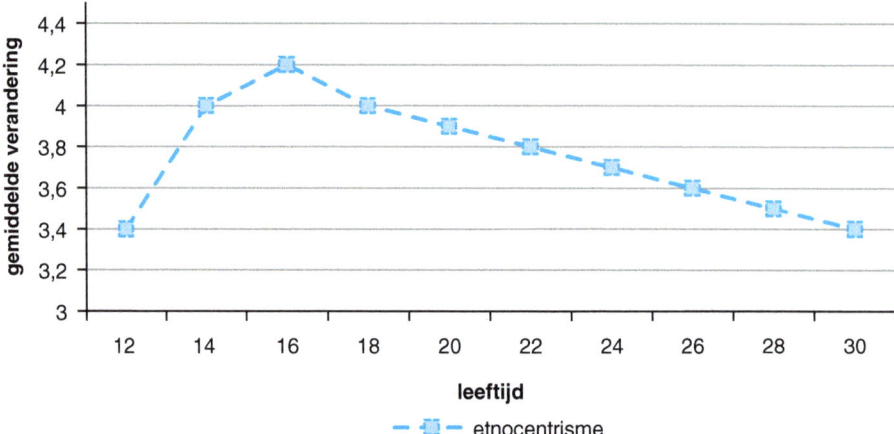

◘ **Figuur 3.10** De ontwikkeling van etnocentrisme tussen 12 en 30 jaar zoals gevonden in een studie van Rekker en anderen [25]

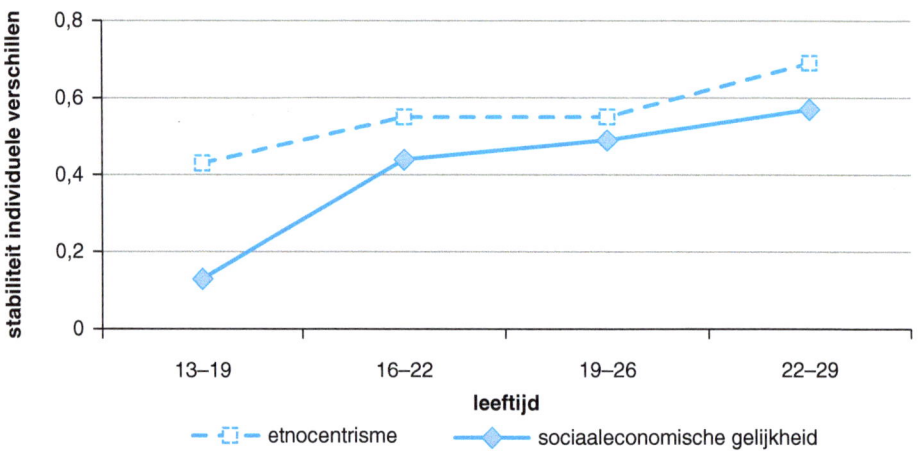

◘ **Figuur 3.11** Het ontstaan van systematische individuele verschillen in politieke opvattingen in de adolescentie en jonge volwassenheid zoals gevonden in een studie van Rekker en anderen [25]. De figuur bevat gegevens van vier cohorten

3.6 Individuele ontwikkeling van politieke identiteit

3.6.1 Profielstabiliteit

◘Figuur 3.12 laat zien dat de stabiliteit van links-rechtsidentificatie systematisch toeneemt tot 20 jaar. De stabiliteit is al hoog in de vroege en middenadolescentie (13,5 tot 17,5 jaar), neemt vooral toe in de late adolescentie, en daarna niet meer. Vergelijking met ◘fig. 3.9 laat zien dat de toename van links-rechtsidentificatie vooral plaatsvindt in de vroege en middenadolescentie, en dat de stabilisatie van de identificatie zich met name ontwikkelt in de late adolescentie.

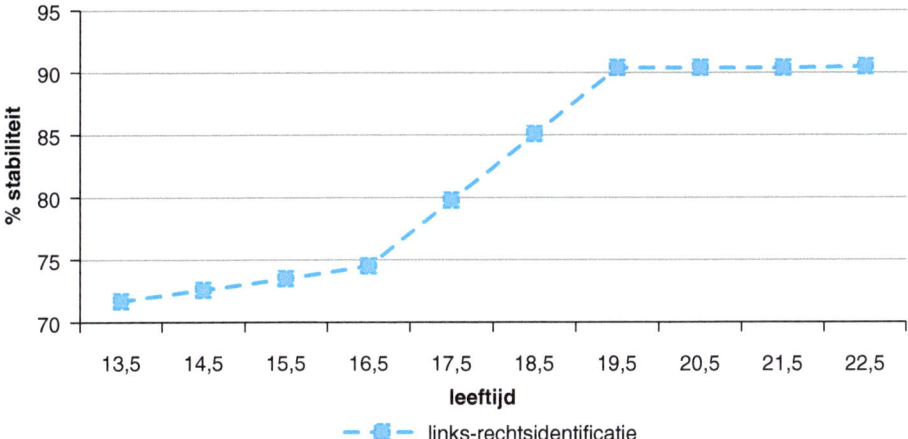

☐ **Figuur 3.12** Toename van stabiliteit van links-rechtsidentificatie in de adolescentie zoals gevonden in een studie van Rekker en anderen [27]. De figuur bevat data van vier cohorten (12–14, 15–17, 18–20 en 21–23 jaar)

3.7 Ontwikkeling van persoonlijke en politieke identiteit samengevat

3.7.1 Maturatie

☐Tabel 3.3 vat de ontwikkeling van persoonlijke en politieke identiteit samen en laat zien dat persoonlijke en politieke identiteit zich systematisch ontwikkelen in de adolescentie, zowel op groepsniveau als op individueel niveau. We kunnen de ontwikkeling zonder voorbehoud omschrijven als maturatie (rijping) van persoonlijke en politieke identiteit.

Als groep ontwikkelen adolescenten een sterkere persoonlijke en politieke identiteit. Aan het einde van de adolescentie weten jongeren gemiddeld goed wie ze zijn en wat ze met hun leven willen. En ze hebben een duidelijke politieke kleur. Ook worden de individuele verschillen in helderheid van zelfbeeld en politieke opvattingen systematischer. Dat wil zeggen dat de verschillen tussen jongeren met een gevormde en een niet-gevormde identiteit behoorlijk vastliggen. Opmerkelijk is de piek van relatief conservatieve politieke opvattingen in de middenadolescentie.

Op individueel niveau zien we hetzelfde patroon. Het individuele profiel van de persoonlijke en politieke identiteit is aan het einde van de adolescentie heel stabiel. Dat wil zeggen dat beide vormen van identiteit op individueel niveau goed georganiseerd zijn en niet zomaar meer veranderen. Ten slotte ontwikkelt zich de individuele persoonlijke identiteit: van een identiteit in de war (diffusion) naar een identiteit met duidelijke doelen waaraan niet sterk wordt getwijfeld (achievement). Omdat we maturatie van de persoonlijke identiteit in onderzoek in verschillende landen hebben gevonden spreek ik van een ontwikkelingspatroon. Ontwikkelingspatroon 1(a) is dus *maturatie van persoonlijke identiteit*.

Tabel 3.3 Ontwikkeling van persoonlijke en politieke identiteit

	op groepsniveau	op individueel niveau		ontwikkelingsketens [7]	
	gemiddelde verandering	stabiliteit van individuele verschillen	stabiliteit van individueel profiel	toe- en afname identiteitsstatussen	verandering identiteitsstatussen
1. persoonlijke identiteit	groei		toename (♂)	afname D, M en SM, toename C en A	D → C, M, SM → C of A
2. helderheid zelfbeeld	groei	toename	toename		
3. politieke identiteit	groei	toename			
4. politieke opvattingen					
– etnocentrisme	piek in middenadolescentie	toename			
– streven naar gelijkheid		toename			

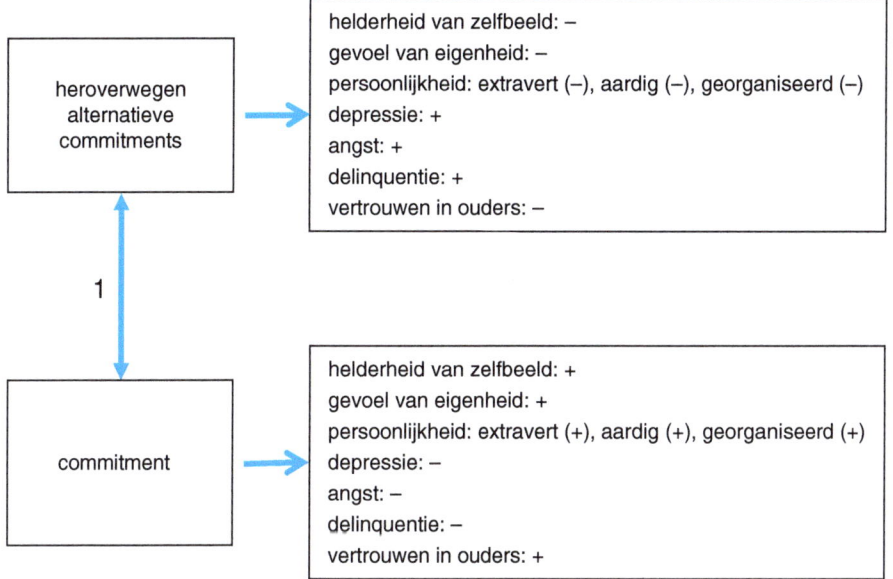

■ **Figuur 3.13** Het positieve profiel van commitment en het negatieve van heroverwegen van alternatieve commitments [5, 21]

3.7.2 Wat als de ontwikkeling niet positief verloopt?

Niet alle jongeren ontwikkelen een gevormde identiteit. Het feit dat individuele verschillen aan het einde van de adolescentie stabiel tot heel stabiel zijn, betekent ook dat er een groep jongeren is die niet goed weten wie ze zijn en wat ze willen, en die ook geen duidelijke politieke kleur heeft. Ongeveer 15 % heeft een verwarde identiteit (diffusion) of zit in een identiteitscrisis (moratorium), en ongeveer 10 % heeft geen duidelijke politieke identiteit, en dus geen goed kompas om zich een beeld te vormen van belangrijke maatschappelijke vragen, zoals immigratie, gelijkheid tussen mannen en vrouwen en de ongelijkheid van inkomens in Nederland. Wat dat betekent, bekijk ik voor het zelfbeeld en de persoonlijkheid, probleemgedrag en politieke vraagstukken.

Persoonlijke identiteit, zelfbeeld en persoonlijkheid. Adolescenten met sterke commitments hebben een helderder zelfbeeld, hebben een sterker gevoel van eigenheid en zijn extraverter, aardiger, meer georganiseerd en meer open dan adolescenten met zwakke commitments. Het omgekeerde geldt voor adolescenten die twijfelen aan hun commitments. ■Figuur 3.13 laat de verschillen zien wat betreft cyclus 1 (zie ■fig. 3.2) van de identiteitsontwikkeling: het proces van identiteitsformatie.

Persoonlijke identiteit en probleemgedrag. Hetzelfde beeld komt naar voren als we naar probleemgedrag kijken. Adolescenten met sterke commitments zijn minder depressief, angstig en delinquent. Adolescenten met sterke twijfels aan hun identiteit zijn meer depressief, angstig en delinquent. Daarnaast hebben zij minder vertrouwen in hun ouders (■fig. 3.13).

Dat patroon zie we ook als we naar de identiteitsstatussen kijken. Jongeren in diffusion en met name moratorium scoren hoger op depressie, angst en delinquentie dan jongeren in closure en achievement; ■fig. 3.14 laat dit zien.

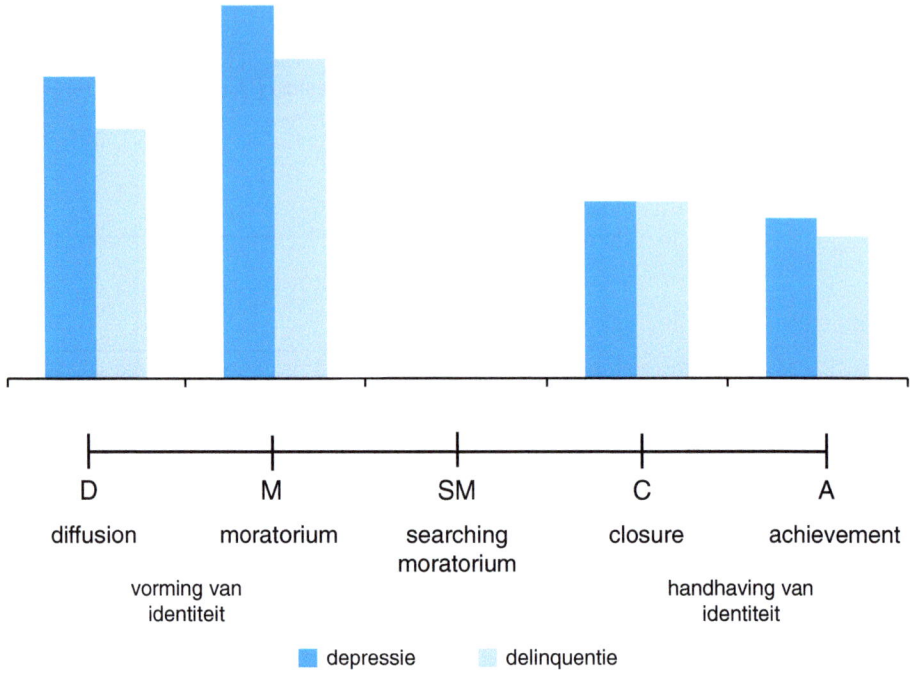

Figuur 3.14 Niveau van depressie en delinquentie bij diffusion, moratorium, closure en achievement. Gegevens van een studie van Meeus en anderen [21]. De studie rapporteert geen gegevens voor searching-moratorium

De figuur laat zien dat adolescenten die bezig zijn met de vorming van identiteit meer problemen hebben dan jongeren die bezig zijn met de handhaving van identiteit. Het gevonden patroon wordt nog duidelijker als we naar bijzondere groepen jongeren kijken. Zo bleek de kans dat jongeren in een penitentiaire jeugdinrichting in de status moratorium of diffusion zitten 17 keer groter dan die van doorsnee jongeren [8]. De kans dat jongeren die een klinische behandeling ondergaan in diffusion of moratorium zitten bleek 6 keer groter dan die van doorsnee jongeren [8]. Kortom: adolescenten met een positieve identiteit weten beter wie ze zijn en hebben minder problemen!

Politieke identiteit en politieke opvattingen. Hiernaar is veel minder onderzoek gedaan dan naar persoonlijke identiteit en zelfbeeld en probleemgedrag. Maar het onderzoek dat wel is gedaan, laat inderdaad zien dat een sterke politieke identiteit samengaat met opvattingen over hedendaagse politieke vraagstukken. Adolescenten met een duidelijk linkse identiteit accepteren de multiculturele samenleving meer en kiezen meer voor inkomensgelijkheid dan jongeren met een rechtse politieke identiteit. Het omgekeerde geldt voor jongeren met een rechtse politieke identiteit. Ook zijn jongeren met een sterk gevormde politieke identiteit minder gevoelig voor politieke beïnvloeding in de massamedia of op sociale media. In een periode van nepnieuws en misleidende politieke communicatie is dat uiteraard van groot belang.

Literatuur

1. Adams, G., Shea, J., & Fitch, S. (1979). Toward the development of an objective assessment of ego-identity status. *Journal of Youth and Adolescence, 8,* 223–237.
2. Berzonsky, M., & Adams, G. (1999). Reevaluating the identity status paradigm: still useful after 35 years. *Developmental Review, 19,* 557–590.
3. Côté, J., & Levine, C. (1988). A critical examination of the ego identity status paradigm. *Developmental Review, 8,* 147–184.
4. Crocetti, E., Rubini, M., Branje, S., Koot, H., & Meeus, W. (2016). Self-concept clarity in adolescents and parents: A six-wave longitudinal and multi-informant study on development and intergenerational transmission. *Journal of Personality, 84,* 580–592.
5. Crocetti, E., Rubini, M., & Meeus, W. (2008). Capturing the dynamics of identity formation in various ethnic groups: Development and validation of a three-dimensional model. *Journal of Adolescence, 31,* 207–222.
6. Grotevant H., & Adams, G. (1984). Development of an objective measure to assess ego identity in adolescence: Validation and replication. *Journal of Youth and Adolescence, 13,* 419–438.
7. Kaplan, D. (2008). An overview of Markov chain methods for the study of stage-sequential developmental processes. *Developmental Psychology, 44,* 457–467.
8. Klimstra, T., Crocetti, E., Hale, W. W., Kolman, A., Fortanier, E., & Meeus, W. (2011). Identity formation in juvenile delinquents and clinically referred youth. *European Review of Applied Psychology, 61,* 123–130.
9. Klimstra, T. A., Hale, W. W., Raaijmakers, Q. A. W., Branje, S. J. T., & Meeus, W. (2010). Identity formation in adolescence: Change or stability? *Journal of Youth and Adolescence, 39,* 150–162.
10. Kroger, J., Martinussen, M., & Marcia, J. (2010). Identity status change during adolescence and young adulthood: A meta-analysis. *Journal of Adolescence, 33,* 683–698.
11. LaVoie, J. (1994). Identity in adolescence: Issues of theory, structure and transition. *Journal of Adolescence, 17,* 17–28.
12. Luyckx, K., Goossens, L., & Soenens, B. (2006). A developmental contextual perspective on identity construction in emerging adulthood: Change dynamics in commitment formation and commitment evaluation. *Developmental Psychology, 42,* 366–380.
13. Luyckx, K., Goossens, L., Soenens, B., & Beyers, W. (2006). Unpacking commitment and exploration: Preliminary validation of an integrative model of late adolescent identity formation. *Journal of Adolescence, 29,* 361–378.
14. Luyckx, K., Teppers, E., Klimstra, T., & Rassart, J. (2014). Identity processes and personality traits in adolescence: Directionality of effects and developmental trajectories. *Developmental Psychology, 50,* 2144–2153.
15. Luyckx, K., Vansteenkiste, M., Goossens, L., & Duriez, B. (2009). Basic need satisfaction and identity formation: Bridging self-determination theory and process-oriented identity research. *Journal of Counseling Psychology, 56,* 276–288.
16. Marcia, J. E. (1966). Development and validation of ego identity status. *Journal of Personality and Social Psychology, 3,* 551–558.
17. Marcia, J. (1967). Ego identity status: Relationship to change in self-esteem, 'general maladjustment', and authoritarianism. *Journal of Personality, 35,* 118–133.
18. Meeus, W. (2011). The study of adolescent identity formation 2000–2010: A review of longitudinal research. *Journal of Research on Adolescence, 21,* 75–94.
19. Meeus, W. (2018). The identity status continuum revisited: A comparison of longitudinal findings with Marcia's model and dual cycle models. *European Psychologist, 23,* 289–299.
20. Meeus, W., Iedema, J., Helsen, M., & Vollebergh, W. (1999). Patterns of adolescent identity development: Review of literature and longitudinal analysis. *Developmental Review, 19,* 419–461.
21. Meeus, W., Van de Schoot, R., Keijsers, L., & Branje, S. (2012). Identity statuses as developmental trajectories: A five-wave longitudinal study in early-to-middle and middle-to-late adolescents. *Journal of Youth and Adolescence, 41,* 1008–1021.
22. Meeus, W., Van de Schoot, R., Keijsers, L., Schwartz, S. J., & Branje, S. (2010). On the progression and stability of adolescent identity formation: A five-wave longitudinal study in early-to-middle and middle-to-late adolescence. *Child Development, 81,* 1565–1581.
23. Negru-Subtirica, O., Pop, E., & Crocetti, E. (2015). Developmental trajectories and reciprocal associations between career adaptability and vocational identity: A three-wave longitudinal study with adolescents. *Journal of Vocational Behavior, 88,* 131–142.

24. Pop, E., Negru-Subtirica, O., Crocetti, E., Opre, A., & Meeus, W. (2016). On the interplay between academic achievement and educational identity: A longitudinal study. *Journal of Adolescence, 47,* 135–144.
25. Rekker, R., Keijsers, L., Branje, S., & Meeus, W. (2015). Political attitudes in adolescence and emerging adulthood: developmental changes in mean level, polarization, rank-order stability, and correlates. *Journal of Adolescence, 41,* 136–147.
26. Rekker, R., Keijsers, L., Branje, S., & Meeus, W. (2017). The dynamics of political identity and issue attitudes in adolescence and early adulthood. *Electoral Studies, 46,* 101–111.
27. Rekker, R., Keijsers, L., Branje, S., & Meeus, W. (2019). The formation of party preference in adolescence and early adulthood: How and when does it occur in the multiparty context of the Netherlands? *Young, 27,* 48–66.
28. Stephen, J., Fraser, E., & Marcia, J. (1992). Moratorium-achievement (Mama) cycles in lifespan identity development: Value orientations and reasoning system correlates. *Journal of Adolescence, 15,* 283–300.
29. Van Doeselaar, L., Klimstra, T., Denissen, J., & Meeus, W. (2019). Distinctiveness as a marker of identity formation. *Journal of Research in Personality, 78,* 153–164.
30. Waterman, A. (1982). Identity development from adolescence to adulthood: An extension of theory and a review of research. *Developmental Psychology, 18,* 341–358.
31. Erikson, E. (1968). *Identity: Youth and crisis.* New York: W.W. Norton.

Iemand worden: ontwikkeling van de persoonlijkheid

Samenvatting

In de adolescentie vormen jongeren niet alleen hun identiteit, maar ook hun persoonlijkheid. Er zijn twee manieren om persoonlijkheid te bestuderen. We kunnen kijken naar aparte persoonlijkheidstrekken. Dan stellen we de vraag of adolescenten extravert, aardig, consciëntieus, emotioneel stabiel en open zijn. We kunnen ook kijken naar de combinatie van persoonlijkheidstrekken van individuen. Die combinaties noemen we persoonlijkheidstypen. Er zijn drie persoonlijkheidstypen: veerkrachtigen, overcontrollers en undercontrollers. Veerkrachtigen zijn flexibel en weten goed wanneer ze actief moeten zijn en wanneer ze zichzelf in moeten houden, overcontrollers houden zichzelf te vaak in, en undercontrollers zijn te impulsief. Adolescenten laten een duidelijke ontwikkeling van hun persoonlijkheid zien: ze worden extraverter, consciëntieuzer, emotioneel stabieler en meer open. Ook neemt het aantal veerkrachtigen in de loop van de adolescentie toe en het aantal over- en undercontrollers af. Individuele verschillen in de persoonlijkheid worden stabieler en de organisatie van de persoonlijkheid neemt toe. Veerkrachtigen laten de gunstigste ontwikkeling zien, en over- en undercontrollers hebben duidelijke maar verschillende risicoprofielen.

4.1   Persoonlijkheid: theorie – 43
4.1.1 Wat is persoonlijkheid? – 43
4.1.2 Ontwikkeling van de persoonlijkheid – 44

4.2   Ontwikkeling van de persoonlijkheid bij adolescenten als groep – 45
4.2.1 Gemiddelde verandering van persoonlijkheidstrekken – 45
4.2.2 Individuele verschillen in persoonlijkheidstrekken worden stabieler – 45

© Bohn Stafleu van Loghum is een imprint van Springer Media B.V., onderdeel van Springer Nature 2019
W. Meeus, *Vallen en opstaan in de adolescentie*, https://doi.org/10.1007/978-90-368-2362-3_4

4.3	**Individuele ontwikkeling van de persoonlijkheid – 47**	
4.3.1	Profielstabiliteit – 47	
4.3.2	Ontwikkelingsketens – 47	
4.4	**Ontwikkeling van de persoonlijkheid samengevat – 49**	
4.4.1	Maturatie – 49	
4.4.2	Wat als de ontwikkeling niet positief verloopt? – 50	

Literatuur – 52

Behalve een persoonlijke en politieke identiteit ontwikkelen adolescenten ook hun persoonlijkheid. Gaat het bij identiteit om het vinden van doelen in het leven en het aangaan en handhaven van commitments, bij persoonlijkheid staat de ontwikkeling van een aantal algemene individuele kenmerken, de zogenaamde persoonlijkheidstrekken, centraal. Van nature is de persoonlijkheidspsychologie gericht op individuele verschillen en niet op ontwikkeling. Daarom heeft het tot het einde van de vorige eeuw geduurd voordat onderzoekers begonnen in te zien dat de persoonlijkheid verandert gedurende de levensloop, en vooral in de adolescentie. Onderzoek naar de persoonlijkheid van adolescenten begon in de jaren 1990, nadat Costa en McCrae [10, 19] de Big Five-persoonlijkheidstypologie hadden geïntroduceerd. Systematisch onderzoek naar de ontwikkeling van de adolescente persoonlijkheid begon uiteraard wat later: vanaf de eerste tien jaren van deze eeuw. In het vervolg van dit hoofdstuk zal ik de ontwikkeling van de adolescente persoonlijkheid op verschillende manieren laten zien.

4.1 Persoonlijkheid: theorie

4.1.1 Wat is persoonlijkheid?

In de persoonlijkheidspsychologie is veel gediscussieerd over persoonlijkheidstrekken en persoonlijkheidstypen. Veel onderzoekers zijn van mening dat de persoonlijkheid het best omschreven kan worden met een aantal persoonlijkheidstrekken [10, 11, 19]. Anderen vinden dat onderzoek naar persoonlijkheidstypen betere inzichten biedt [3, 4]. Deze onderzoekers gaan ervan uit dat de persoonlijkheid per definitie een combinatie van individuele trekken omvat, en dat deze combinatie het best aangeeft wie de persoon is en hoe hij/zij zich in verschillende situaties zal gedragen. Onderzoekers die kijken naar verschillende persoonlijkheidstrekken bestuderen of jongeren bijvoorbeeld gedurende de adolescentie extraverter of emotioneel stabieler worden; onderzoekers die kijken naar combinaties van trekken bestuderen de ontwikkeling van persoonlijkheidstypen.

Persoonlijkheidstrekken: de Big Five. De persoonlijkheid van adolescenten kan beschreven worden met vijf persoonlijkheidstrekken, de zogenaamde Big Five. Deze trekken zijn: extravert, aardig, consciëntieus, emotioneel stabiel en open. In reactie op de kritiek dat deze trekken onduidelijk zijn en niet goed van elkaar kunnen worden onderscheiden [6], hebben Denissen en Penke ze nauwkeuriger gedefinieerd [14]. *Extravert* verwijst naar (individuele verschillen) in actief zijn in sociale situaties en het vermogen om de aandacht van anderen te trekken en anderen te beïnvloeden. *Aardig* verwijst ook naar sociale situaties en naar verschillen in de neiging om al dan niet samen te werken met anderen en hulpvaardig en betrokken te zijn. *Consciëntieus* of nauwgezet gaat over de manier waarop mensen omgaan met het uitvoeren van taken, en dan met name hoe vasthoudend ze zijn in het nastreven van doelen. *Emotionele stabiliteit* betreft de mate van angst en gevoeligheid voor negatieve gebeurtenissen zoals sociale uitsluiting. De trek *open*, ten slotte, gaat over interesse in nieuwe cognitieve taken en geneigdheid om daarin op te gaan.

Persoonlijkheidstypen: overcontrol, undercontrol en veerkracht. In de adolescentiepsychologie wordt de persoonlijkheidstypologie van Block en Block het meest gebruikt. Deze typologie maakt onderscheid tussen overcontrollers, undercontrollers en veerkrachtigen.

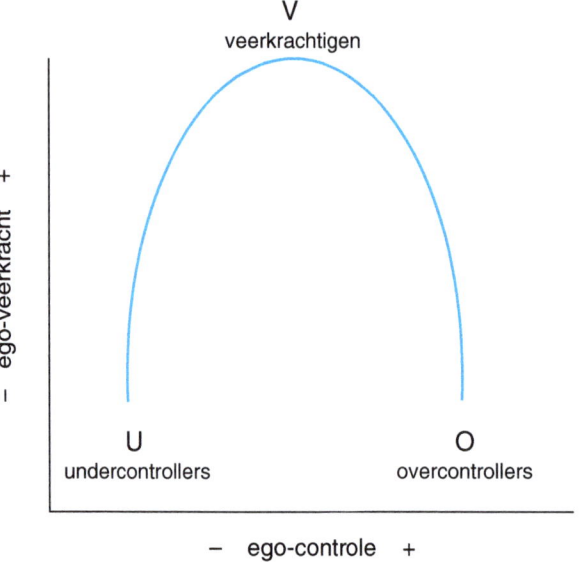

 Figuur 4.1   Ego-controle en ego-veerkracht als grondslag voor drie persoonlijkheidstypen

De typologie vindt zijn basis in het onderscheid tussen ego-controle en ego-veerkracht [4, 7, 9]. *Ego-controle* is de neiging om motivationele impulsen al dan niet te beheersen, en *ego-veerkracht* staat voor de neiging om al dan niet flexibel in te gaan op eisen die de omgeving aan je stelt. De drie persoonlijkheidstypen vormen dan een specifieke combinatie van ego-controle en ego-veerkracht (fig. 4.1).

Veerkrachtigen hebben veel ego-veerkracht en een gemiddeld niveau van ego-controle, omdat ze hun ego-controle aan kunnen passen aan eisen uit de omgeving. Overcontrollers en undercontrollers hebben weinig ego-veerkracht en verschillen sterk op ego-controle. Overcontrollers hebben altijd veel ego-controle, en undercontrollers meestal weinig. Dit heeft als gevolg dat overcontrollers zich in de meeste situaties inhouden en beheersen, en dat undercontrollers impulsief zijn en zich meestal niet beheersen. Veerkrachtigen zijn daarentegen flexibel: zij kunnen schakelen van zelfbeheersing naar impulsief gedrag, afhankelijk van wat de situatie van hen vraagt. In veel onderzoek zijn de drie persoonlijkheidstypen gevonden bij adolescenten [1, 2, 12] en is ook aangetoond dat veerkrachtigen hoge scores hebben op alle Big Five-trekken, dat overcontrollers vooral aardig en nauwgezet en niet emotioneel stabiel zijn, en dat undercontrollers extravert en niet aardig en nauwgezet zijn. In fig. 4.2 is deze combinatie van de Big Five-trekken binnen de drie persoonlijkheidstypen weergegeven.

4.1.2 Ontwikkeling van de persoonlijkheid

Zoals ik eerder aangaf, richt onderzoek naar de persoonlijkheid zich van nature op individuele verschillen en minder op ontwikkeling. Daarom is er weinig theorievorming over de ontwikkeling van de persoonlijkheid in de adolescentie. Aan het eind van dit hoofdstuk kom ik op deze vraag terug.

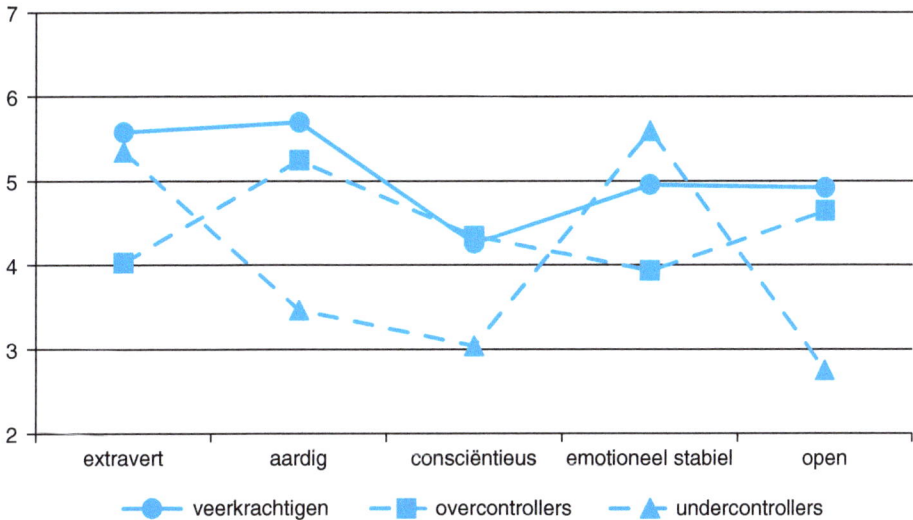

Figuur 4.2 Profielen van de drie persoonlijkheidstypen op de Big Five-trekken zoals gevonden in een studie van Meeus en anderen [20]

4.2 Ontwikkeling van de persoonlijkheid bij adolescenten als groep

4.2.1 Gemiddelde verandering van persoonlijkheidstrekken

Figuur 4.3 laat de ontwikkeling van de trekken zien tussen 12 en 20 jaar. De figuur is gebaseerd op enkele overzichtsstudies, aangevuld met een aantal losse longitudinale studies, in totaal meer dan honderd, uitgevoerd in acht landen.

Extraversie neemt gedurende de adolescentie toe, en dat geldt voor consciëntieusheid, emotionele stabiliteit en openheid vanaf de middenadolescentie. Voor de trek aardig is geen uitspraak te doen, omdat studies elkaar te veel tegenspreken.

4.2.2 Individuele verschillen in persoonlijkheidstrekken worden stabieler

Er bestaan al duidelijke individuele verschillen in persoonlijkheidstrekken in het begin van de adolescentie, maar de stabiliteit van deze verschillen verdubbelt ongeveer (van 0,40 naar 0,80, zie fig. 4.4) in de adolescentie. Dat wil zeggen dat sommige jongeren aan het einde van de adolescentie systematisch als extravert en emotioneel stabiel gelden, andere als gemiddeld extravert en emotioneel stabiel, en weer andere als helemaal niet extravert en emotioneel stabiel. Deze resultaten werden gevonden in een overzicht van studies in acht landen [22] en ook in Nederlands onderzoek [8, 16]. Figuur 4.4 geeft de resultaten weer voor de persoonlijkheidstrekken extravert en emotioneel stabiel. Voor de trekken aardig, consciëntieus en open werden vergelijkbare resultaten gevonden.

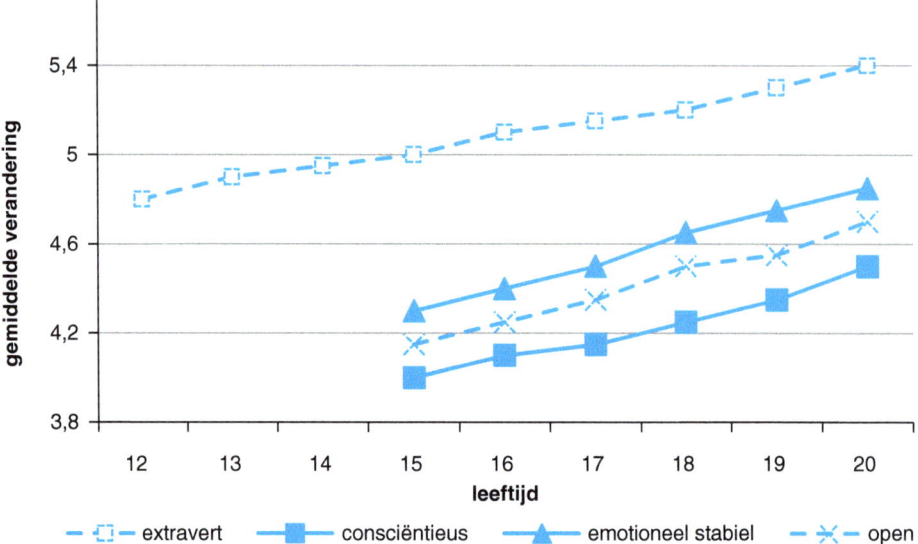

◘ **Figuur 4.3** De ontwikkeling van de persoonlijkheidstrekken extravert, consciëntieus, emotioneel stabiel en open. Bronnen: enkele overzichtsstudies [15, 23] en meerdere losse studies [18, 21]

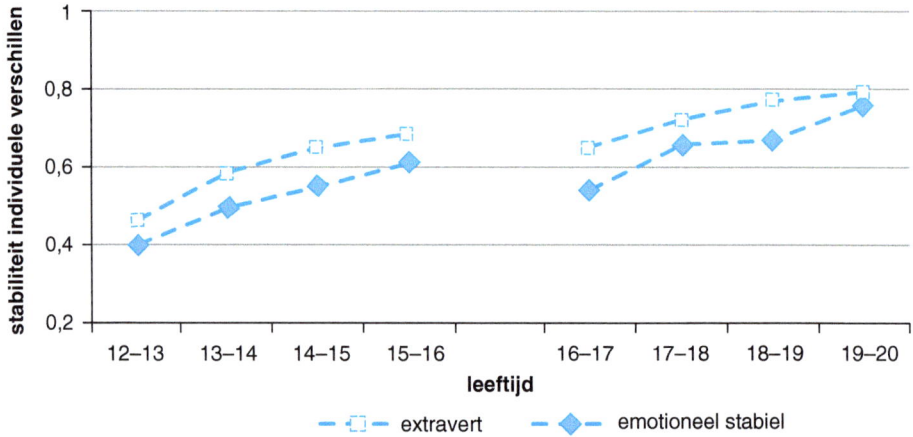

◘ **Figuur 4.4** Het ontstaan van systematische individuele verschillen in persoonlijkheidstrekken in de adolescentie zoals gevonden in een studie van Klimstra en anderen [16]. De figuur bevat data van twee cohorten (12 tot 16 en 16 tot 20)

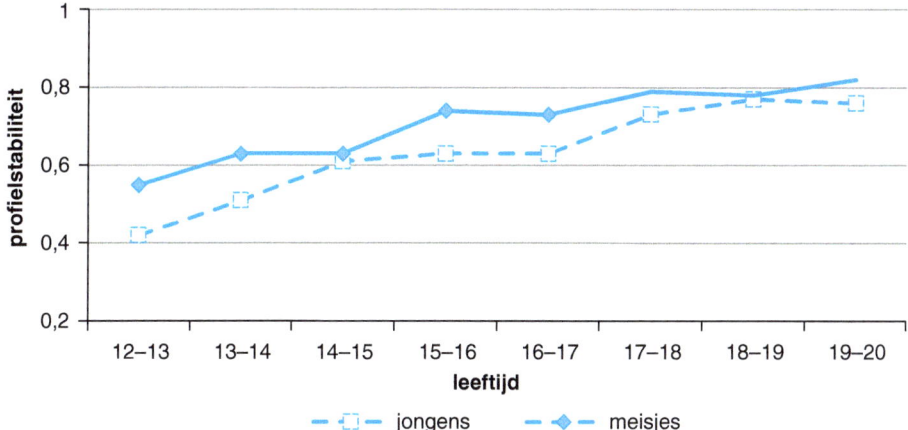

Figuur 4.5 Ontwikkeling van profielstabiliteit van Big Five-persoonlijkheidstrekken in de adolescentie zoals gevonden in een studie van Klimstra en anderen [16]. De figuur bevat data van twee cohorten (12 tot 16 en 16 tot 20)

4.3 Individuele ontwikkeling van de persoonlijkheid

4.3.1 Profielstabiliteit

In het begin van de adolescentie hebben jongeren al een redelijk stabiel persoonlijkheidsprofiel, maar het profiel is duidelijk stabieler in de late dan de vroege adolescentie. Adolescenten hebben in de late adolescentie dus een duidelijk meer georganiseerde persoonlijkheid dan in de vroege adolescentie. Figuur 4.5 laat de ontwikkeling van profielstabiliteit zien voor jongens en meisjes.

4.3.2 Ontwikkelingsketens

Persoonlijkheidstypen. In de adolescentie zijn er drie persoonlijkheidstypen: veerkrachtigen, overcontrollers en undercontrollers. Het profiel van de typen staat in fig. 4.2. Veerkrachtigen hebben hoge scores op alle Big Five-trekken, overcontrollers zijn vooral aardig en nauwgezet en niet emotioneel stabiel, en undercontrollers extravert en niet aardig en nauwgezet.

Toe-en afname van persoonlijkheidstypen. Tussen de 12 en 16 jaar neemt het aantal veerkrachtigen toe en het aantal overcontrollers en undercontrollers af. Hetzelfde patroon zien we tussen de 16 en 20 jaar (fig. 4.6). Als we over de gehele adolescentie kijken zien we een systematische toename van veerkrachtigen en afname van undercontrollers. Voor undercontrollers zien we een afname tussen de 12 en 16 jaar, een relatief groot aantal op 16 en 17 jaar in de leeftijd van 16–20 jaar en vanaf 18 jaar een vergelijkbaar aantal als bij de 16-jarigen in de groep van 12 tot 16 jaar. De toename van het aantal veerkrachtigen betekent dat het aantal adolescenten toeneemt dat zich afhankelijk van de situatie kan beheersen en actief kan optreden. De afname van undercontrollers geeft een vermindering aan van het aantal adolescenten dat zich niet kan beheersen. Het patroon voor de overcontrollers laat zien dat het aantal jongeren dat altijd passief en ingehouden optreedt eerst afneemt, op 16 en 17 jaar groot is, en daarna weer afneemt.

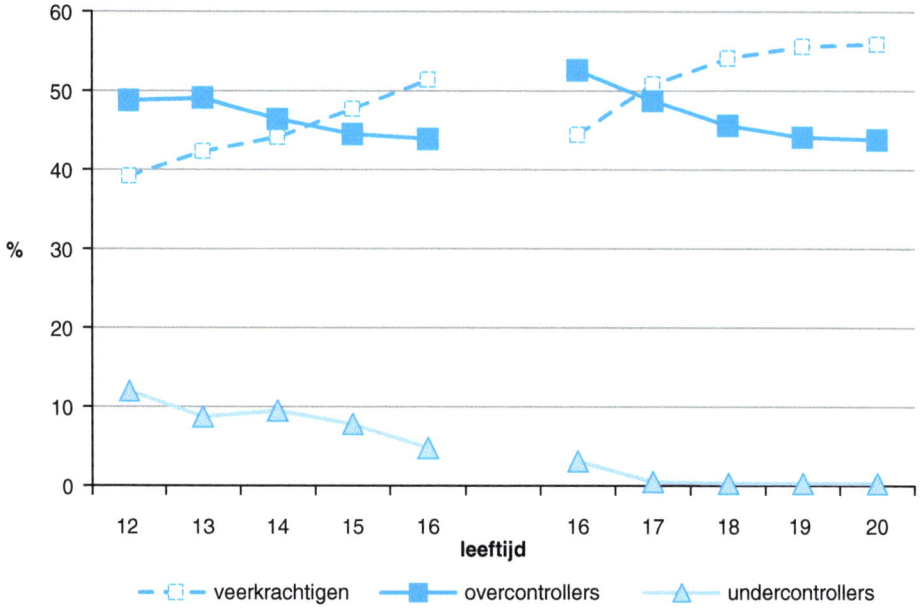

◻ **Figuur 4.6** Toe- en afname van het aantal veerkrachtigen, overcontrollers en undercontrollers. De figuur bevat data van twee cohorten (12 tot 16 en 16 tot 20). Resultaten van een studie van Meeus en anderen [20]

◻ **Tabel 4.1** Veranderingskansen van persoonlijkheidstypen tussen de 16 en 20 jaar[a]

persoonlijkheidstypen op leeftijd 16	persoonlijkheidstypen op leeftijd 20		
	V	O	U
veerkrachtigen (V)	0,96	0,03	0,01
overcontrollers (O)	0,22[b]	0,78	0,00
undercontrollers (U)	0,67	0,33	0,00

[a] Resultaten van een studie van Meeus en anderen [20]. Alleen gegevens van 16–20 jarigen om de tekst niet te ingewikkeld te maken.
[b] 0,22 betekent dat 22 % van de overcontrollers op leeftijd 16 verandert naar veerkrachtig op leeftijd 20.

Eindpunten van ontwikkeling en tijdelijke typen. ◻Tabel 4.1 laat zien dat het veerkrachtige type een eindpunt van de ontwikkeling vormt: 96 % van de adolescenten die op leeftijd 16 tot dit type behoorde, doet dat op leeftijd 20 nog steeds. Het type veerkrachtigen is dus heel stabiel in de tijd. Dat geldt juist niet voor de undercontrollers: geen enkele adolescent die op leeftijd 16 een undercontroller is, is dat ook nog op 20 jaar. Het undercontroller-type is dus een tijdelijk type dat bijna alle jongeren aan het einde van de adolescentie achter zich laten. Overcontrol vormt ook een eindpunt van de ontwikkeling: 78 % van de jongeren blijft tussen de 16 en 20 jaar tot dit type behoren. Maar overcontrol is minder een eindpunt van de ontwikkeling dan het veerkrachtige type.

□ Figuur 4.7 Het patroon van verandering van persoonlijkheidstypen in elkaar tussen de 16 en 20 jaar

Hoe veranderen adolescenten van persoonlijkheidstype? Hierboven staat al een deel van het antwoord. Het veerkrachtige type is het stabielst en daarna de overcontrollers; undercontrol is totaal niet stabiel. De stabiliteitspercentages van de drie typen staan in de tabel. Ook laat de tabel zien hoe de persoonlijkheidstypen in elkaar veranderen. O 16 verandert vooral in V 20 (0,22), en U 16 in V 20 (0,67) en in veel mindere mate in O 20 (0,33). De tabel toont ook dat overcontrollers nooit veranderen in undercontrollers. Samenvattend kunnen we dus zeggen dat overcontrollers en undercontrollers veranderen in veerkrachtigen, en dat dit veel meer het geval is voor undercontrollers dan overcontrollers. Ook veranderen under- en overcontrollers veel minder vaak in elkaar dan in veerkrachtigen. □Figuur 4.7 geeft een samenvatting van deze ontwikkeling en biedt zo ook een verklaring voor de toe- en afname van persoonlijkheidstypen tussen 16 en 20 jaar zoals weergegeven in □fig. 4.6.

Hoe vaak veranderen adolescenten van persoonlijkheidstype? Voor elke adolescent kunnen we in dit voorbeeld de keten van persoonlijkheidstypen bekijken. Die kan er bijvoorbeeld voor vijf jaarlijkse metingen uitzien als UURRR, of OOOOR. Zo kunnen we ook zien hoe vaak adolescenten van type veranderen. Voor de overgrote meerderheid, 80 %, was dit maar één keer.

4.4 Ontwikkeling van de persoonlijkheid samengevat

4.4.1 Maturatie

□Tabel 4.2 vat de ontwikkeling samen en laat zien dat de persoonlijkheid zich systematisch ontwikkelt in de adolescentie, zowel op groepsniveau als op individueel niveau. We kunnen de ontwikkeling treffend omschrijven als maturatie van de persoonlijkheid.

Als groep ontwikkelen adolescenten een sterkere persoonlijkheid: ze worden meer extravert (E), emotioneel stabiel (ES), consciëntieus (C) en open (O). Aan het einde van de adolescentie zijn ze handiger in sociale situaties (E), kunnen ze beter omgaan met negatieve gebeurtenissen en angsten (ES), zijn ze nauwgezetter in het uitvoeren van taken (C) en staan ze meer open voor nieuwe uitdagingen (O). Ook worden de verschillen in persoonlijkheidstrekken systematischer. Als je aan het einde van de adolescentie extraverter, aardiger, consciëntieuzer, emotioneel stabieler en meer open bent dan de meeste van je leeftijdsgenoten, is de kans aanzienlijk dat je dat voor de rest van je leven ook blijft. Het omgekeerde geldt ook: als je als minder extravert, aardig, consciëntieus, emotioneel stabiel en open wordt gezien, dan is de kans aanzienlijk dat je dat je leven lang blijft.

Op individueel niveau zien we een vergelijkbare ontwikkeling. Het individuele profiel van de persoonlijkheid is aan het einde van de adolescentie heel stabiel. Adolescenten hebben gemiddeld gezien een heel stabiel persoonlijkheidsprofiel [16, 17]. Een vergelijkbare

■ **Tabel 4.2** Ontwikkeling van de persoonlijkheid

persoonlijkheid	op groepsniveau		op individueel niveau		
	gemiddelde verandering	stabiliteit van individuele verschillen	stabiliteit van individueel profiel	ontwikkelingsketens	
				toe- en afname typen	verandering typen
1. persoonlijkheidstrekken: Big Five	groei	toename	toename		
2. persoonlijkheidstypen: veerkrachtigen (V), over- (O) en undercontrollers (U)				toename V, afname O en U	O en U → V

ontwikkeling zien we bij de persoonlijkheidstypen: adolescenten ontwikkelen zich gemiddeld van undercontrollers, en in mindere mate van overcontrollers, naar veerkrachtigen. En als ze eenmaal tot het veerkrachtige type behoren, is de kans zeer groot dat ze dat ook blijven. Ze ontwikkelen zich dus van personen die hun impulsen niet kunnen beheersen (undercontrollers) of die zich altijd inhouden (overcontrollers) tot personen die weten wanneer ze wel en niet actief moeten worden (veerkrachtigen).

Omdat we maturatie van de persoonlijkheid in onderzoek in verschillende landen hebben gevonden, spreek ik van een ontwikkelingspatroon. Ontwikkelingspatroon 1(b) is dus *maturatie van persoonlijkheid*.

4.4.2 Wat als de ontwikkeling niet positief verloopt?

Niet alle adolescenten hebben aan het einde van de adolescentie een veerkrachtige persoonlijkheid. Een kleine groep van tussen de 0 en 10 % behoort tot de undercontrollers, en een grotere groep van 20 % of meer behoort tot de overcontrollers. De kansen op een positieve ontwikkeling voor under- en overcontrollers zijn geringer dan die van veerkrachtigen. ■Tabel 4.3 laat de verschillen tussen de drie persoonlijkheidstypen zien voor school en werk, persoonlijke relaties en probleemgedrag.

De tabel toont dat veerkrachtigen het gunstigste ontwikkelingsprofiel hebben: zij doen het goed op school, hebben goede relaties met hun ouders [zie hiervoor 13] en vrienden, zijn goed in het vormen van intieme relaties en vertonen het laagste niveau van psychopathologie. Overcontrollers laten negatieve relaties zien met ouders en vrienden, en hebben problemen met het vormen van intieme relaties; daarnaast scoren ze hoog op depressie en angst. Ze doen het wel goed op school en zijn niet agressief of delinquent. Undercontrollers zijn wat betreft school, psychopathologie en het vormen van intieme relaties het spiegelbeeld

Tabel 4.3 Ontwikkelingsrisico's van overcontrollers en undercontrollers

gebieden van ontwikkeling	persoonlijkheidstypen		
	veerkrachtigen	overcontrollers	undercontrollers
school en werk			
– schoolprestaties[a]	+	+	–
– continuïteit van werk[b]			–
persoonlijke relaties			
– afwijzing door ouders[c]	–	+	+
– acceptatie door leeftijdsgenoten[d]	+		
– steun van vrienden[e]	+	–	–
– conflicten oplossen met vrienden[f]	+	+/–	–
– kans op een intieme relatie[b, g]	+	–	+
psychopathologie			
– angst[h]	–	++	–/+
– depressie[c]	–	++	–/+
– agressie[c]	–	–	+
– delinquentie[a]	–	–	+

[a] Robins en anderen [24].
[b] Asendorpf en anderen [5].
[c] Akse en anderen [1].
[d] Van Lieshout en anderen [25].
[e] Yu en anderen [27].
[f] Yu en anderen [26].
[g] Meeus en anderen [20].
[h] Akse en anderen [2].
Noot: Asendorpf en anderen [5] gebruiken een persoonlijkheidstype dat nauw verwant is aan overcontrol: het geïnhibeerde type.

van overcontrollers: op school doen ze het niet goed, ze vertonen agressief en delinquent gedrag, en ze hebben geen moeite met het vormen van intieme relaties. In het verlengde van hun slechte schoolprestaties hebben ze ook moeite met het behouden van werk. Wat betreft relaties met ouders en vrienden laten undercontrollers een iets negatiever beeld zien dan overcontrollers. Duidelijk is dat beide groepen ontwikkelingsrisico's lopen in vergelijking tot veerkrachtigen. Hun risicoprofiel is wel duidelijk verschillend.

Literatuur

1. Akse, J., Hale, W. W., III, Engels, R. C. M. E., Raaijmakers, Q. A. W., & Meeus, W. H. J. (2004). Personality, perceived parental rejection and problem behaviour in adolescence. *Social Psychiatry and Psychiatric Epidemiology, 39,* 980–988.
2. Akse, J., Hale, W. W., III, Engels, R. C. M. E., Raaijmakers, Q. A. W., & Meeus, W. H. J. (2007). Stability and change in personality type membership and anxiety in adolescence. *Journal of Adolescence, 30,* 813–834.
3. Allport, G. W. (1937). *Personality: A psychological interpretation.* New York: Holt, Rinehart, & Winston.
4. Asendorpf, J. B., Borkenau, P., Ostendorf, F., & Van Aken, M. A. G. van (2001). Carving personality description at its joints: Confirmation of three replicable personality prototypes for both children and adults. *European Journal of Personality, 15,* 169–198.
5. Asendorpf, J., Denissen, J., & Van Aken, M. (2008). Inhibited and aggressive preschool children at 23 years of age: Personality and social transitions into adulthood. *Developmental Psychology, 44,* 997–1011.
6. Block, J. (1995). A contrarian view of the five-factor approach to personality description. *Psychological Bulletin, 117,* 187–215.
7. Block, J. H., & Block, J. (1980). The role of ego-control and ego-resiliency in the organization of behavior. In W. A. Collins (red.), *Minnesota Symposium on Child Psychology* (Vol. 13, pag. 39–101). Hillsdale: Erlbaum.
8. Borghuis, J., Denissen, J., Oberski, D., Sijtsma, K., Meeus, W., Branje, S., Koot, H., & Bleidorn, W. (2017). Big Five personality stability, change, and co-development across adolescence and early adulthood. *Journal of Personality and Social Psychology, 113,* 641–657.
9. Caspi, A. (1998). Personality development across the life course. In W. Damon (red. reeks) & N. Eisenberg (red. band), *Handbook of child psychology: vol. 3. Social, emotional, and personality development* (pag. 311–388). New York, NY: Wiley.
10. Costa Jr., P., & McCrae, R. (1994). Stability and change in personality from adolescence through adulthood. In C. Halverson & G. Kohnstamm & R. Martin (red.). *The developing structure of temperament and personality from infancy to adulthood* (pag. 139–150). Hillsdale: Lawrence Erlbaum Associates.
11. Costa, P., Herbst, J., McCrae, R., Samuels, J., & Ozer, D. (2002). The replicability and utility of three personality types. *European Journal of Personality, 16,* S73–S87.
12. De Fruyt, F., Mervielde, I., & Van Leeuwen, K. (2002). The consistency of personality type classification across samples and Five-Factor measures. *European Journal of Personality, 16,* S57–S72.
13. De Goede, I. H. A., Branje, S. J. T., & Meeus, W. H. J. (2009b). Developmental changes in adolescents' perceptions of relationships with their parents. *Journal of Youth and Adolescence, 38,* 75–88.
14. Denissen, J., & Penke, J. (2008). Motivational individual reaction norms underlying the Five-Factor model of personality: First steps towards a theory-based conceptual framework. *Journal of Research in Personality, 42,* 1285–1302.
15. Denissen, J., Van Aken, M., Penke, L., & Wood, D. (2013). Self-regulation underlies temperament and personality: An integrative developmental framework. *Child Development Perspectives, 7,* 255–260.
16. Klimstra, T. A., Hale, W. W., Raaijmakers, Q. A. W., Branje, S. J. T., & Meeus, W. (2009). Maturation of personality in adolescence. *Journal of Personality and Social Psychology, 96,* 898–912.
17. Klimstra, T. A., Luyckx, K., Hale, W., Goossens, L., & Meeus, W. (2010). Longitudinal associations between personality profile stability and adjustment in college students: Distinguishing among overall stability, distinctive stability, and within-time normativeness. *Journal of Personality, 78,* 1163–1184.
18. Lüdtke, O., Trautwein, U., & Husemann, N. (2009). Goal and personality trait development in a transitional period: Assessing change and stability in personality development. *Personality and Social Psychology Bulletin, 35,* 428–441.
19. McCrae, R. R., & Costa, J. P. T. (1987). Validation of the five-factor model of personality across instruments and observers. *Journal of Personality and Social Psychology, 52,* 81–90.
20. Meeus, W., Van de Schoot, R., Klimstra, T., & Branje, S. (2011). Personality types in adolescence: Change and stability and links with adjustment and relationships: A five-wave longitudinal study. *Developmental Psychology, 47,* 1181–1195.
21. Pullmann, H., Raudsepp, L., & Allik, J. (2006). Stability and change in adolescents' personality: A longitudinal study. *European Journal of Personality, 20,* 447–459.
22. Roberts, B., & DelVecchio, W. (2000). The rank-order consistency of personality traits from childhood to old age: A quantitative review of longitudinal studies. *Psychological Bulletin, 126,* 3–25.
23. Roberts, B., Walton, K., & Viechtbauer, W. (2006). Patterns of mean-level change in personality traits across the life-course: A meta-analysis of longitudinal studies. *Psychological Bulletin, 132,* 1–25.

24. Robins, R. W., John, O. P., Caspi, A., Moffitt, T. E., & Stouthamer-Loeber, M. (1996). Resilient, overcontrolled, and undercontrolled boys: Three replicable personality types. *Journal of Personality and Social Psychology, 70,* 157–171.
25. Van Lieshout, C., Haselager, G., Riksen-Walraven, M., & Van Aken, M. (1995, July). *Personality development in middle childhood.* Paper presented at the meeting of the Society for Research in Child Development, Indianapolis, IN.
26. Yu, R., Branje, S., Keijsers, L., & Meeus, W. (2014). Personality effects on romantic relationship quality through friendship quality: A ten-year longitudinal study in youths. *PLoS ONE, 9(9),* e102078.
27. Yu, R., Branje, S., Keijsers, L., & Meeus, W. (2014). Personality types and development of adolescents' conflict with friends. *European Journal of Personality, 28,* 156–167.

Ontwikkeling van relaties met ouders en vrienden en empathie

Samenvatting

In de loop van de adolescentie veranderen de relaties van adolescenten met hun ouders en vrienden. De relatie met de ouders wordt gelijkwaardiger. Conflicten met ouders komen het meest voor in de middenadolescentie en nemen daarna weer af. In de late adolescentie zijn de meeste ouder-adolescentrelaties positief. Ook neemt het vermogen van ouders om hun kinderen te controleren af en bouwen adolescenten meer en meer hun eigen wereld. Dat doen ze ook doordat ze zelf gaan bepalen welke persoonlijke informatie ze wel en niet delen met ouders. Relaties met vrienden worden warmer, en adolescenten leren ook om conflicten met vrienden op een redelijke manier op te lossen. Machtsverschillen en conflicten met vrienden blijven tot in de late adolescentie bestaan. Gemiddeld genomen is er dus maturatie van relaties met ouders en vrienden. Cognitieve empathie, het vermogen om anderen te begrijpen, neemt toe in de adolescentie, terwijl de toename van affectieve empathie minder eenduidig is. Positieve relaties met ouders en vrienden gaan samen met minder probleemgedrag bij adolescenten.

5.1   Ontwikkeling van relaties: theorie – 57
5.1.1   Adolescenten en ouders – 57
5.1.2   Vriendschappen in de adolescentie – 59
5.1.3   Empathie – 60

5.2   Ontwikkeling van relaties en empathie bij adolescenten als groep – 60
5.2.1   Gemiddelde verandering – 60
5.2.2   Ontwikkeling van individuele verschillen in ervaring van relaties – 66

© Bohn Stafleu van Loghum is een imprint van Springer Media B.V., onderdeel van Springer Nature 2019
W. Meeus, *Vallen en opstaan in de adolescentie*, https://doi.org/10.1007/978-90-368-2362-3_5

5.3	Individuele ontwikkeling van relaties – 67	
5.3.1	Ontwikkelingsketens – 67	
5.4	Ontwikkeling van relaties samengevat – 72	
5.4.1	Ouder-adolescentrelaties: maturatie – 72	
5.4.2	Vriendschappen: maturatie, ja, maar … – 75	
5.4.3	Empathie: rijping cognitie – 76	
5.4.4	Conclusie – 76	
5.4.5	Wat als de ontwikkeling niet positief verloopt? – 76	

Literatuur – 79

In ▶H. 3 en 4 liet ik zien dat adolescenten iemand worden: ze ontwikkelen hun identiteit en persoonlijkheid. Iemand worden betekent ook dat adolescenten anders leren omgaan met anderen: ouders en vrienden. Wat betreft ouders gaat het om veranderingen in de opvoeding en de ouder-adolescentrelatie, wat betreft vrienden om veranderingen van wederzijdse steun, macht en conflict. Ook bespreek ik de ontwikkeling van affectieve en cognitieve empathie: het vermogen om met anderen mee te voelen en anderen te begrijpen.

Vanaf de jaren vijftig en zestig van de vorige eeuw zijn er theorieën ontwikkeld over de verandering van ouder-adolescentrelaties [6] en vriendschappen in de adolescentie. Het onderscheid tussen affectieve en cognitieve empathie dateert uit de jaren tachtig [11]. Onderzoek naar de ontwikkeling van relaties en empathie is van een later tijdstip: het begin van deze eeuw. In dit hoofdstuk laat ik de ontwikkeling op verschillende manieren zien. Ik begin met een overzicht van theorieën over relaties en empathie.

5.1 Ontwikkeling van relaties: theorie

5.1.1 Adolescenten en ouders

Veranderende relaties. Er zijn vier perspectieven op de verandering van ouder-adolescentrelaties: het separatie-individuatieperspectief, het evolutionaire perspectief, het rijpingsperspectief en het herschikkingsperspectief.

Het separatie-individuatieperspectief [6] komt uit de psychoanalyse en neemt aan dat hormonale veranderingen in de puberteit ertoe leiden dat adolescenten kinderlijke identificaties met hun ouders achter zich laten. Dit betekent dat ze hun ouders niet langer als ideaal zien en zich van hen los gaan maken: separatie. Dit proces leidt tot innerlijke spanningen in de adolescent en tot conflicten met ouders, en resulteert er uiteindelijk in dat adolescenten zich zelfstandig op gaan stellen ten opzichte van hun ouders: individuatie.

Het evolutionaire perspectief [49] legt ook de nadruk op de rol van de puberteit in de verandering van de ouder-adolescentrelaties. De puberteit staat voor de evolutionaire druk om afstand te nemen van het ouderlijke gezin en een seksuele partner te vinden. Ook volgens het evolutionaire perspectief leidt dit tot conflicten met ouders en tot afstand en onafhankelijkheid van adolescenten ten opzichte van ouders.

Het rijpingsperspectief [61] stelt de cognitieve ontwikkeling van adolescenten centraal en veronderstelt dat die in ten minste twee opzichten de ouder-adolescentrelatie verandert. Ten eerste gaat die van een autoritaire relatie in de vroege adolescentie naar een gelijkwaardige relatie in de late adolescentie. Deze verandering betekent dat de macht en dominantie van ouders in de vroege adolescentie worden vervangen door gedeelde macht tussen ouders en adolescenten in de late adolescentie. Tegelijkertijd gaan adolescenten meer en meer onderwerpen (uitgaan, keuze van vrienden, kleding, drinken enzovoorts) als persoonlijke onderwerpen zien waarover ouders geen zeggenschap hebben.

Deze drie perspectieven suggereren dat de verandering van ouder-adolescentrelaties leidt tot conflicten en tot verslechtering van de relatie, en ook tot het zelfstandig worden van adolescenten. Het herschikkingsperspectief [8] voegt hier een element aan toe: het gaat ervan uit dat adolescenten en ouders na de chaos van de veranderingen in staat zijn om opnieuw een evenwichtige en harmonieuze relatie op te bouwen. Dus na conflict komt er een nieuw evenwicht en nieuwe harmonie.

Alle vier de perspectieven veronderstellen een reorganisatie van de ouder-adolescentrelatie: adolescenten worden onafhankelijker van ouders en hun autonomie neemt toe.

Opvoeding in de adolescentie. Maccoby en Martin [35] hebben in de vroege jaren tachtig van de vorige eeuw twee basisdimensies van opvoeden voorgesteld: het geven van warmte en steun aan de ene kant, en controleren aan de andere kant. De dimensie warmte/steun omvat koesteren, verzorgen en steunen door ouders terwijl controle staat voor beknotten van gedrag, grenzen stellen en het aangeven van regels. In de jaren negentig van de vorige eeuw hebben onderzoekers de suggestie gedaan om twee vormen van ouderlijke controle te onderscheiden: gedragsmatige en psychologische controle. Bij gedragsmatige controle gaat het om manieren van ouders om het gedrag van kinderen te reguleren en te structureren, terwijl het volgens Barber [2, 4] bij psychologische controle gaat om 'een drukkende opvoeding die geen gevoel toont voor de emotionele en psychologische behoeften van kinderen en in plaats daarvan onafhankelijkheid en autonomie aan banden legt'. Psychologische controle [3, zie ook 47] kan worden uitgeoefend door het gebruik van verschillende tactieken, zoals (a) het opwekken van schuldgevoelens om zo kinderen te bewegen om te voldoen aan ouderlijke wensen; (b) voorwaardelijke liefde of het onthouden van liefde als kinderen niet voldoen aan standaarden van ouders; (c) angst oproepen en zo ervoor zorgen dat kinderen eisen van ouders inwilligen; (d) afbreken van het perspectief van kinderen door spontane uitingen van gedachten en gevoelens te beperken.

In tegenstelling tot de vier perspectieven op ouder-adolescentrelaties was het onderscheid tussen de verschillende dimensies van opvoeden niet gericht op ontwikkeling maar meer begripsmatig van aard. En dit roept de vraag op hoe steun en controle van en door ouders zich ontwikkelen in de adolescentie. Omdat alle vier de perspectieven ervan uitgaan dat adolescenten zelfstandig en onafhankelijk van hun ouders worden, ligt het voor de hand aan te nemen dat adolescenten als ze ouder worden ouderlijke macht minder gaan accepteren en ouderlijke controle meer gaan verwerpen.

Informatie delen in de adolescentie. In het begin van deze eeuw ontketenden Kerr en Stattin [31, 48] een revolutie in de adolescentiepsychologie met hun heranalyse van het begrip ouderlijk toezicht. Ook suggereerden zij dat met name de bereidheid van jongeren om spontaan dingen uit hun dagelijks leven aan hun ouders te vertellen van belang is om delinquentie en probleemgedrag in de adolescentie te begrijpen. In een paar studies lieten Kerr en Stattin inderdaad zien dat vertellen over dagelijkse dingen door adolescenten een betere voorspeller van probleemgedrag is dan opvoedingsgedrag (vragen stellen door ouders, controle door ouders en ouderlijk toezicht). Adolescenten die veel uit zichzelf vertellen, vertoonden duidelijk minder probleemgedrag dan adolescenten die dat niet doen. Vragen stellen door ouders en ouderlijke controle hadden een minder sterk remmend effect op probleemgedrag van jongeren.

De resultaten van Kerr en Stattin werden gepubliceerd in een intellectueel klimaat waarin de invloed van ouders op de ontwikkeling van kinderen van verschillende kanten in twijfel werd getrokken. De prominentste kritiek kwam van gedragsgenetische studies waarin werd aangetoond dat verschillen in genetische kenmerken een veel overtuigender verklaring vormen voor het gedrag van kinderen en adolescenten dan de invloed die door de omgeving wordt uitgeoefend [44, zie voor een reactie hierop 9]. Daarnaast was er onderzoek dat suggereerde dat de invloed van leeftijdsgenoten op de ontwikkeling van adolescenten veel groter was dan die van ouders [25].

Dit intellectuele klimaat is misschien de reden geweest dat de resultaten van Kerr en Stattin zoveel aandacht kregen en ook leidden tot vervolgonderzoek. En dat onderzoek bevestigde inderdaad dat vertellen over dagelijkse dingen door adolescenten aan ouders sterker gerelateerd is aan probleemgedrag dan ouderlijke opvoeding [28]. In het onderzoek volgend op dat van Kerr en Stattin werd overigens ook aangetoond dat het nuttig is een onderscheid te maken tussen vertellen door de adolescent en geheimhouding [16].

Als we naar de ontwikkeling kijken is de kernvraag natuurlijk of spontaan vertellen en geheimhouding in de loop van de adolescentie toe- of afnemen. De vier perspectieven op de ontwikkeling van ouder-adolescentrelaties voorspellen allen dat adolescenten zelfstandiger worden in de relatie met hun ouders. Wat betreft het delen van informatie suggereert dit dat adolescenten meer en meer hun eigen privéwereld creëren en daarom als ze ouder worden minder spontaan gaan vertellen en meer geheim gaan houden.

5.1.2 Vriendschappen in de adolescentie

Verschillende onderzoekers hebben gewezen op een fundamenteel verschil tussen ouder-adolescentrelaties en vriendschappen in de adolescentie. Volgens Laursen [34] zijn ouder-adolescentrelaties *gesloten en onvrijwillig*: het zijn verwantschapsrelaties, ze hebben een juridische betekenis, en je kunt er niet zomaar aan ontsnappen. Ze kennen een lange geschiedenis van onderlinge interacties en worden gekenmerkt door macht van ouders, stabiliteit en wederzijdse afhankelijkheid, ook al nemen de conflicten tussen ouders en jongeren toe in de adolescentie. Dit geldt volgens Laursen niet voor vriendschappen, want dat zijn *open en vrijwillige* relaties die zonder biologische en juridische beperkingen gevormd en ontbonden worden. Om die reden zijn vriendschappen haast per definitie minder stabiel en worden ze gekenmerkt door psychologische nabijheid en gelijkheid in macht tussen partners. Youniss en Smollar maken een vergelijkbaar onderscheid tussen ouder-adolescentrelaties en vriendschappen. Omdat ouder-adolescentrelaties een gegeven zijn en niet zelfgekozen, kunnen ouders proberen om hun macht over adolescenten te handhaven zonder daarbij het risico te lopen de relatie te verliezen. En dit is een fundamenteel verschil met vriendschappen: dat zijn vrijwillige relaties die alleen kunnen blijven bestaan als beide relatiepartners daarvoor kiezen. Om die redenen zijn vriendschappen per definitie dichtbij en gelijkwaardig, en worden ze gekenmerkt door gelijkheid in macht tussen partners. Laursen en Youniss en Smollar leggen dus allen de nadruk op een combinatie van verbondenheid en individuatie in vriendschappen. Vrienden zijn verbonden én kunnen zichzelf zijn in hun vriendschap.

Een drietal andere theorieën suggereert ook dat de balans tussen psychologische nabijheid en individuatie van het grootste belang is voor de optimale ontwikkeling van adolescente vriendschappen. Psychologische nabijheid [42] staat voor de band tussen vrienden. Individuatie [51] geeft het proces van differentiatie tussen individuen aan. De eerste theorie is de *hechtingstheorie* [5], die suggereert dat de ontwikkeling van nabije relaties betekent dat we vrienden niet alleen nodig hebben voor intimiteit en nabijheid, maar ook als een veilige basis voor het verkennen van de omgeving. Daarom leiden vriendschappen tot autonomie en individualiteit. Ook de *verbondenheid-individualiteitstheorie* [18] veronderstelt dat een optimale ontwikkeling in de adolescentie gekenmerkt wordt door het handhaven van hechte relaties met vrienden in combinatie met groeiende individuatie in de vriendschap: dat wil zeggen een toename van zelfstandigheid en onafhankelijkheid in vriendschappen. De derde benadering, *Selmans sociaal-cognitieve theorie* [45], gaat ervan uit dat vrienden vanaf de middenadolescentie met elkaar in onderhandeling zijn om de behoeften van beiden op elkaar af te stemmen en tegelijk verbondenheid met elkaar te handhaven.

Omdat alle besproken theorieën veronderstellen dat nabijheid en individuatie de kern vormen van adolescente vriendschappen, is het aannemelijk dat nabijheid en individuatie (gelijkheid in macht) in de ontwikkeling van vriendschap toenemen.

Afgezien van het fundamentele verschil tussen ouder-adolescentrelaties en vriendschappen kunnen we nog een ander verschil zien in theorieën over de ontwikkeling van beide typen van relaties. Dit verschil heeft te maken met de typering van de adolescentie als een moeilijke levensfase of als de formatieve periode in het leven (zie ▶H. 1). Theorieën over ouder-adolescentrelaties neigen ertoe om de nadruk te leggen op de negatieve aspecten van de ontwikkeling ervan: gedoe en conflicten tussen ouders en adolescenten. Deze tendens draagt ertoe bij dat ze de adolescentie kenmerken als een moeilijke periode. Aan de andere kant leggen theorieën over vriendschappen de nadruk op de positieve ontwikkeling: adolescente vriendschappen rijpen door meer nabij en geïndividualiseerd te worden. Daarom dragen deze theorieën bij aan de beschrijving van de adolescentie als een periode van individuele rijping.

5.1.3 Empathie

Om persoonlijke relaties te kunnen handhaven, moeten we ons in anderen kunnen verplaatsen [15]. Deze vaardigheid heet empathie. Empathie kent twee dimensies: affectieve en cognitieve [11]. Empathische betrokkenheid (EB) is de affectieve dimensie en staat voor de betrokken en meelevende reactie op de pech van anderen. Perspectief nemen (PN) is de cognitieve dimensie en staat voor het begrijpen van de standpunten van anderen. Er zijn drie redenen voor de groei van cognitieve empathie in de adolescentie. Ten eerste rijpen adolescenten cognitief en bereiken ze de fase van formele operaties; daardoor zijn ze in staat een metaperspectief op persoonlijke relaties te ontwikkelen en kunnen ze de standpunten van zichzelf en van anderen beoordelen vanuit de visie van een derde persoon. Dus als persoon A bijvoorbeeld weet dat persoon B een andere mening heeft over zijn studiekeuze, is hij in staat zich te verplaatsen in de mening van persoon C en te beoordelen of deze derde persoon de mening van hem of persoon B onderschrijft. Ten tweede neemt vanaf de vroege adolescentie het bewustzijn toe dat de emoties van anderen beïnvloed kunnen worden door factoren die niet direct te zien zijn in iemands concrete (leef-) situatie. Dat leidt ertoe dat adolescenten zich vragen gaan stellen over die niet-zichtbare factoren en zich meer verplaatsen in de ander. Ten derde laat recent neurocognitief onderzoek [10], in overeenstemming met de theoretische punten hierboven, zien dat de hersengebieden die betrokken zijn bij perspectief nemen gedurende de adolescentie actiever worden. Over de groei van affectieve empathie in de adolescentie bestaat geen consensus in de literatuur.

Samenvattend suggereren verschillende theorieën en empirisch onderzoek een groei van cognitieve empathie in de adolescentie en is dat voor affectieve empathie niet duidelijk.

5.2 Ontwikkeling van relaties en empathie bij adolescenten als groep

5.2.1 Gemiddelde verandering

Opnieuw bespreek ik eerst de resultaten van de eigen Nederlandse studies en daarna die van studies uit andere landen als die er zijn.

Ouder-adolescentrelaties. Ouder-adolescentrelaties worden in de loop van de adolescentie gelijkwaardiger. Steun van moeders en vaders neemt af van de vroege naar de middenadolescentie en neemt weer toe van de midden- naar de late adolescentie. Conflicten met moeders en vaders vertonen het omgekeerde patroon: toename van de vroege naar de middenadolescentie en afname van de midden- naar late adolescentie. Macht van ouders over adolescenten neemt systematisch af. ◘Figuur 5.1 laat de ontwikkeling van steun, conflict en macht in ouder-adolescentrelaties zien van de vroege tot late adolescentie.

Ook neemt in overleg conflicten oplossen [55] bij ruzies tussen ouders en adolescenten toe in de vroege en middenadolescentie. Samen suggereren deze bevindingen dat steunende, conflictueuze en door ouders gedomineerde relaties in de eerste helft van de adolescentie veranderen in steunende, harmonieuzere en gelijkwaardiger relaties aan het einde van de adolescentie.

Vergelijkbare resultaten werden gevonden in Amerikaans onderzoek. Steun door ouders, kwaliteit van ouder-adolescentrelaties, warmte van ouders en verbondenheid met ouders bleken allen af te nemen in de vroege en middenadolescentie [21, 30, 36, 43].

Opvoeden in de adolescentie. Gedragsmatige controle door ouders neemt af in de vroege en middenadolescentie [26]. Psychologische controle door ouders neemt af van de vroege tot de late adolescentie [60] en ouderlijk verbieden van vriendschappen neemt af in de vroege en middenadolescentie [27].

In een serie longitudinale studies in Amerika [17, 33], België [46, 57] en Zweden [32] werden vergelijkbare resultaten gevonden: afname van gedragsmatige controle door ouders, van effectiviteit van ingrijpen door ouders, van legitimiteit van ouderlijke autoriteit en van ouderlijk verbieden van vriendschappen. Voor psychologische controle werden elkaar tegensprekende uitkomsten gevonden. Eén studie vond geen afname in de late adolescentie en een toename in de middenadolescentie [46].

Samengenomen laten deze bevindingen zien dat de macht van ouders afneemt in de adolescentie en de ouder-adolescentrelatie meer gelijkwaardig wordt. De resultaten voor de ontwikkeling van ouderlijke psychologische controle zijn niet eenduidig.

Informatie delen in de adolescentie. Adolescenten worden hier zelfstandiger in. Als ze ouder worden gaan ze minder informatie delen met moeders en vaders, en gaan ze meer zaken geheimhouden. ◘Figuur 5.2 laat deze ontwikkeling zien.

Deze resultaten werden ook gevonden in Amerika [1] en Zweden [32]. Als adolescenten ouder worden, gaan ze minder informatie delen met ouders en neemt de kennis van ouders over hun dagelijks gedrag af. Opnieuw laten deze resultaten zien dat adolescenten zelfstandiger worden in de relatie met hun ouders.

Ontwikkeling van vriendschappen. De ontwikkeling van steun, conflict en macht verloopt verschillend voor jongens en meisjes. ◘Figuur 5.3 laat dat zien.

Tezamen laten de figuren een positiever beeld zien van meisjesvriendschappen dan van jongensvriendschappen. Meisjes krijgen gedurende de adolescentie meer steun van vrienden dan jongens, hebben minder conflicten dan jongens en ontwikkelen meer machtsgelijkheid in vriendschappen dan jongens. Wel neemt steun van vrienden bij jongens meer toe dan bij meisjes, maar aan de andere kant hebben jongens gedurende de adolescentie steeds meer conflicten met vrienden dan meisjes, en neemt de machtsongelijkheid sterker af in meisjes- dan in jongensvriendschappen.

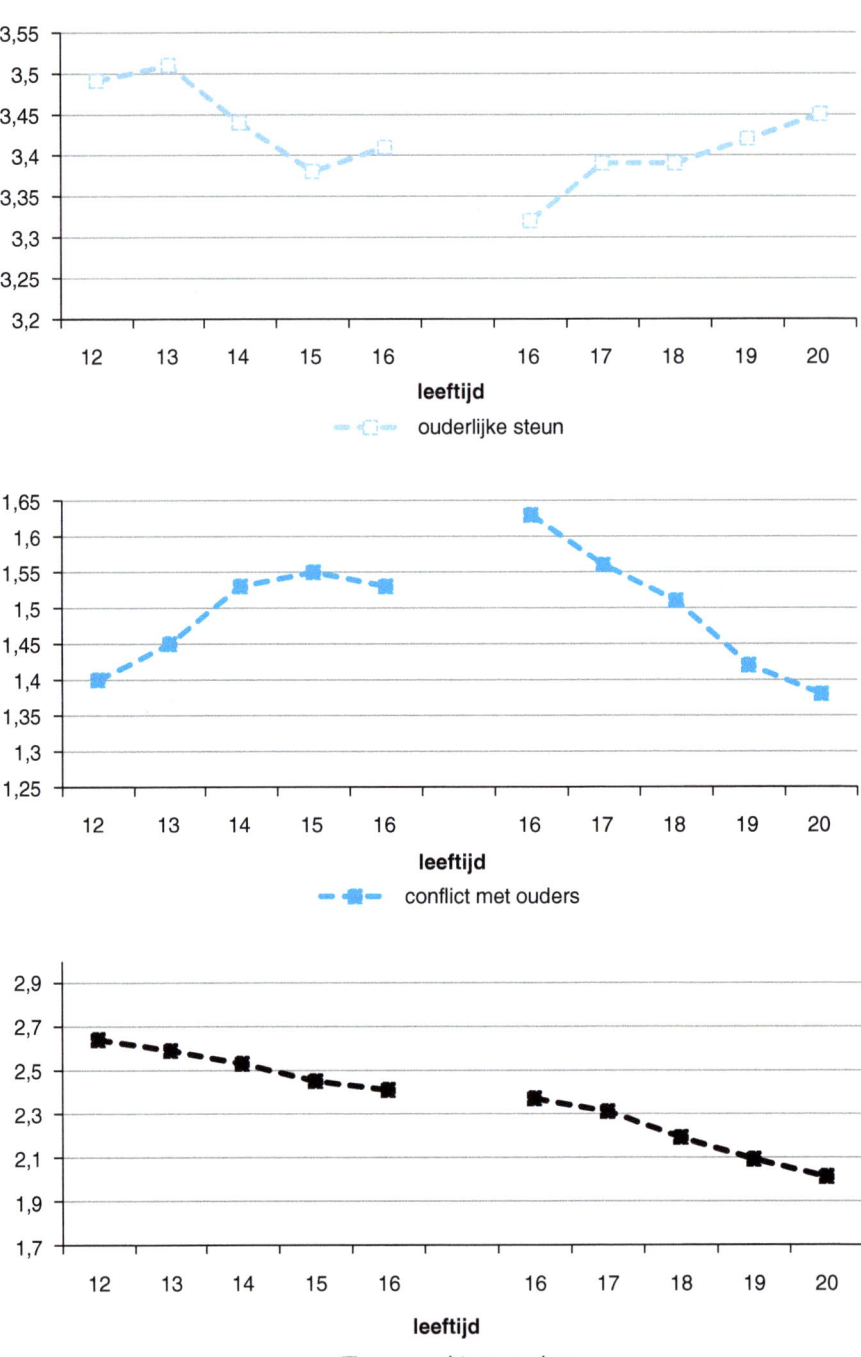

◘ **Figuur 5.1** Ontwikkeling van ouder-adolescentsteun (bovenste figuur), ouder-adolescentconflict (middelste figuur) en macht tussen ouders en adolescenten (onderste figuur) zoals gevonden door De Goede en anderen [14]; de gegevens voor de leeftijden 16 (in de eerste curve) en 20 (in de tweede curve) ontbreken in de studie van De Goede en anderen en zijn door mij toegevoegd [38]. De scores van moeders en vaders zijn gecombineerd

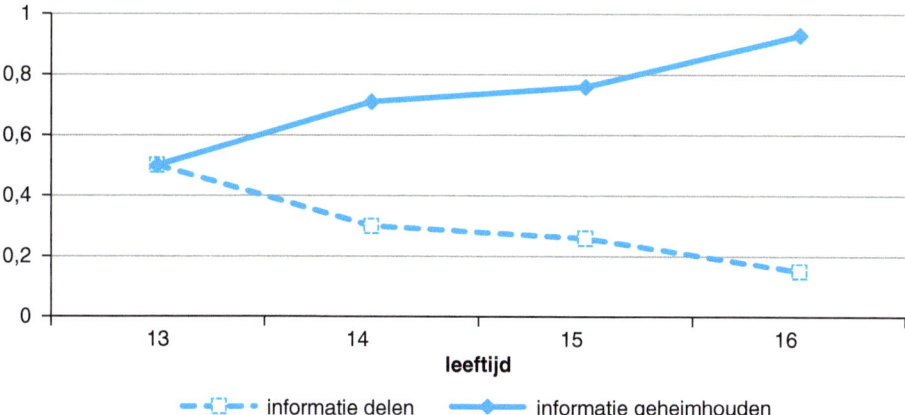

Figuur 5.2 Ontwikkeling van informatie delen en geheimhouden in de adolescentie zoals gevonden door Keijsers en anderen [28, 29]. Voor de leesbaarheid van de figuur zijn de scores gecentreerd op een gemeenschappelijk gemiddelde op leeftijd 13

Dit positieve beeld van de ontwikkeling van vriendschappen blijkt ook uit de wijze waarop adolescenten conflicten met vrienden oplossen. Dat kan op drie manieren: (1) probleem oplossen: het conflict uitpraten en samen een oplossing vinden; (2) jezelf terugtrekken: het conflict het conflict laten en er niet meer over praten; (3) toegeven: je vriend zijn of haar zin geven. Probleem oplossen neemt relatief sterk toe in de vroege en middenadolescentie (fig. 5.4). Jezelf terugtrekken en toegeven nemen een beetje toe. Samen laten deze resultaten zien dat adolescenten leren om conflicten op een positieve manier op te lossen, maar dat ze af en toe het conflict het conflict laten of toegeven aan hun vriend. Deze laatste uitkomst past goed bij de conflicten en machtsverschillen die in een deel van adolescente vriendschappen blijven bestaan. In het onderzoek naar conflict oplossen werden geen sekseverschillen gerapporteerd.

De positieve ontwikkeling van vriendschappen werd ook gevonden in Amerikaans onderzoek: intimiteit in vriendschappen [37] en kwaliteit van vriendschappen [58] namen toe.

Empathie. Cognitieve en affectieve empathie ontwikkelen zich verschillend tussen de 13 en 18 jaar. Cognitieve empathie neemt toe bij zowel jongens als meisjes, terwijl affectieve empathie een dip laat zien bij jongens in de middenadolescentie en bij meisjes gedurende de adolescentie stabiel is. Meisjes zijn meer empathisch dan jongens. Figuur 5.5 laat de ontwikkeling zoals gevonden in een studie van Van der Graaff en anderen [53] zien.

Een tweede Nederlandse studie [7] liet een toename van zowel cognitieve als affectieve empathie zien in de late adolescentie. Belgisch [41] en Amerikaans [12, 15] onderzoek bevestigt de systematische groei van cognitieve empathie in de adolescentie en laat geen eenduidige toe- of afname zien van affectieve empathie.

Samenvattend tonen de verschillende studies een groei van cognitieve empathie in de adolescentie en is het beeld voor de ontwikkeling van affectieve empathie niet eenduidig [zie ook 50].

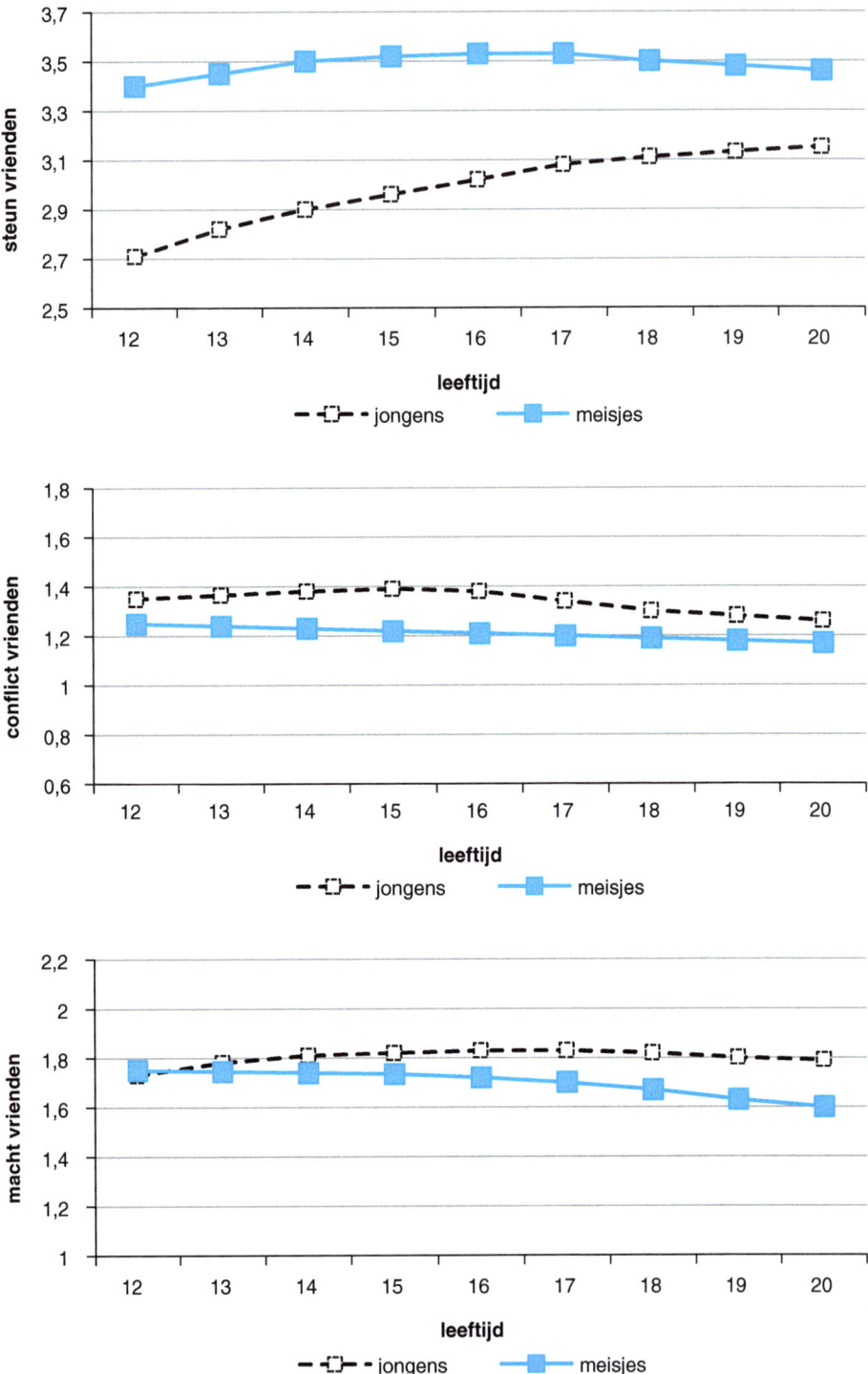

Figuur 5.3 Ontwikkeling van steun door vrienden (bovenste figuur), conflict met vrienden (middelste figuur) en macht van vrienden (onderste figuur) zoals gevonden door De Goede en anderen [13]. De figuren bevatten data van twee cohorten

5.2 · Ontwikkeling van relaties en empathie bij adolescenten als groep

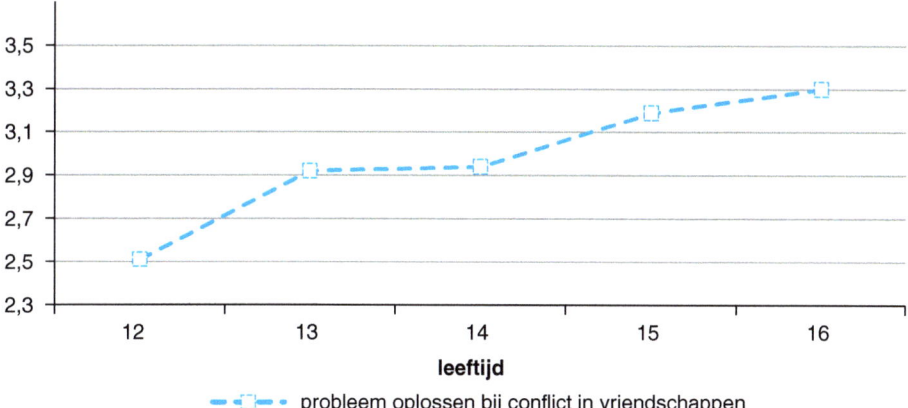

◘ **Figuur 5.4** Ontwikkeling van probleemoplossing bij conflicten met vrienden zoals gevonden door Yu en anderen [62]

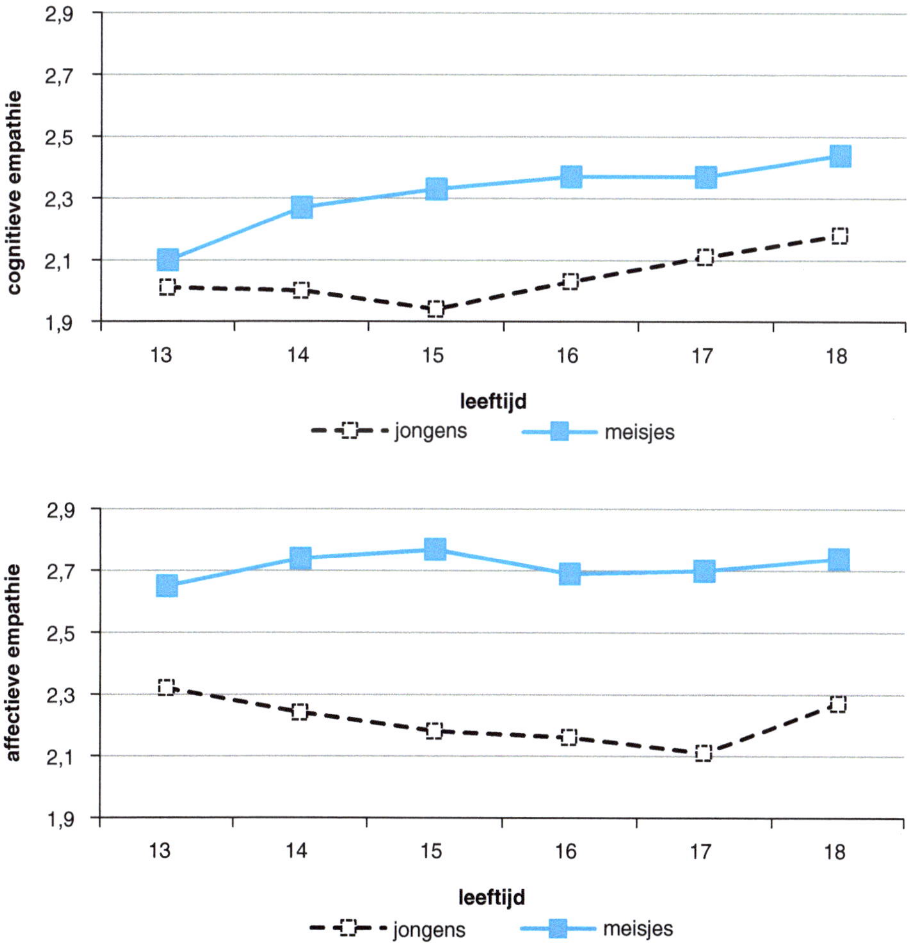

◘ **Figuur 5.5** Ontwikkeling van cognitieve en affectieve empathie zoals gevonden door Van der Graaff en anderen [53]

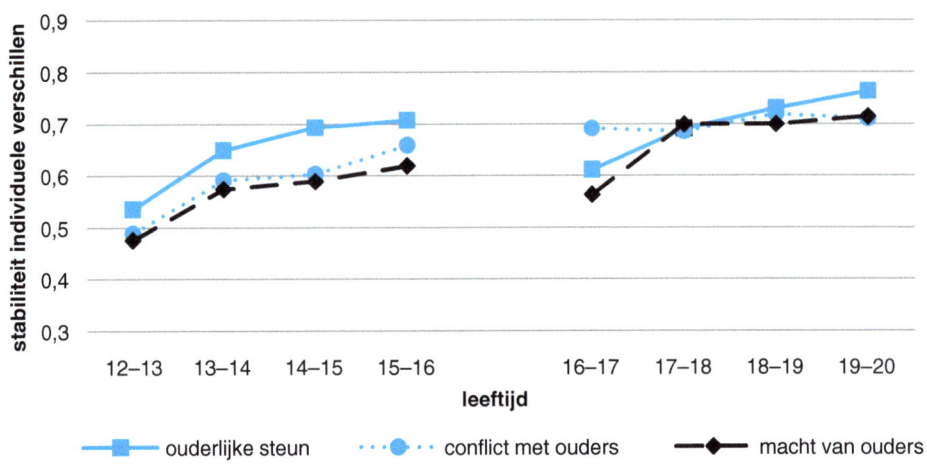

Figuur 5.6 Het ontstaan van systematische individuele verschillen in ervaren relaties met ouders zoals gevonden door Meeus [38]. De figuur bevat data van twee cohorten (12 tot 16 en 16 tot 20)

5.2.2 Ontwikkeling van individuele verschillen in ervaring van relaties

Ouder-adolescentrelaties. In het begin van de adolescentie zijn er al duidelijke individuele verschillen in de wijze waarop jongeren de relaties met hun ouders ervaren. In de loop van de adolescentie worden deze verschillen stabieler; de stabiliteit neemt toe van gemiddeld 0,50 naar 0,70 [38]. Aan het einde van de adolescentie ervaren sommige jongeren dus meer systematisch veel steun van ouders, weinig conflict en weinig machtsverschillen dan aan het begin van de adolescentie. Anderen ervaren meer systematisch weinig steun, veel conflict en veel machtsverschillen. ◻Figuur 5.6 geeft de ontwikkeling van de stabiliteit van de verschillen aan.

Vriendschappen. Ook zijn er in het begin van de adolescentie al duidelijke individuele verschillen in hoe adolescenten vriendschappen ervaren [38]. Voor macht in vriendschappen worden deze verschillen stabieler: de stabiliteit van macht van vrienden neemt toe van 0,35 naar 0,55. Voor steun zien we een curve met een lineair verband met leeftijd: een toename van stabiliteit van 0,55 op leeftijd 12–13 naar 0,66 op leeftijd 18–19, en daarna een afname naar 0,55 op leeftijd 19–20. Conflict met vrienden laat schommelingen zien, maar geen duidelijke toe- of afname van stabiliteit met leeftijd: op leeftijd 12–13 is die 0,41 en op leeftijd 19-20 bedraagt deze 0,47. Aan het einde van de adolescentie ervaren sommige jongeren dus systematisch dat hun vrienden veel macht hebben, en andere dat er weinig machtsverschillen zijn in vriendschappen [38]. Voor steun van en conflict met vrienden zijn de individuele verschillen niet sterker dan in het begin van de adolescentie. Opmerkelijk is voorts dat de stabiliteit van individuele verschillen in de relatie met ouders voor alle drie de dimensies – steun, conflict en macht – groter is dan die van individuele verschillen in de relatie met vrienden. In het begin van de adolescentie is het verschil gering: 0,06, maar aan het einde aanzienlijk: > 0,20. Dit geeft aan dat adolescenten in de loop van de adolescentie systematisch positieve of minder positieve relaties met hun ouders ontwikkelen en dat de relaties met vrienden meer wisselend zijn voor de gemiddelde adolescent. Dit kan het gevolg zijn van het feit dat jongeren regelmatig van vrienden wisselen, terwijl dit voor ouders niet het geval is. De bevinding steunt ook het onderscheid van Laursen [34]: relaties met ouders zijn gesloten, die met vrienden open (zie ▶ par. 5.1.2) en ◻fig. 5.7.

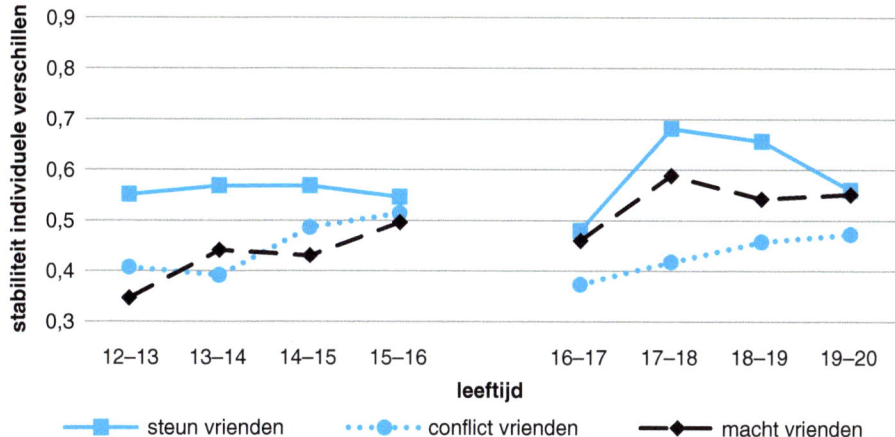

□ **Figuur 5.7** Toe- (steun vrienden en macht vrienden) en afname (conflict vrienden) van individuele verschillen in ervaren relaties met vrienden zoals gevonden in Meeus [38]. De figuur bevat data van twee cohorten (12 tot 16 en 16 tot 20)

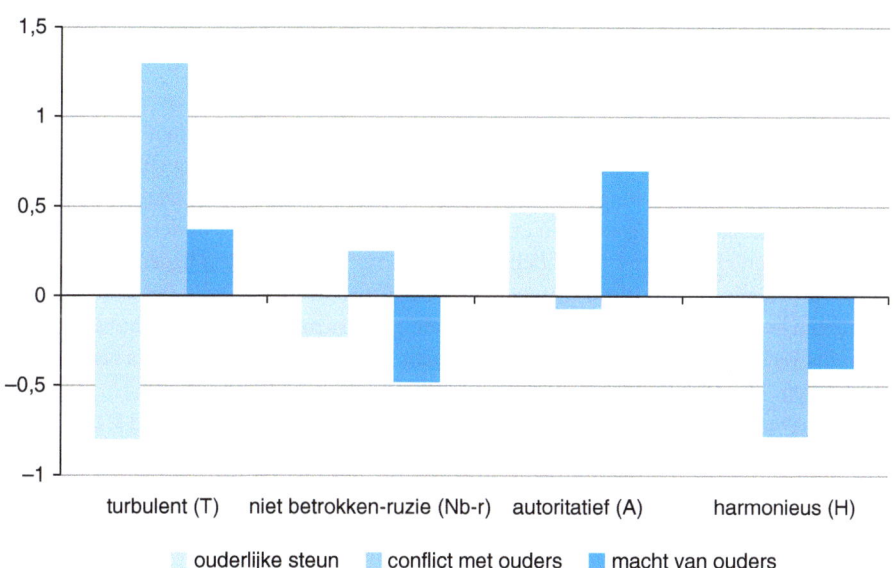

□ **Figuur 5.8** Typen ouder-adolescentrelaties zoals gevonden door Hadiwijaya en anderen [19]

5.3 Individuele ontwikkeling van relaties

5.3.1 Ontwikkelingsketens

Typen ouder-adolescentrelaties. In de adolescentie zijn er vier typen van ouder-adolescentrelaties. Deze typen zijn gebaseerd op de drie dimensies die hierboven werden onderscheiden: ouderlijke steun, conflict met ouders en macht van ouders. □Figuur 5.8 geeft de typen weer.

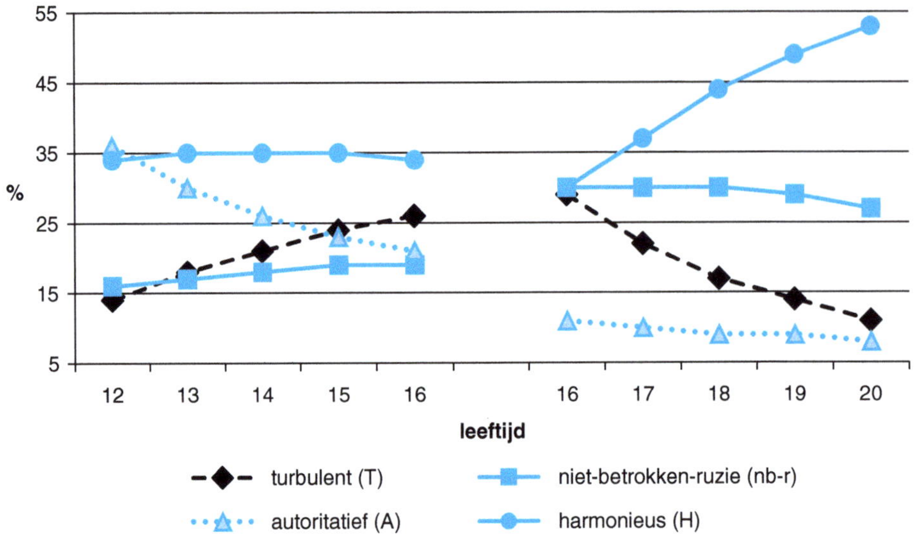

Figuur 5.9 Toe- en afname van typen ouder-adolescentrelaties zoals gevonden door Hadiwijaya en anderen [19]. De figuur bevat data van twee cohorten

Adolescenten in een harmonieuze (H) relatie met hun ouders ervaren veel ouderlijke steun en weinig machtsverschillen, en hebben bijna nooit ruzie. Adolescenten met een autoritatieve (A) relatie met hun ouders ondervinden veel steun, hebben weinig ruzie en ervaren wel veel macht van ouders. Jongeren in een niet-betrokken-ruzie- (Nb-r) relatie hebben vrij veel conflicten, krijgen weinig steun en ervaren niet veel macht van hun ouders. Afgezien van conflicten ervaren zij dat hun ouders zich niet veel aan hen gelegen laten liggen, niet in positieve (steun) en niet in negatieve (macht) zin. In het turbulente (T) type ten slotte hebben adolescenten heel veel conflicten en ervaren ze weinig steun, maar wel veel macht van ouders. Er zijn dus veel conflicten, ouders laten hun macht gelden en geven niet thuis als ze steun kunnen geven.

Toe-en afname van relatietypen. ◘Figuur 5.9 geeft deze weer. Tussen de 12 en 16 jaar neemt het turbulente type toe en tussen de 16 en 20 neemt het weer af. Turbulentie in de ouder-adolescentrelatie piekt dus in de middenadolescentie. Tussen de 26 en 29 % van de adolescenten heeft dan een turbulente relatie met hun ouders. Het niet-betrokken-ruzietype neemt een beetje toe tussen de 12 en 16 jaar (van 16 naar 21 %) en komt duidelijk vaker voor tussen de 16 en 20 (van 30 tot 27 %). In de midden- en late adolescentie zijn er dus meer adolescenten die hun ouders als niet-betrokken ervaren dan in de vroege tot middenadolescentie. Het autoritatieve type neemt regelmatig af in de vroege en middenadolescentie (van 36 naar 21 %) en midden- en late adolescentie (van 11 naar 8 %). In de loop van de adolescentie wordt het voor jongeren moeilijker om steun en macht van ouders te combineren. Het harmonieuze type neemt in de vroege en middenadolescentie niet toe (35 %), maar van de midden- tot late adolescentie wel (van 30 naar 53 %). Harmonie met ouders wordt dus vooral in de tweede helft van de adolescentie hersteld.

Eindpunten van de ontwikkeling en tijdelijke typen. ◘Tabel 5.1 laat zien dat het harmonieuze type een eindpunt van een ontwikkeling vormt: 78 % van de adolescenten die op leeftijd 16 tot dit type behoorden, doet dat op leeftijd 20 nog steeds. Het harmonieuze type is dus behoorlijk stabiel in de tijd. Dat geldt niet voor de drie andere relatietypen. Maar tussen de

5.3 · Individuele ontwikkeling van relaties

Tabel 5.1 Veranderingskansen van relatietypen tussen de 16 en 20 jaar[a]

typen van ouder-adolescentrelaties op leeftijd 16	typen op leeftijd 20			
	T	Nb-r	A	H
turbulent (T)	0,32	0,36	0,06[b]	0,26
niet-betrokken-ruzie (Nb-r)	0,03	0,39	0,02	0,55
autoritatief (A)	0,02	0,08	0,38	0,53
harmonieus (H)	0,02	0,15	0,05	0,78

a Resultaten van de studie van Hadiwijaya en anderen [19]. Alleen gegevens van 16–20 jarigen om de tekst niet te ingewikkeld te maken.
b 0,06 betekent dat 6 % van het turbulente type op leeftijd 16 verandert naar het autoritatieve type op leeftijd 20.

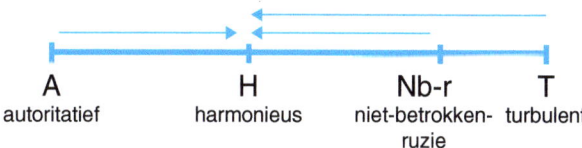

A	H	Nb-r	T
autoritatief	harmonieus	niet-betrokken-ruzie	turbulent

Figuur 5.10 Het patroon van verandering van relatietypen in elkaar tussen de 16 en 20 jaar. Ontleend aan een studie van Hadiwijaya en anderen [19]

32 en 39 % van de jongeren die tot dit type behoorden op 16 jaar behoort er op leeftijd 20 nog toe. Deze typen vormen dus tijdelijke typen die de meerderheid van de jongeren aan het einde van de adolescentie achter zich laat.

Hoe veranderen adolescenten van relatietype? Een deel van het antwoord op deze vraag staat hierboven. Het harmonieuze type is het stabielst en de drie andere typen zijn dat niet erg. De stabiliteitspercentages van de typen staan op de diagonaal in de tabel. Ook toont de tabel hoe relatietypen in de loop van de ontwikkeling in elkaar veranderen. A 16 en Nb-r 16 veranderen vooral in H 20. Ook T 16 verandert relatief vaak in H 20, maar vaker nog naar Nb-r 20. Daarnaast laat de tabel zien dat T bijna nooit verandert in A, Nb-r niet in T en A, en A niet in T en Nb-r. Alle drie de minder stabiele relatietypen veranderen dus relatief vaak in H, het stabielere relatietype. Deze veranderingen verklaren de toename van H (zie ■fig. 5.9) in de tweede helft van de adolescentie. ■Figuur 5.10 vat het patroon van veranderingen samen.

Hoe vaak veranderen adolescenten van relatietype? Tot nu toe zijn daar geen gegevens over.

Ouder-adolescent- en vriendschapsrelaties. Adolescenten hebben relaties met hun ouders en met vrienden. We kunnen dus kijken naar typen van ouder-adolescent- en vriendschapsrelaties tegelijkertijd. Er zijn vijf typen. Deze typen zijn gebaseerd op de dimensies steun van ouders en vrienden, conflict met ouders en vrienden, en macht van ouders en vrienden. ■Figuur 5.11 geeft de vijf typen weer.

Jongeren in het turbulente relatietype krijgen weinig steun van ouders en vrienden, hebben veel conflicten en ervaren veel macht van ouders en vrienden. In het harmonieuze type is er veel steun van ouders en vrienden, zijn er weinig conflicten en ervaren adolescenten weinig macht van ouders en vrienden. Het gemiddelde type toont een licht positief profiel van

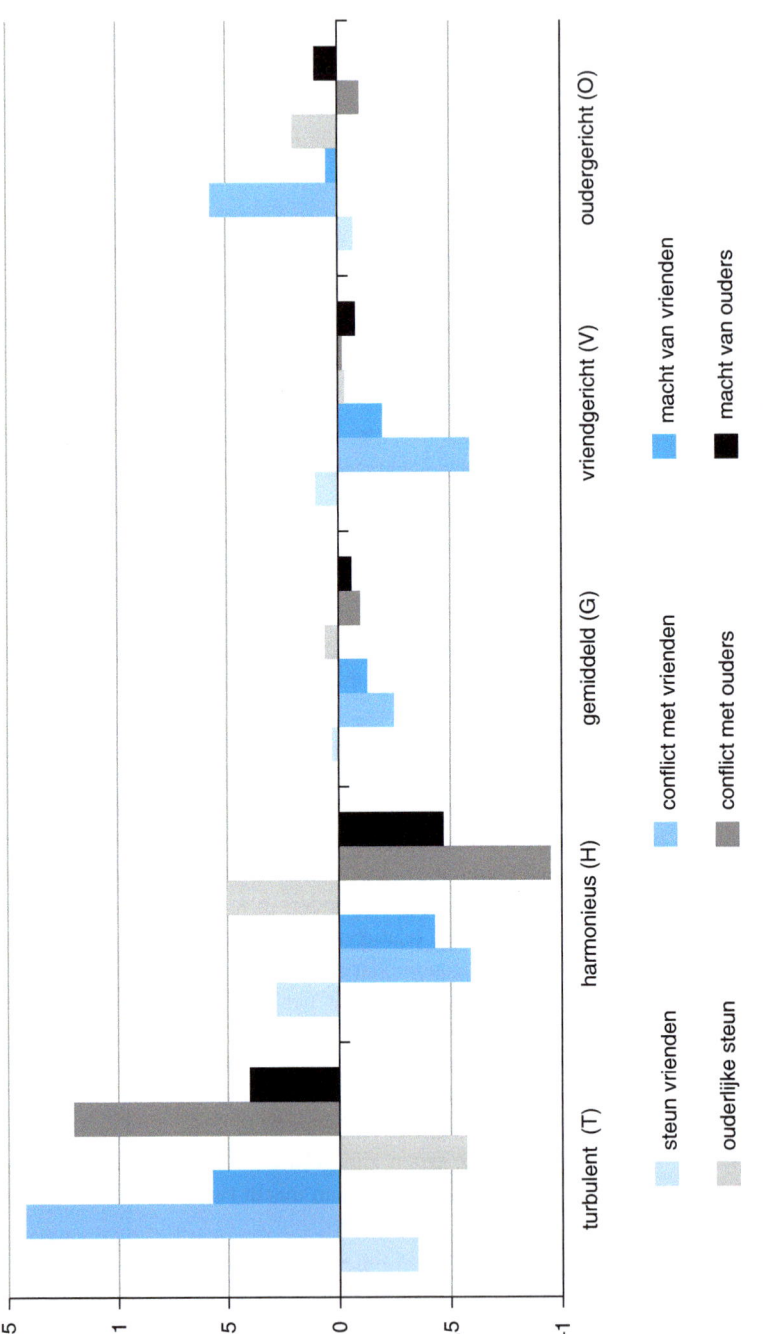

Figuur 5.11 Typen ouder-adolescent- en vriendschapsrelaties zoals gevonden door Hadiwijaya en anderen [20]

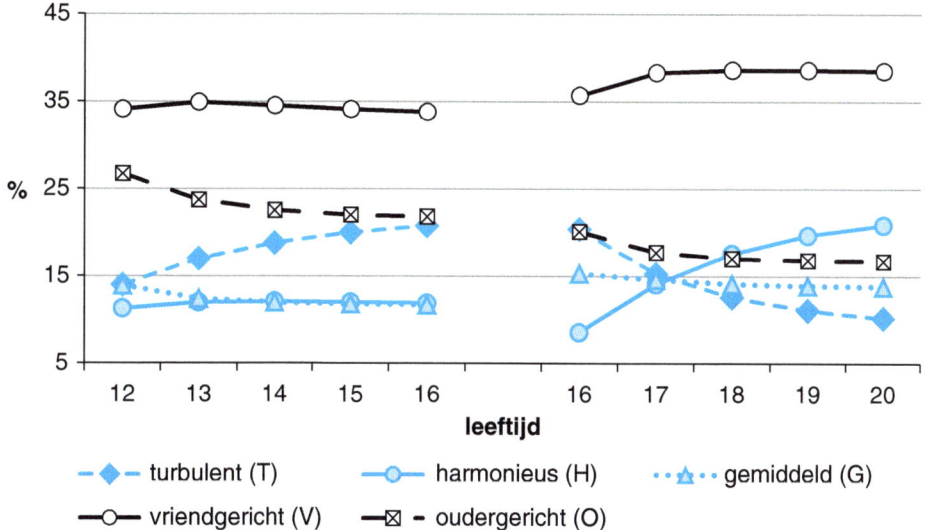

☐ **Figuur 5.12** Toe- en afname van typen ouder-adolescent- en vriendschapsrelaties zoals gevonden door Hadiwijaya en anderen [20]. De figuur bevat data van twee cohorten

de relatie met ouders en vrienden, maar de scores op de dimensies zijn weinig uitgesproken. Bij het vriendgerichte type is de relatie met vrienden positiever dan met ouders: adolescenten ervaren meer steun van vrienden dan van hun ouders, hebben minder conflicten met vrienden dan met hun ouders en ervaren minder machtsongelijkheid met vrienden dan met hun ouders. Bij het oudergerichte type is het beeld omgekeerd: de relatie met de ouders is beter dan die met vrienden.

Toe-en afname van relatietypen. ☐Figuur 5.12 geeft deze weer. Tussen de 12 en 16 jaar neemt het turbulente type toe en tussen de 16 en 20 neemt het weer af. In de late adolescentie zijn er minder turbulente relaties dan in de middenadolescentie. Het harmonieuze type is stabiel tussen de 12 en 16 jaar en komt in de late adolescentie meer voor dan in de middenadolescentie. Dus in de loop van relaties met ouders en vrienden neemt de turbulentie af en de harmonie toe. Het gemiddelde type komt tussen de 12 en 20 jaar ongeveer even vaak voor. Dat geldt ook voor het vriendgerichte type, maar dit type komt in de gehele adolescentie meer voor dan alle andere typen. De hoge prevalentie van het vriendgerichte type geeft naar mijn mening de toekomstgerichtheid van adolescenten aan. Zij weten dat het voor hun toekomstige leven van groot belang is om met leeftijdsgenoten door één deur te kunnen. Het oudergerichte type is stabiel tussen de 12 en 16 jaar en komt in de late adolescentie minder voor dan in de middenadolescentie. En dat maakt duidelijk dat de meeste jongeren beseffen dat ze in de toekomst niet alleen op hun ouders kunnen bouwen.

Eindpunten van ontwikkeling en tijdelijke typen. In tegenstelling tot ouder-adolescentrelaties is het moeilijk om een duidelijk eindpunt van de ontwikkeling aan te wijzen bij ouder-adolescent- en vriendschapsrelaties. Het vriendgerichte type is het stabielst tussen de 16 en 20 jaar, maar die stabiliteit is niet groot: slechts 39 % van de 16-jarigen die tot dit type behoren, doet dat als 20-jarige ook nog. De stabiliteit van alle andere typen is nog (veel) kleiner.

Deze uitkomst wijkt sterk af van die van de ontwikkeling van ouder-adolescentrelaties: het harmonieuze type heeft een grote stabiliteit (0,78) en kan duidelijk gezien worden als eindpunt van de ontwikkeling van de ouder-adolescentrelatie. De aanwezigheid van een duidelijk eindpunt van de ontwikkeling van de ouder-adolescentrelatie en de afwezigheid van

T (turbulent 0,18)
H (harmonieus 0,23)
G (gemiddeld 0,13)
O (oudergericht 0,19)

V (vriendgericht 0,39)

□ **Figuur 5.13** Het patroon van verandering van typen van ouder-adolescent- en vriendschapsrelaties in elkaar tussen de 16 en 20 jaar. De cijfers achter de typen geven de stabiliteit ervan aan van leeftijd 16 tot 20. Ontleend aan een studie van Hadiwijaya en anderen [20]

een dergelijk eindpunt bij ouder-adolescent- en vriendschapsrelaties heeft een belangrijke theoretische betekenis. Het geeft aan dat eindpunten van ontwikkeling makkelijker te vinden zijn als we kijken naar één ontwikkelingsgebied (relaties met ouders) dan naar twee gebieden (relaties met ouders en vrienden). Dat is een positieve en negatieve boodschap tegelijk: als het op één gebied van de ontwikkeling goed gaat met jongeren hoeft dat niet per se het geval te zijn op een ander ontwikkelingsgebied.

Hoe veranderen adolescenten van relatietype? □Figuur 5.13 geeft de belangrijkste veranderingen weer: alle typen veranderen het meest in de richting van het stabielere type, het vriendgerichte.

5.4 Ontwikkeling van relaties samengevat

□Tabel 5.2 vat de ontwikkeling samen en toont dat persoonlijke relaties zich systematisch ontwikkelen, zowel op groepsniveau als op individueel niveau. Deze ontwikkeling omschrijf ik opnieuw als maturatie. Wel is deze meer uitgesproken in ouder-adolescentrelaties dan in vriendschappen.

5.4.1 Ouder-adolescentrelaties: maturatie

Als groep ontwikkelen adolescenten tussen de 12 en 20 jaar gelijkwaardiger relaties met hun ouders. Een steunende relatie waarin ouders de macht hebben op 12 jaar is op 20 jaar veranderd in een steunende relatie waarin ouders en adolescenten ongeveer evenveel macht hebben. Die toenemende gelijkwaardigheid blijkt ook uit de afname van ouderlijke controle in de adolescentie. Parallel daaraan neemt de autonomie van adolescenten in de relatie met hun ouders toe, omdat ze in toenemende mate kunnen beslissen over informatie die ze wel of niet met hun ouders willen delen.

Ook worden de individuele verschillen in ervaren steun van ouders, conflict met ouders en macht van ouders meer systematisch. Als een jongere aan het einde van de adolescentie veel steun van ouders ervaart, weinig conflicten heeft en weinig verschil in macht voelt, is de kans groot dat dit later in het leven ook zo blijft. Het omgekeerde geldt ook: weinig steun, veel conflict en machtsongelijkheid in de late adolescentie maken het waarschijnlijk dat men dat in het latere leven ook zo ervaart.

Op individueel niveau zien we ook een ontwikkeling naar gelijkwaardiger relaties met ouders: het harmonieuze type neemt sterk toe in de midden- en late adolescentie en het turbulente en autoritatieve type komen in de late adolescentie het minst voor. Dat geldt niet voor

5.4 · Ontwikkeling van relaties samengevat

Tabel 5.2 Ontwikkeling van relaties

persoonlijke relaties	op groepsniveau		op individueel niveau: ontwikkelingsketens	
	gemiddelde verandering	stabiliteit van individuele verschillen	toe- en afname relatietypen	verandering relatietypen
ouder-adolescentrelaties: dimensies				
– steun, conflict en macht	groei naar gelijkwaardigheid	toename		
– opvoeden: gedragsmatige en psychologische controle	afname			
– informatie delen	afname			
– informatie geheimhouden	toename			
ouder-adolescentrelaties: relatietypen				
– turbulent (T), niet-betrokken-ruzie (Nb-r), autoritatief (A) en harmonieus (H)			– T: piek op 16 jaar – Nb-r: vaker in midden- en late adolescentie – A: afname – H: toename	van A, H en in mindere mate T → H
vriendschappen: dimensies				
– steun, conflict en macht	toename steun, afname macht (♀)	toename macht		
– probleem oplossen bij conflicten	toename			

■ Tabel 5.2 Ontwikkeling van relaties (vervolg)

persoonlijke relaties	op groepsniveau		op individueel niveau: ontwikkelingsketens	
	gemiddelde verandering	stabiliteit van individuele verschillen	toe- en afname relatietypen	verandering relatietypen
– turbulent (T), harmonieus (H), gemiddeld (G), vriendgericht (V), oudergericht (O)	ouder-adolescent- en vriendschapstypen gecombineerd		– T: piek op 16 jaar – H: meer in late adolescentie – V: meer in late adolescentie – O: minder in late adolescentie	van T, H, G en O → V
empathie				
– cognitieve (C) en affectieve (A) empathie	toename C			

het niet-betrokken-ruzietype: dat komt meer voor in de tweede helft van de adolescentie dan in de eerste helft. Dit laat zien dat er heterogeniteit is in de ontwikkeling: een positief ontwikkelingspatroon geldt niet voor alle individuele adolescenten.

Deze patronen van ontwikkeling ondersteunen vooral het herschikkingsperspectief (zie ▶ par. 5.1.1). Dit perspectief veronderstelt dat adolescenten zich eerst losmaken van hun ouders, hun relatie veranderen en daarna een positieve verhouding hebben. De drie andere benaderingen, het separatie-individuatieperspectief, het evolutionaire perspectief en het rijpingsperspectief leggen de nadruk op de afstand die adolescenten van hun ouders nemen en hebben, ten onrechte, minder aandacht voor de opbouw van een positieve relatie daarna.

5.4.2 Vriendschappen: maturatie, ja, maar ...

Als groep gaan jongeren als ze ouder worden elkaar meer steunen in vriendschappen. Bij meisjes komt daarbij dat de machtsongelijkheid in de loop van de adolescentie afneemt. Conflicten in vriendschappen nemen daarentegen niet of nauwelijks af. Wel leren adolescenten als ze ouder worden conflicten met vrienden meer in overleg op te lossen.

Individuele verschillen worden alleen in macht in vriendschappen meer systematisch. Jongeren die aan het einde van de adolescentie veel of weinig verschillen in macht met vrienden ervaren, zullen dat waarschijnlijk later in het leven ook doen. Dat geldt niet voor steun en conflict in vriendschappen. Individuele verschillen hierin worden niet meer systematisch als jongeren ouder worden.

Opvallend is hier dat vriendschappen een minder uitgesproken ontwikkeling laten zien dan de ouder-adolescentrelatie. De duidelijke reorganisatie van deze relatie is afwezig bij vriendschapen, en ook zijn individuele verschillen in de ervaring van steun, conflict en macht in vriendschappen gedurende de hele adolescentie minder systematisch dan in de ouder-adolescentrelatie. We kunnen dus wel spreken van maturatie van vriendschappen, maar die is minder uitgesproken dan die van ouder-adolescentrelaties. Dit komt waarschijnlijk omdat vriendschappen open en vrijwillige relaties zijn en daarom korter duren. Adolescenten wisselen redelijk vaak van vrienden en dan is het natuurlijk moeilijker om een stabiele relatie op te bouwen. Het verschil in de ontwikkeling van ouder-adolescentrelaties en vriendschappen ondersteunt het onderscheid van Laursen tussen ouder-adolescentrelaties als langdurig, gesloten en onvrijwillig, en vriendschappen als kortdurend, open en vrijwillig.

Theoretisch geven de bevindingen steun aan de toename van individuatie (afname van machtsverschillen) en verbondenheid (toename van steun) in adolescente vriendschappen. Deze toename geldt meer voor meisjes dan voor jongens. Deze toename is in overeenstemming met de hechtingstheorie [5], de verbondenheid-individualiteitstheorie [18] en Selmans sociaal-cognitieve theorie [45] (zie ▶ par. 5.1.2).

De minder uitgesproken rijping van vriendschappen dan van ouder-adolescentrelaties betekent niet per se dat ouder-adolescentrelaties belangrijker zijn dan vriendschappen. De studie van Hadiwijaya en anderen (zie ◘ fig. 5.12) laat zien dat de meeste jongeren aan het einde van de adolescentie tot het vriendgerichte type behoren. Dat is waarschijnlijk omdat ze goed beseffen dat relaties met leeftijdsgenoten voor hun toekomst van groter belang zijn dan die met hun ouders.

5.4.3 Empathie: rijping cognitie

Op groepsniveau neemt cognitieve empathie toe in de adolescentie. Met het ouder worden gaan adolescenten de visies van anderen beter begrijpen. Die toename zien we niet bij affectieve empathie, tenminste niet tussen de vroege en late adolescentie. De resultaten suggereren dat affectieve empathie al op een vrij hoog niveau is in de vroege adolescentie. De groei van cognitieve empathie past goed bij de toenemende individuatie in relaties die we gezien hebben. Om een zelfstandig persoon te zijn in de relatie met anderen is het begrijpen van anderen een vereiste.

5.4.4 Conclusie

Samenvattend vinden we *maturatie van ouder-adolescentrelaties, vriendschapsrelaties en cognitieve empathie* in onderzoek over de wereld. Dus ook voor deze drie gebieden van de ontwikkeling gaat ontwikkelingspatroon 1(c) op.

5.4.5 Wat als de ontwikkeling niet positief verloopt?

De meeste jongeren hebben goede relaties met hun ouders en vrienden, maar dat geldt niet voor allemaal. Ruim 10 % heeft op leeftijd 20 een slechte relatie met zowel ouders als vrienden. En 17 % heeft een laag niveau van cognitieve en affectieve empathie en heeft dus problemen met het begrijpen van anderen en het meevoelen met anderen. In ◘ tab. 5.3 geef ik een beknopt overzicht van de ontwikkelingsrisico's die verbonden zijn aan slechte persoonlijke relaties en een laag niveau van empathie. Ik bespreek deze risico's voor internaliserende en externaliserende vormen van psychopathologie. Internaliserend probleemgedrag verwijst naar kwetsbaarheid voor stemmingsstoornissen, zoals depressie en angst. Externaliserend probleemgedrag geeft kwetsbaarheid aan voor antisociaal gedrag, zoals agressie, delinquentie en druggebruik. Naast de brede categorieën kijk ik ook naar depressieve symptomen, gegeneraliseerde angst, sociale angst, agressie en delinquentie. Gegeneraliseerde angst staat voor sterk, persistent en niet te controleren getob over het nu en de toekomst.

De tabel laat zien dat steun van ouders in verschillende varianten (steun in het algemeen, steun voor zelfstandig worden, emotionele steun) en een goede hechting aan ouders samengaan met minder internaliseren, depressieve symptomen, gegeneraliseerde en sociale angst, externaliseren, agressie en delinquentie. Psychologische controle daarentegen gaat samen met depressieve symptomen en gegeneraliseerde angst. Adolescenten die geen steunende en warme ouders hebben lopen dus ontwikkelingsrisico's. Dat geldt ook voor jongeren die sterk gecontroleerd worden door ouders.

Hetzelfde patroon zien we bij vriendschappen en de combinatie van relaties met ouders en vrienden. Als vrienden de zelfstandigheid van jongeren niet steunen en als adolescenten een kwalitatief slechte relatie met hen hebben (weinig steun, veel conflict en machtsverschil) dan is het risico op depressie, gegeneraliseerde angst en agressie groter. Dat geldt ook voor gegeneraliseerde angst als de relatie met zowel de ouders als met vrienden slecht is.

Ten slotte gaat een gebrek aan meevoelen met anderen samen met meer agressie en delinquentie.

5.4 · Ontwikkeling van relaties samengevat

Tabel 5.3 Persoonlijke relaties en ontwikkelingsrisico's

	internaliserend probleemgedrag				externaliserend probleemgedrag		
	algemeen	depressieve symptomen	gegeneraliseerde angst	sociale angst	algemeen	agressie	delinquentie
ouders en adolescenten							
– steun						_a	_b
– steun voor zelfstandigheid		_c					
– geen emotionele steun	+d				+d		
– hechting aan moeder			_e				
– hechting aan vader			_e				
– psychologische controle		+f	+g,h	+g			
vrienden							
– steun voor zelfstandigheid		_c					
– goede kwaliteit vriendschap			12,2–14 %i			19,7–22,1 %i	
– lage kwaliteit vriendschap			20,5–22,8 %i			34–38,1i	

■ Tabel 5.3 Persoonlijke relaties en ontwikkelingsrisico's (vervolg)

	internaliserend probleemgedrag				externaliserend probleemgedrag		
	algemeen	depressieve symptomen	gegeneraliseerde angst	sociale angst	algemeen	agressie	delinquentie
ouders en vrienden							
– turbulente type (T)			hoog[j]				
– harmonieuze type (H)			laag[j]				
– vriendgerichte type (V)			laag[j]				
empathie							
– affectieve empathie						–[a]	–[a]

Noten. Een – verwijst naar een negatief verband en een + naar een positief verband. De studie van Meeus en anderen [39] suggereert dat ouderlijke steun niet meer aan delinquentie is gerelateerd als late adolescenten een intieme partner hebben.
[a] Van der Graaff en anderen [54].
[b] Meeus en anderen [39].
[c] Van der Giessen en anderen [52].
[d] Hale en anderen [22, 23].
[e] Van Eijck en anderen [56].
[f] Werner en anderen [59].
[g] Wijsbroek en anderen [60].
[h] Hale en anderen [24].
[i] Meeus en anderen [40].
[j] Hadiwijaya en anderen [20].

Literatuur

1. Abar, C., Jackson, K., & Wood, M. (2014). Reciprocal relations between perceived parental knowledge and adolescent substance use and delinquency: The moderating role of parent-teen relationship quality. *Developmental Psychology, 50*, 2167–2187.
2. Barber B. (1996). Parental psychological control: Revisiting a neglected construct. *Child Development, 67*, 3296–3319.
3. Barber, B. K., & Harmon, E. L. (2002). Violating the self: Parental psychological control of children and adolescents. In B. K. Barber (red.), *Intrusive parenting: How psychological control affects children and adolescents* (pag. 15–52). Washington, DC: APA.
4. Barber, B. K., Olsen, J. E., & Shagle, S. C. (1994). Associations between parental psychological and behavioral control and youth internalized and externalized behaviors. *Child Development, 65*, 1120–1136.
5. Bowlby, J. (1973). *Attachment and loss: Vol. 2. Separation.* New York: Basic Books.
6. Blos, P. (1967). The second individuation process of adolescence. *Psychoanalytic Study of the Child, 22*, 162–186.
7. Brouns, B., De Wied, M., Keijsers, L., Branje, S., Van Goozen, S., & Meeus, W. (2013). Concurrent and prospective effects of psychopathic traits on affective and cognitive empathy in a community sample of late adolescents. *Journal of Child Psychology and Psychiatry, 54*, 969–967.
8. Collins, W. A., & Luebker, C. (1994). Parent and adolescent expectancies: Individual and relational significance. *New Directions for Child and Adolescent Development, 66*, 65–80.
9. Collins, W. A., Maccoby, E., Steinberg, L., Hetherington, E., & Bornstein, M. (2000). Contemporary research on parenting: The case for nature and nurture. *American Psychologist, 55*, 218–232.
10. Crone, E. A., & Dahl, R. E. (2012). Understanding adolescence as a period of social-affective engagement and goal flexibility. *Nature Reviews Neuroscience, 13*, 636–650.
11. Davis, M. H. (1983). Measuring individual differences in empathy: Evidence for a multidimensional approach. *Journal of Personality and Social Psychology, 44*, 113–126.
12. Davis, M., & Franzoi, S. (1991). Stability and change in adolescent self-consciousness and empathy. *Journal of Research in Personality, 25*, 70–87.
13. De Goede, I. H. A., Branje, S. J. T., & Meeus, W. H. J. (2009). Developmental changes and gender differences in adolescents' perceptions of friendships. *Journal of Adolescence, 32*, 1105–1123.
14. De Goede, I. H. A., Branje, S. J. T., & Meeus, W. H. J. (2009). Developmental changes in adolescents' perceptions of relationships with their parents. *Journal of Youth and Adolescence, 38*, 75–88.
15. Eisenberg, N., Cumberland, A., Guthrie, I. K., Murphy, B. C., & Shepard, S. A. (2005). Age changes in prosocial responding and moral reasoning in adolescence and early adulthood. *Journal of Research on Adolescence,15*, 235–260.
16. Frijns, T., Keijsers, L., Branje, S., & Meeus, W. (2010). What parents don't know and how it may affect their children: Qualifying the disclosure-adjustment link. *Journal of Adolescence, 33*, 261–270.
17. Glatz, T., & Buchanan, C. (2015). Change and predictors of change in parental self-efficacy from early to middle adolescence. *Developmental Psychology, 51*, 1367–1379.
18. Grotevant, H., & Cooper, C. (1998). Individuality and connectedness in adolescent development: Review and prospects for research on identity, relationships, and context. In E. Skoe, & A. Von der Lippe, (red.), *Personality development in adolescence: A cross-national and life span perspective* (pag. 3–37. Florence, KY: Taylor & Francis/Routledge.
19. Hadiwijaya, H., Klimstra, T., Vermunt, J., Branje, S., & Meeus, W. (2017). On the development of harmony, turbulence, and independency in parent-adolescent relationships: A five-wave longitudinal study. *Journal of Youth and Adolescence.46*, 1772–1788.
20. Hadiwijaya, H., Klimstra, T., Vermunt, J., Branje, S., & Meeus, W. (in druk). Perceived relationship development in anxious and non-anxious adolescents: A person-centered five-wave longitudinal study. *Journal of Abnormal Child Psychology*.
21. Hafen, C., & Laursen, B. (2009). More problems and less support: Early adolescent adjustment forecasts changes in perceived support from parents. *Journal of Family Psychology, 23*, 193–202.
22. Hale, W.W., Crocetti, E., Nelemans, S., Van Lier, P., Koot, H., & Meeus, W. (2016). Mother and adolescent expressed emotion and adolescent internalizing and externalizing symptom development: A six-year longitudinal study. *European Child and Adolescent Psychiatry, 25*, 615–624.
23. Hale, W., Keijsers, L., Klimstra, T., Raaijmakers, Q., Hawk, S., Branje, S., … Meeus, W. (2011). How does longitudinally measured maternal expressed emotion affect internalizing and externalizing symptoms of adolescents from the general community? *Journal of Child Psychology and Psychiatry, 52*, 1174–1183.

24. Hale, W., Klimstra, T., Branje, S., Wijsbroek, S., & Meeus, W. (2013). Is adolescent Generalized Anxiety Disorder a magnet for perceived negative parental interpersonal behaviors? *Depression and Anxiety, 30,* 849–856.
25. Harris, J. R. (1995). Where is the child's environment? A group socialization theory of development. *Psychological Review, 102,* 458–489.
26. Keijsers, L., Branje, S., Frijns, T., & Meeus, W. (2009). Developmental links of adolescent disclosure, parental solicitation, and control with delinquency: Moderation by parental support. *Developmental Psychology, 45,* 1314–1327.
27. Keijsers, L., Branje, S., Hawk, S. T., Schwartz, S., Frijns, T., Koot, H., ... Meeus, W. (2012). Forbidden friends as forbidden fruit: Parental supervision of friendships, contact with deviant peers, and adolescent delinquency. *Child Development, 83,* 651–666.
28. Keijsers, L., Branje, S., Van der Valk, I., & Meeus, W. (2010). Reciprocal effects between parental solicitation, parental control, adolescent disclosure, and adolescent delinquency. *Journal of Research on Adolescence, 20,* 88–113.
29. Keijsers, L., Frijns, T., Branje, S., Finkenauer, C., & Meeus, W. (2010). Gender differences in keeping secrets from parents in adolescence. *Developmental Psychology, 46,* 293–298.
30. Keijsers, L., Loeber, R., Branje, S., & Meeus, W. (2012). Parent-child relationships of boys in different offending trajectories: A developmental perspective. *Journal of Child Psychology and Psychiatry, 53,* 1222–1232.
31. Kerr, M., & Stattin, H. (2000). What parents know, how they know it, and several forms of adolescent adjustment: Further support for a reinterpretation of monitoring. *Developmental Psychology, 36,* 366–380.
32. Kerr, M., Stattin, H., & Burk, W. (2010). A reinterpretation of parental monitoring in longitudinal perspective. *Journal of Research on Adolescence, 20,* 39–64.
33. Kuhn, E., & Laird, R. (2011). Individual differences in early adolescents' beliefs in the legitimacy of parental authority. *Developmental Psychology, 47,* 1353–1365.
34. Laursen, B. (1996). Closeness and conflict in adolescent peer relationhips: Interdependence with friends and romantic partners. In W. Bukowski. A. Newcomb & W. Hartup (red.), *The company they keep: Friendships in childhood and adolescence* (pag. 186–210). Cambridge: Cambridge University Press.
35. Maccoby, E.E., & Martin, J.A. (1983). Socialization in the context of the family: Parent-child interaction. In P. Mussen & M. Hetherington (red.), *Manual of child psychology, Vol. 4: Social development* (pag. 1–101). New York: John Wiley and Sons.
36. McGue, M., Elkins, I., Walden, B., & Iacono, W. (2005). Perceptions of parent-adolescent relationship: A longitudinal investigation. *Developmental Psychology, 41,* 971–984.
37. McNelles, L., & Connolly, J. (1999). Intimacy between adolescent friends: Age and gender differences in intimate affect and intimate behaviors. *Journal of Research on Adolescence, 9,* 143–159.
38. Meeus W. (2018). [Ontwikkeling van rangorde stabiliteit van relaties en psychopathologie in de adolescentie]. Ongepubliceerde data.
39. Meeus, W., Branje, S., & Overbeek, G. (2004). Parents and partners in crime: A six-year longitudinal study on changes in supportive relationships and delinquency in adolescence and young adulthood. *Journal of Child Psychology and Psychiatry, 45,* 1288–1298.
40. Meeus, W., Van de Schoot, R., Hawk, S., Hale, B., & Branje, S. (2016). Direct aggression and generalized anxiety in adolescence: Heterogeneity in development and intra-individual change. *Journal of Youth and Adolescence, 45,* 361–375.
41. Miklikowska, M., Duriez, B., & Soenens, B. (2011). Family roots of empathy-related characteristics: The role of perceived maternal and paternal need support in adolescence. *Developmental Psychology, 47,* 1342–1352.
42. Reis, H. T., & Shaver, P. (1988). Intimacy as an interpersonal process. In S. Duck, D. F. Hay, S. E. Hobfoll, W. Ickes & B. M. Montgomery (red.), *Handbook of personal relationships: Theory, research and interventions* (pag. 367–389). Oxford: Wiley & Sons.
43. Rodriguez, S., Perez-Brena, N., Updegraff, K., & Űmana-Taylor, A. (2014). Emotional closeness in Mexican-origin adolescents' relationships with mothers, fathers, and same-sex friends. *Journal of Youth and Adolescence, 43,* 1954–1968.
44. Rowe. D. (1994). *The limits of family influence. Genes, experience, and behavior.* New York: Guilford Press.
45. Selman, R. (1990). Fostering intimacy and autonomy. In W. Damon (red.), *Child development today and tomorrow* (pag. 409–435). San Francisco: Jossey-Bas.

46. Soenens, B., Luyckx, K., Vansteenkiste, M., Duriez, B., & Goossens, L. (2008). Clarifying the link between parental psychological control and adolescents' depressive symptoms. *Merrill Palmer Quarterly, 54*, 411–444.
47. Soenens, B., & Vansteenkiste, M. (2010). A theoretical upgrade of the concept of parental psychological control: Proposing new insights on the basis of self-determination theory. *Developmental Review, 30*, 74–99.
48. Stattin, H., & Kerr, M. (2000). Parental monitoring: A reinterpretation. *Child Development, 71*, 1072–1085.
49. Steinberg, L. (1989). Pubertal maturation and parent-adolescent distance: An evolutionary perspective. In G. Adams, R. Montemayor & T. Gullota (red.), *Biology of adolescent behavior and development* (pag. 82–114). Newbury Park, CA: Sage.
50. Stuijfzand, S., De Wied, M., Kempes, M., Van der Graaff, J., Branje, S., & Meeus, W. (2016). Gender differences in empathic sadness towards persons of the same- versus other-sex during adolescence. *Sex Roles, 75*, 434–446.
51. Sullivan, H. S. (1953). *The interpersonal theory of psychiatry*. Oxford, England: Norton & Co.
52. Van der Giessen, D., Branje, S., & Meeus, W. (2014). Perceived autonomy support from parents and best friends: Longitudinal associations with adolescents' depressive symptoms. *Social Development, 23*, 537–555.
53. Van der Graaff, J., Branje, S., De Wied, M., Hawk, S., Van Lier, P., & Meeus, W. (2014). Perspective taking and empathic concern in adolescence: Gender differences in developmental changes. *Developmental Psychology, 50*, 881–888.
54. Van der Graaff, J., Branje, S., De Wied, M., & Meeus, W. (2012). The moderating role of empathy in the association between parental support and adolescent aggressive and delinquent behavior. *Aggressive Behavior, 38*, 368–377.
55. Van Doorn, M. D., Branje, S., & Meeus, W. (2011). Developmental changes in conflict-resolution styles in parent adolescent relationships: A four-wave longitudinal study. *Journal of Youth and Adolescence, 40*, 97–107.
56. Van Eijck, F., Branje, S., Hale, W. W., & Meeus, W. (2012). Longitudinal associations between perceived parent-adolescent attachment relationship quality and generalized anxiety disorder symptoms in adolescence. *Journal of Abnormal Child Psychology, 40*, 871–883.
57. Vansteenkiste, M., Soenens, B., Van Petegem, S. & Duriez, B. (2014). Longitudinal associations between adolescent perceived degree and style of parental prohibition and internalization and defiance. *Developmental Psychology, 50*, 229–236.
58. Way, N., & Greene, M. (2006). Trajectories of perceived friendship quality during adolescence: The patterns and contextual predictors. *Journal of Research on Adolescence, 16*, 293–320.
59. Werner, L., Van der Graaff, J., Meeus, W., & Branje, S. (2016). Depressive symptoms in adolescence: Longitudinal links with maternal empathy and psychological control. *Journal of Abnormal Child Psychology, 44*, 1121–1132.
60. Wijsbroek, S., Hale., W., Raaijmakers, Q., & Meeus, W. (2011). The direction of effects between perceived parental behavioral control and psychological control and adolescents' self reported GAD and SAD symptoms. *European Child & Adolescent Psychiatry, 20*, 361–371.
61. Youniss, J., & Smollar, J. (1985). *Adolescent relationships with mothers, fathers, and friends*. Chicago: University of Chicago Press.
62. Yu, R., Branje, S., Keijsers, L., & Meeus, W. (2014a). Personality types and development of adolescents' conflict with friends. *European Journal of Personality, 28*, 156–167.

Problemen met jezelf en de wereld: psychopathologie

Samenvatting

Bij adolescent probleemgedrag wordt onderscheid gemaakt tussen internaliserende en externaliserende problemen. Internaliseren verwijst naar kwetsbaarheid voor stemmingsstoornissen, zoals depressie en angst, terwijl externaliseren kwetsbaarheid voor antisociaal gedrag aangeeft, zoals delinquentie, agressie en druggebruik. Verschillende theorieën over depressie, angst, delinquentie en druggebruik worden besproken. Onderzoek laat zien dat in de adolescentie angst, met uitzondering van gegeneraliseerde angst, afneemt en dat depressie toeneemt. Directe agressie neemt af, delinquentie piekt in de middenadolescentie en neemt daarna af, en druggebruik neemt tot de postadolescentie toe. Individuele verschillen in angst, depressie en delinquentie worden sterker in de adolescentie. De meeste jongeren groeien in de adolescentie over hun problemen heen, maar dat geldt niet voor 10 tot 15 % van hen. Gemiddeld groeien adolescenten vaker over externaliserend probleemgedrag heen dan over internaliserend probleemgedrag. Adolescenten met probleemgedrag vertonen ook op andere gebieden een problematische ontwikkeling. Dat geldt voor identiteit, persoonlijkheid en persoonlijke relaties.

6.1   Ontwikkeling van internaliserend en externaliserend probleemgedrag: theorie – 85
6.1.1   Internaliserend probleemgedrag – 85
6.1.2   Externaliserend probleemgedrag – 86
6.1.3   Tegelijk voorkomen van internaliserend en externaliserend probleemgedrag – 87
6.1.4   Conclusie – 88

6.2   Ontwikkeling van internaliserend en externaliserend probleemgedrag bij adolescenten als groep – 88
6.2.1   Gemiddelde verandering – 88

© Bohn Stafleu van Loghum is een imprint van Springer Media B.V., onderdeel van Springer Nature 2019
W. Meeus, *Vallen en opstaan in de adolescentie*, https://doi.org/10.1007/978-90-368-2362-3_6

6.2.2	Individuele verschillen in internaliserend en externaliserend probleemgedrag worden stabieler, meestal ... – 90	
6.3	Individuele ontwikkeling van internaliserend en externaliserend probleemgedrag – 94	
6.3.1	Ontwikkelingsketens – 94	
6.4	Ontwikkeling van internaliserend en externaliserend probleemgedrag samengevat – 97	
6.4.1	Maturatie, ja, maar ... – 97	
6.4.2	Wat als de ontwikkeling niet positief verloopt? – 99	
6.4.3	Bijdrage aan theorievorming – 99	
	Literatuur – 100	

Problemen van adolescenten krijgen veel aandacht. Al decennia wordt er in de massamedia met grote regelmaat aandacht besteed aan delinquentie van jongeren, en de laatste vijftien jaar is er toenemende aandacht voor pesten op school, stress, burn-out en depressie. En die aandacht is grotendeels terecht, omdat veel van deze problemen een belemmering vormen voor een gelukkig leven later. In het onderzoek naar adolescent probleemgedrag wordt gebruikgemaakt van het tweedimensionale model dat onderscheid maakt tussen internaliserende en externaliserende problemen [2]. Internaliseren verwijst naar kwetsbaarheid voor stemmingsstoornissen, zoals depressie en angst, terwijl externaliseren kwetsbaarheid voor antisociaal gedrag aangeeft, zoals delinquentie, agressie en druggebruik. Internaliserend probleemgedrag is naar binnen gericht: de persoon ervaart de negatieve stemming of angst in zichzelf. Externaliserend probleemgedrag is naar buiten gericht: delinquentie, agressie en gebruik van drugs hebben in de regel negatieve gevolgen voor de omgeving van adolescenten.

Vanaf de jaren zestig van de vorige eeuw wordt onderzoek gedaan naar adolescente psychopathologie, maar pas vanaf de jaren tachtig wordt ook systematisch onderzoek gedaan naar de ontwikkeling van problemen [79]. De studies naar de ontwikkeling van delinquentie [26] en agressie [51] begonnen eerder, al in de jaren dertig en veertig van de vorige eeuw, maar ook in dit geval nam het aantal studies vanaf de jaren tachtig duidelijk toe [67, 86].

In dit hoofdstuk gaat het over de ontwikkeling van angst, depressie, delinquentie, agressie en druggebruik. Ik laat de ontwikkeling zien op zowel groeps- als individueel niveau. Ik begin met een overzicht van theorieën over internaliseren, externaliseren en ook delinquentie.

6.1 Ontwikkeling van internaliserend en externaliserend probleemgedrag: theorie

6.1.1 Internaliserend probleemgedrag

Angst of de ontwikkeling van angst is het gevolg van ontregeling van het angstreactiesysteem volgens Weems [80]. Voorbeelden van deze disregulatie zijn tobberijen die iemand verlammen en ervoor zorgen dat men niet in staat is om goed te reageren op een toekomstig gevaar, of sterke angsten terwijl er geen echt gevaar dreigt. Weems neemt ook aan dat er verschillende angstsymptomen zijn, met elk een eigen ontwikkeling. Deze eigen ontwikkeling van de verschillende angstsymptomen zouden we bijvoorbeeld kunnen zien in een afname van schoolangst en separatieangst in de adolescentie en een toename van de gegeneraliseerde angststoornis. Separatieangst is de angst om gescheiden te worden van de ouders. Omdat adolescenten als ze ouder worden meer wennen aan de middelbare school en minder behoefte hebben aan steun van hun ouders, zouden deze vormen van angst af moeten nemen. Aan de andere kant is het waarschijnlijk dat tobberij over de toekomst, de kern van gegeneraliseerde angst, aan het einde van de adolescentie toeneemt. Jongeren krijgen dan te maken met de uitdagingen en de onzekerheid van de jonge volwassenheid (vinden van een baan, huis, partner et cetera).

Depressie. De kern van depressieve symptomen is een onnodige negatieve of bedroefde stemming die het personen onmogelijk maakt om goed om te gaan met de eisen die de omgeving stelt [35]. Depressieve symptomen ontstaan in de adolescentie [33, 34], en we weten niet goed waar deze toename vandaan komt. De meeste theorieën schrijven het ontstaan van depressie in de adolescentie toe aan de vele veranderingen die in deze periode optreden [34]. Deze veranderingen doen een groot beroep op de vaardigheid van adolescenten om om te gaan met stressvolle gebeurtenissen en leggen zo bloot welke jongeren dat niet goed kunnen. In enkele longitudinale studies is inderdaad een verband aangetoond tussen stressvolle levensgebeurtenissen en depressie [20, 76].

6.1.2 Externaliserend probleemgedrag

Delinquentie. We weten goed hoe de ontwikkeling van delinquentie verloopt. De leeftijddelictcurve laat zien dat delinquentie toeneemt tussen de vroege en middenadolescentie, piekt in de middenadolescentie en daarna vrij regelmatig afneemt [24, 59]. Een aantal theorieën biedt een verklaring voor delinquentie en de leeftijd-delictcurve: de sociale-controletheorie van Hirschi [36], de differentiële-associatietheorie van Sutherland [72], en de zogenaamde ontwikkelingstaxonomie van Moffitt [59].

De sociale-controletheorie van Hirschi gaat ervan uit dat delinquentie het gevolg is van een geringe verbondenheid met andere mensen (ouders en vrienden) en de maatschappij als geheel. Adolescenten die bijvoorbeeld een turbulente relatie hebben met ouders en vrienden (zie ▶ par. 5.3.1) zouden dus meer delinquent moeten zijn. De veronderstelling hierbij is dat een slechte band met anderen ervoor zorgt dat je minder belang bij hen hebt, je minder aan hen gelegen laat liggen en daarom makkelijker iets van ze kunt stelen of geweld tegen hen kunt gebruiken.

De differentiële-associatietheorie is vooral een theorie over de omgang van adolescenten met leeftijdsgenoten. De theorie stelt dat jongeren delinquentie leren in de interactie met anderen, en dat ze die vooral leren als ze veel omgaan met leeftijdsgenoten die losse opvattingen hebben over delinquentie. Daarom komt delinquentie onder sommige groepen en in bijvoorbeeld sommige wijken meer voor dan in andere. Ontwikkelingspsychologisch is de differentiële-associatietheorie vooral interessant omdat ze selectie in de adolescentie veronderstelt. Het gaat dan om de vraag welke kenmerken ervoor zorgen dat jongeren delinquente jongeren als vrienden selecteren.

Moffitt [59] maakt in haar ontwikkelingstaxonomie onderscheid tussen twee groepen adolescenten: een meerderheidsgroep van alleen-adolescente (*adolescence-limited*) delinquenten en een minderheidsgroep van langdurige (*life-course persistent*) delinquenten.

Alleen-adolescente delinquenten zijn alleen in de adolescentie delinquent. Hun delinquentie vindt zijn oorzaak in het streven naar autonomie en onafhankelijkheid dat weer het gevolg is van de zogenaamde maturatiekloof (*maturity gap*): de kloof tussen biologische en sociale rijping. De maturatiekloof is het gevolg van de verlenging van de adolescentie (zie ●fig. 1.1) die ertoe leidt dat er een kloof is tussen de biologische rijpheid om kinderen te krijgen en een huishouden te vormen, en de sociale rijpheid om de rollen en verantwoordelijkheden van volwassene op je te nemen. In ▶ H. 1 heb ik laten zien dat deze tijdskloof in moderne westerse maatschappijen tussen de zes en tien jaar is gegroeid. Om deze kloof gevoelsmatig minder groot te maken gaan alleen-adolescente delinquenten proberen om het gedrag van hun oudere en meer ervaren leeftijdsgenoten na te doen.

Langdurige delinquenten vertonen delinquent gedrag van de kindertijd tot in de volwassenheid. Voortdurende neurologische problemen in combinatie met een opeenstapeling van nadelige omgevingsfactoren gelden als de verklaring voor langdurige delinquentie. In de ontwikkelingstaxonomie van Moffitt wordt de leeftijd-delictcurve toegeschreven aan de alleen-adolescente delinquenten, de meerderheid van delinquenten die een toename van delinquentie laat zien van de vroege naar de middenadolescentie en een afname van de midden- naar de late adolescentie.

De ontwikkelingstaxonomie van Moffitt sluit kernelementen van Hirchi's sociale-controletheorie en de differentiële-associatietheorie in. Een fundamentele aanname van de sociale-controletheorie is dat mensen in principe delinquent zijn en dat een theorie over delinquentie niet moet verklaren waarom ze dat wél zijn, maar waarom ze dat níét zijn. Bindingen aan anderen en aan de maatschappij als geheel bieden deze verklaring. Om die bindingen niet in de waagschaal te stellen, kiezen mensen ervoor niet delinquent te zijn. In de taxonomie van Moffitt leidt de maturatiekloof ertoe dat de bindingen van adolescenten met anderen en de maatschappij tijdelijk minder goed worden, hetgeen op zijn beurt weer tot alleen-adolescente delinquentie leidt. Deze houdt op als adolescenten volwassen worden en de rollen die daarbij horen op zich nemen.

Een kernidee van de differentiële-associatietheorie is dat jongeren die geneigd zijn tot delinquentie gaan optrekken met leeftijdsgenoten die dat ook zijn. En dat leidt dan tot meer delinquentie bij hen. In de taxonomie van Moffitt speelt deze differentiële associatie vooral bij de alleen-adolescente delinquenten, doordat zij de delinquentie van hun oudere leeftijdsgenoten na gaan doen.

Directe agressie. Hieronder valt verbale en fysieke agressie tegen anderen [8]. Directe agressie verschilt van andere vormen van agressie zoals indirecte en relationele agressie [19, 22]. Indirecte en relationele agressie zijn niet per se verbaal of fysiek van aard. Bovendien komt directe agressie in de adolescentie meer voor dan indirecte en relationele agressie. Ook komt directe agressie meer voor bij jongens dan meisjes, terwijl relationele agressie meer bij meisjes dan jongens voorkomt. Ik besteed in dit hoofdstuk alleen aandacht aan directe agressie, omdat we de ontwikkeling van indirecte en relationele agressie in ons onderzoek niet bestudeerd hebben.

Onderzoek naar de ontwikkeling van directe agressie laat een systematische afname zien in de adolescentie [9, 10, 19]. Ook bleek dat deze afname geldt voor zowel jongeren die heel agressief zijn als voor jongeren die minder agressief zijn [84]. Er is een vrij algemene daling van directe agressie in de adolescentie. Dit komt zeer waarschijnlijk doordat jongeren leren hun conflicten op te lossen zonder directe agressie te gebruiken. En dat komt weer doordat hun cognitieve empathie toeneemt (zie ◘ fig. 5.5) [75] en ook hun vermogen om conflicten met vrienden (zie ◘ fig. 5.4) [85] en ouders [77] in onderling overleg op te lossen.

Druggebruik. In de regel wordt druggebruik gezien als een symptoom van externaliserend probleemgedrag. De verlenging van de adolescentie (zie ◘ fig. 1.1) en de daaraan gerelateerde maturatiekloof worden meestal gezien als de oorzaak van de toename van druggebruik in de adolescentie. De verlenging van de adolescentie creëerde een jeugdcultuur en een reeks jeugdculturele normen en gedragingen [23]. Druggebruik is een onderdeel van dit jeugdculturele gedrag en komt ook veel vaker voor bij jongeren die veel met leeftijdsgenoten optrekken [64].

6.1.3 Tegelijk voorkomen van internaliserend en externaliserend probleemgedrag

Internaliseren en externaliseren komen vaak tegelijk voor bij adolescenten [17, 46]. Dat kan komen doordat internaliseren en externaliseren dezelfde oorzaak hebben: een basaal gevoel van bedreiging en angst [44]. Dit gevoel kan zich vertalen in internaliseren of externaliseren. Theoretisch kunnen internaliseren en externaliseren gezien worden als twee vormen van evolutionair geselecteerde reacties van mensen als ze bedreigd worden: 'vluchten' of 'vechten' [65]. Een paar recente studies vonden steun voor deze gemeenschappelijke oorzaak: zij toonden aan dat er een algemene psychopathologiefactor aan de basis ligt van zowel internaliseren als externaliseren [17, 46]. Daarnaast zijn er verschillende modellen voor de wijze waarop internaliseren en externaliseren elkaar in de ontwikkeling kunnen beïnvloeden. Verderop in dit hoofdstuk besteed ik daar meer aandacht aan.

6.1.4 Conclusie

In ▶H. 1 van dit boek liet ik twee perspectieven op de ontwikkeling in de adolescentie zien: de moeilijke adolescentie en de adolescentie als formatieve periode. De hoofdstukken over identiteit (▶H. 2), persoonlijkheid (▶H. 3) en persoonlijke relaties en empathie (▶H. 4) gaven veel steun aan het perspectief van de adolescentie als formatieve periode. De hoofdstukken laten overtuigend maturatie van identiteit, persoonlijkheid, persoonlijke relaties en empathie zien. Theorieën over internaliseren en externaliseren in de adolescentie ondersteunen niet meteen het perspectief van de moeilijke adolescentie of dat van de formatieve adolescentie. Zo leggen theorieën over depressie en druggebruik de nadruk op problemen in de adolescentie, terwijl onderzoek naar directe agressie toont dat adolescenten dit gedrag achter zich laten als ze ouder worden. Het onderzoek dat hieronder wordt gepresenteerd zal een definitiever antwoord geven ten aanzien van deze kwestie.

6.2 Ontwikkeling van internaliserend en externaliserend probleemgedrag bij adolescenten als groep

6.2.1 Gemiddelde verandering

Ik bespreek eerst de resultaten van de eigen Nederlandse studies en daarna die van studies uit andere landen als die er zijn.

Internaliseren: angst. De verschillende vormen van angst in de adolescentie vertonen een ander ontwikkelingsverloop [63]. Schoolangst en separatieangst (de angst om ouders los te laten, zie bovenste deel van ◘fig. 6.1) nemen af in de adolescentie, paniekangst neemt af (met een kleine toename in de late adolescentie), sociale angst heeft zijn piek in de middenadolescentie, en gegeneraliseerde angst (zie middelste deel van ◘fig. 6.1) neemt af in de vroege adolescentie en neemt daarna regelmatig toe. Deze resultaten werden in een andere Nederlandse studie [78] ook gevonden, met één uitzondering: zij vonden een sterkere afname van sociale angst na de middenadolescentie.

Internaliseren: depressie. In de midden- en late adolescentie komt depressie meer voor dan in de eerste helft van de adolescentie [32]. Daarnaast neemt depressie tussen de 13 en 14 jaar af om vervolgens regelmatig toe te nemen (zie onderste deel van ◘fig. 6.1. Deze uitkomsten werden ook gevonden in meer dan tien andere studies in Canada [5], Nederland [78], Nieuw-Zeeland [33] en Amerika [1, 21, 27, 29, 31, 34, 41, 43, 52, 60, 71, 82, 83]. In één Amerikaanse studie [82] werd geen toename met de leeftijd gevonden en in twee andere een kleine afname van depressie [38, 83]. Maar de overgrote meerderheid laat dus een toename van depressie zien.

Samenvattend zijn de uitkomsten voor de ontwikkeling van internaliseren systematisch over verschillende landen heen, maar ook gevarieerd. Angst neemt af, met uitzondering van gegeneraliseerde angst. Depressie laat dezelfde ontwikkeling zien als gegeneraliseerde angst

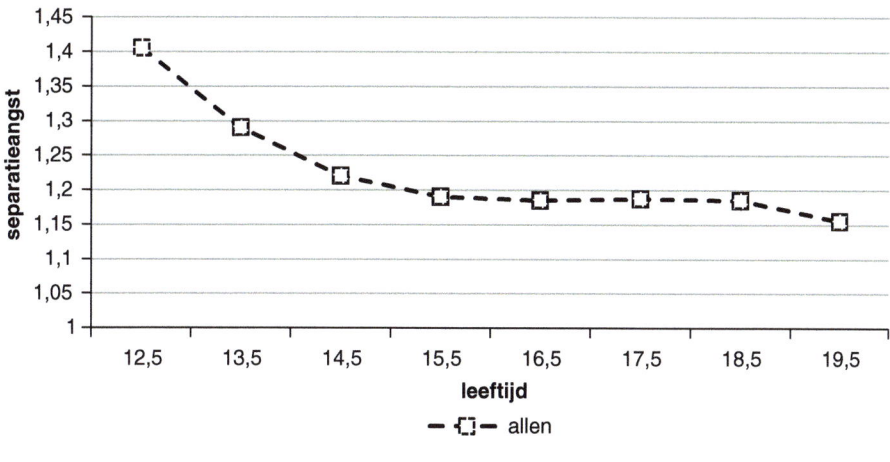
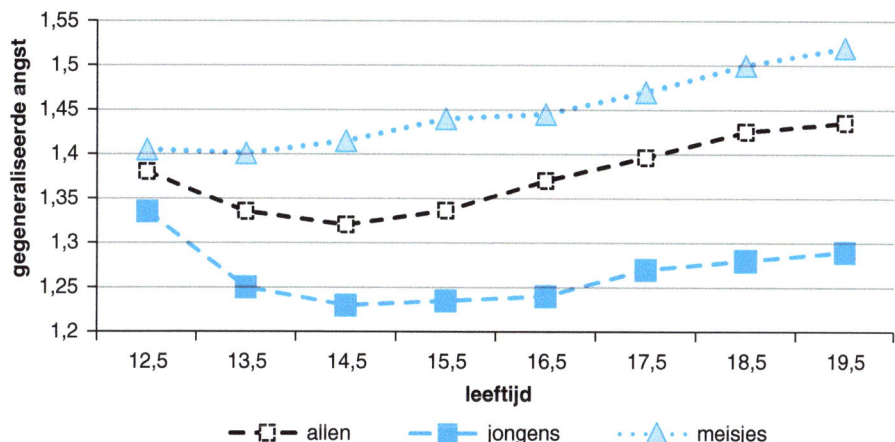
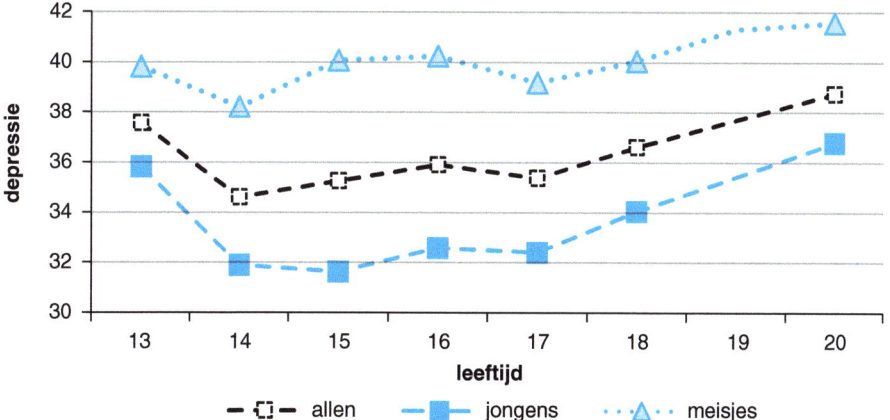

Figuur 6.1 Ontwikkeling van separatieangst en gegeneraliseerde angst in de adolescentie zoals gevonden door Nelemans en anderen [63] en van depressie zoals gevonden door Meeus [54]

en neemt vanaf de middenadolescentie toe. Wat betreft de afname van gegeneraliseerde angst en depressie in de vroege adolescentie zijn de resultaten niet systematisch. In sommige studies wordt dit patroon wel gevonden, in andere niet.

Een opmerking bij het ontstaan van sekseverschillen in angst en depressie. Twee Nederlandse studies [63, 78] laten zien dat meisjes meer angstig zijn dan jongens (met uitzondering van schoolangst). Een van deze studies (Nelemans en anderen [63]) vond dat sekseverschillen in gegeneraliseerde angst vanaf het begin van de adolescentie groter worden (zie ◘ fig. 6.1, middelste deel). Het is opmerkelijk dat deze toename van sekseverschillen niet wordt gevonden bij angstsymptomen die afnemen in de adolescentie, dus niet bij paniekangst, separatieangst en sociale angst. Dit suggereert dat sekseverschillen in angst met name ontstaan bij angstsymptomen die toenemen.

De resultaten van Nelemans en anderen passen goed bij de bevinding dat sekseverschillen in depressie in de adolescentie ontstaan [66]. De onderste grafiek van ◘ fig. 6.1 laat zien dat het sekseverschil in depressie vanaf leeftijd 14 toeneemt [55]. Opmerkelijk is ook dat de toename van sekseverschillen in gegeneraliseerde angst en depressie (zie weer de twee onderste grafieken in ◘ fig. 6.1) vooral komt door de vrij sterke afname bij jongens in de vroege adolescentie. In de conclusie van dit hoofdstuk kom ik hierop terug.

Externaliseren: delinquentie. Wij vonden een leeftijd-delictcurve van delinquentie: een sterke toename van de vroege naar de middenadolescentie en een systematische afname daarna (bovenste deel van ◘ fig. 6.2) [57]. De leeftijd-delictcurve is gevonden in meerdere studies in Nederland [6, 18], Engeland [24, 25, 61, 68] en Amerika [24, 39, 40, 70]. Bovendien is zij gevonden met verschillende manieren van dataverzameling: zelfrapportage en politiebestanden van veroordelingen voor delinquentie.

Externaliseren: directe agressie. Wij vonden een regelmatige afname van directe agressie [54] in de adolescentie (zie middelste deel van ◘ fig. 6.2). Dit resultaat is ook gevonden in studies in Canada [19, 62], Italië [13] en Amerika [84].

Externaliseren: druggebruik. In enkele studies vonden wij een rechtlijnige toename van cannabisgebruik in de adolescentie, vooral vanaf de middenadolescentie (zie onderste deel van ◘ fig. 6.2). In een reeks studies uit Nieuw-Zeeland [53] en Amerika [30, 42, 48, 73, 81] werd ook een regelmatige toename van druggebruik in de adolescentie gevonden. Een recente studie over druggebruik van de adolescentie tot in de volwassenheid (leeftijd 14 tot 43) vond dat marihuanagebruik begint af te nemen vanaf de late adolescentie en met name vanaf 25 jaar [11].

Samenvattend laten de verschillende studies een afname van delinquentie en directe agressie zien vanaf de middenadolescentie en een regelmatige toename van druggebruik in de hele adolescentie.

6.2.2 Individuele verschillen in internaliserend en externaliserend probleemgedrag worden stabieler, meestal ...

Ik bespreek hier alleen gegevens van de eigen Nederlandse studies. Tot nu toe ontbreken systematische analyses van studies uit het buitenland.

Internaliseren: angst en depressie. In het begin van de adolescentie zijn er al individuele verschillen in angst en depressie [56], maar de stabiliteit van deze verschillen stijgt sterk in de adolescentie (zie ◘ fig. 6.3). Aan het einde van de adolescentie zijn sommige jongeren dus heel

6.2 · Ontwikkeling van internaliserend en externaliserend probleemgedrag ...

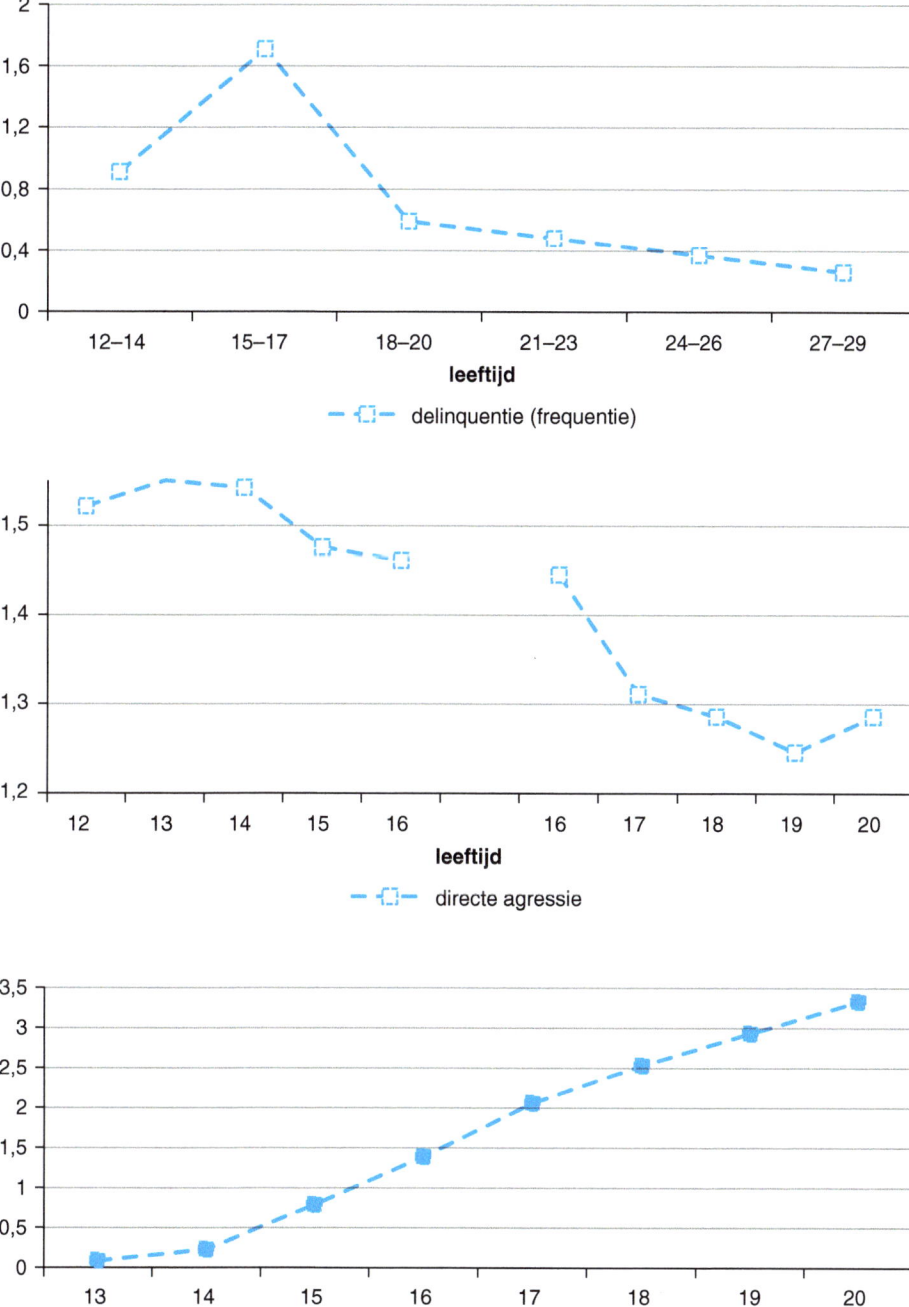

■ **Figuur 6.2** Ontwikkeling van delinquentie zoals gevonden door Meeus en anderen [57], van directe agressie zoals gerapporteerd door Meeus [54], en van cannabisgebruik zoals gevonden door Van Delden en anderen [74]. Meeus en anderen gebruikten vier cohorten en Meeus gebruikte twee cohorten

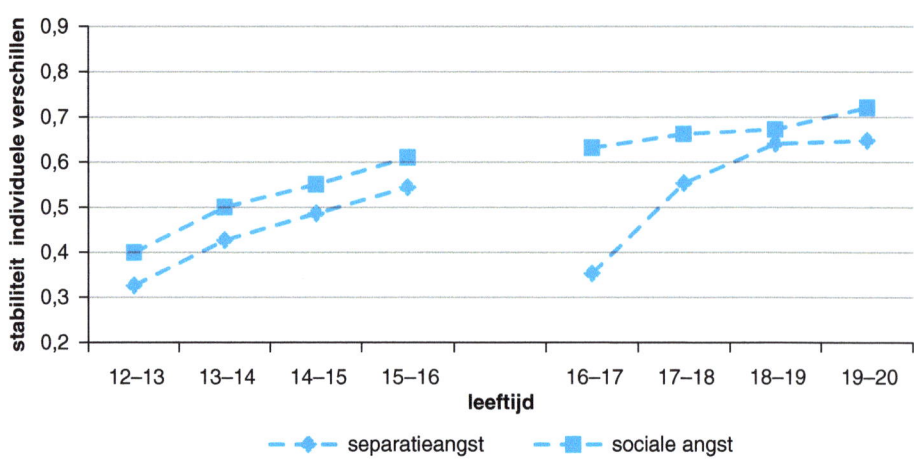
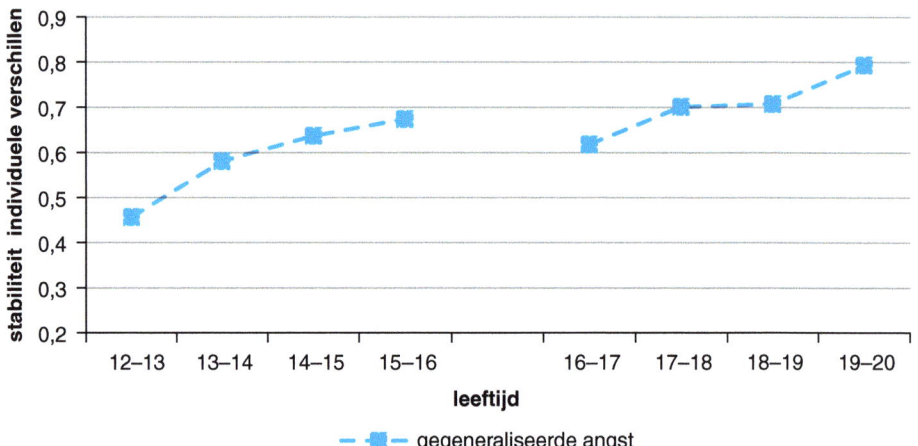
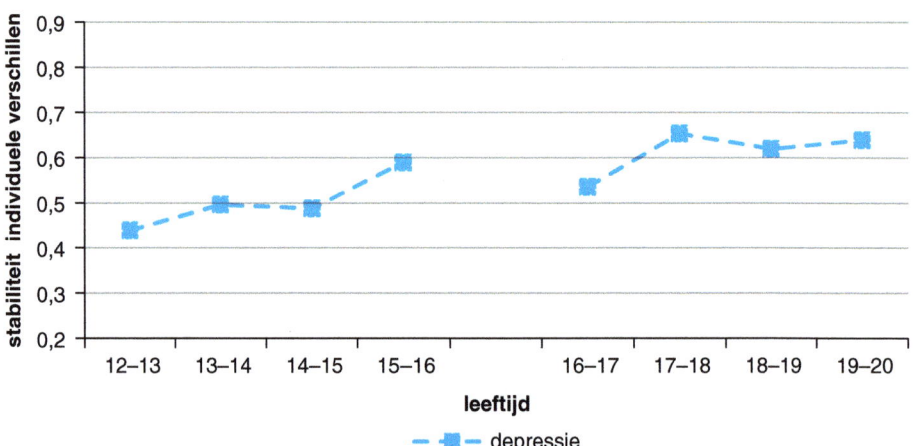

Figuur 6.3 Het ontstaan van systematische individuele verschillen in separatie-, sociale en gegeneraliseerde angst, en depressie zoals gerapporteerd in Meeus [56]. De figuur bevat data van twee cohorten (12 tot 16 en 16 tot 20)

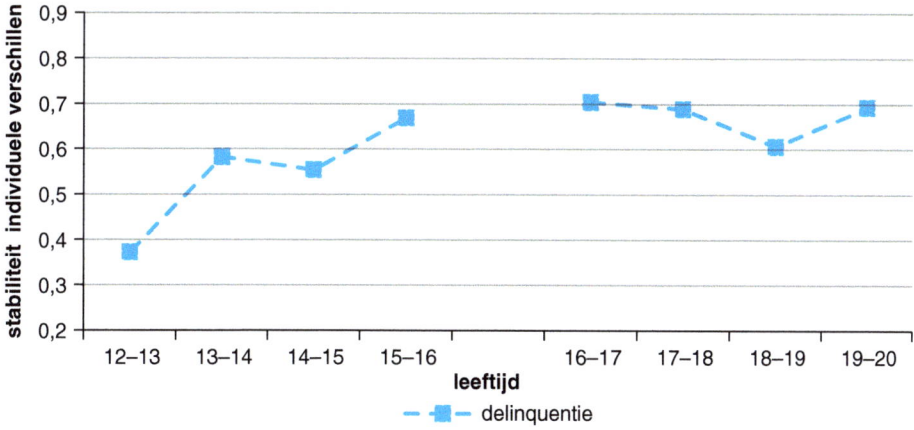

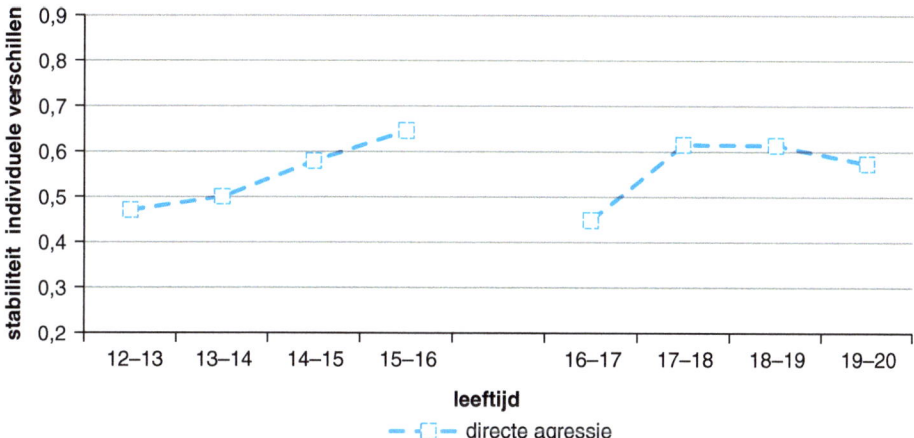

☐ **Figuur 6.4** Het ontstaan van systematische individuele verschillen in delinquentie en het ontbreken daarvan bij directe agressie zoals gerapporteerd in Meeus [56]. De figuur bevat data van twee cohorten (12 tot 16 en 16 tot 20)

angstig en depressief in vergelijking tot leeftijdsgenoten, terwijl andere juist weinig angstig en depressief zijn. De individuele verschillen in sociale en gegeneraliseerde angst zijn sterker dan die in separatieangst en depressie.

Externaliseren: delinquentie en directe agressie. Ook de individuele verschillen in delinquentie [56] worden aanzienlijk sterker (zie ☐fig. 6.4). Aan het einde van de adolescentie zijn er dus jongeren die stabiel heel delinquent en niet-delinquent zijn. Als uitzondering op de regel gaat dit patroon niet op voor directe agressie. Daar zijn de individuele verschillen het meest systematisch tussen de 15 en 16 jaar. Dit zou kunnen komen doordat directe agressie tussen de 16 en 20 jaar niet veel meer voorkomt (middelste deel van ☐fig. 6.2) en dat individuele verschillen dus niet zo relevant meer zijn.

6.3 Individuele ontwikkeling van internaliserend en externaliserend probleemgedrag

6.3.1 Ontwikkelingsketens

Tegelijk voorkomen van gegeneraliseerde angst en directe agressie. Er zijn weinig studies naar de individuele ontwikkeling van verschillende vormen van probleemgedrag tegelijkertijd. Daarom keken Meeus en anderen [58] naar de ontwikkeling van gegeneraliseerde angst en directe agressie.

Bij de individuele ontwikkeling van gegeneraliseerde angst en directe agressie gaat het om de vraag welke combinaties van beide vormen van probleemgedrag voorkomen (zie ◘ fig. 6.5), hoe stabiel deze combinaties zijn en hoe ze in elkaar kunnen veranderen. Er zijn drie theoretische modellen hierover [3, 16]: het stabiliteitsmodel (*stability model*), het afreageermodel (*acting out model*) en het faalmodel (*failure model*). Deze modellen zijn bedacht voor de brede categorieën van internaliseren en externaliseren [44], maar omdat gegeneraliseerde angst een kernelement van internaliseren is, en directe agressie van externaliseren, kunnen we deze modellen ook toepassen op de combinatie van gegeneraliseerde angst en directe agressie.

De drie modellen delen het uitgangspunt dat internaliseren en externaliseren naar binnen of naar buiten gerichte reacties zijn op basale gevoelens van onveiligheid en angst. Deze reacties kunnen theoretisch worden gezien als twee in de evolutie geselecteerde reacties op bedreiging en angst: externaliseren staat voor 'vechten' en internaliseren voor 'vluchten' [65].

De drie modellen verschillen in hun voorspellingen over de ontwikkeling van de combinatie van internaliseren en externaliseren. Het stabiliteitsmodel neemt aan dat individuen in de loop van de tijd steeds op dezelfde manier het hoofd bieden aan bedreiging en angst. Deze manier vormt een stabiele individuele trek: sommige personen vechten en vertonen externaliserende reacties, terwijl anderen vluchten en steeds voor een internaliserende reactie kiezen. Het afreageermodel neemt aan dat externaliseren eigenlijk gedrag is dat de uitdrukking vormt van 'gemaskeerde' depressie of angst [15]. Deze verborgen depressie of angst kan leiden tot agressie als mensen de controle verliezen [28]. Daarom voorspelt het afreageermodel dat internaliserende problemen in de ontwikkeling uiteindelijk geuit zullen worden als externaliserende problemen. Daarom zal bijvoorbeeld eerdere angst leiden tot latere agressie. Het faalmodel voorspelt het omgekeerde van het afreageermodel: eerdere externaliserende problemen leiden tot faalervaringen, zoals afwijzing door leeftijdsgenoten en slechte schoolprestaties, en ten gevolge daarvan tot latere angst.

Er is een aantal studies naar de drie modellen gedaan en die laten geen duidelijk beeld zien. Sommige studies vonden steun voor het stabiliteitsmodel [47], sommige voor het afreageermodel [7, 12, 49] en weer andere voor het faalmodel [12, 37, 47]. Een beperking van al de studies was dat ze de drie modellen niet tegelijkertijd onderzochten en tegen elkaar toetsten. In een studie van Meeus en anderen [58] werd dat wel gedaan.

Typen van directe agressie en gegeneraliseerde angst. In de adolescentie zijn er vier typen (zie ◘ fig. 6.5). Type 1 is het angstige type (vanaf nu GGA) met een hoog niveau van gegeneraliseerde angst en een laag niveau van directe agressie. Type 2 is het agressieve type (vanaf nu DA) met een hoog niveau van directe agressie en een laag niveau van gegeneraliseerde angst. Type 3 is het comorbide agressieve type (vanaf nu DA&GGA) met een heel hoog niveau van directe agressie in combinatie met een hoog niveau van gegeneraliseerde angst. Ten slotte is type 4 het geen-problementype (vanaf nu Gp) met een laag niveau van directe agressie en van gegeneraliseerde angst.

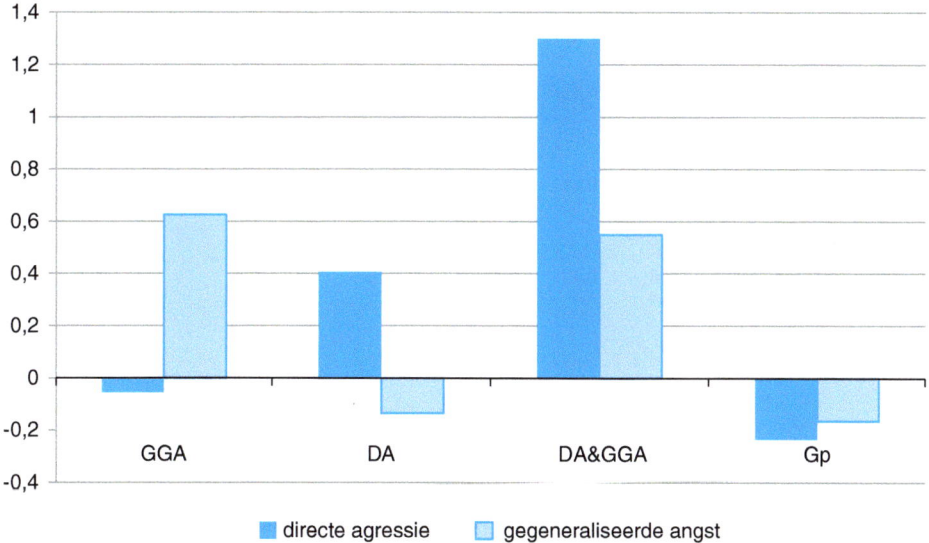

◘ **Figuur 6.5** Profielen van agressie- en angsttypen (GGA, DA, DA&GGA, en Gp) uit de studie van Meeus en anderen [58]

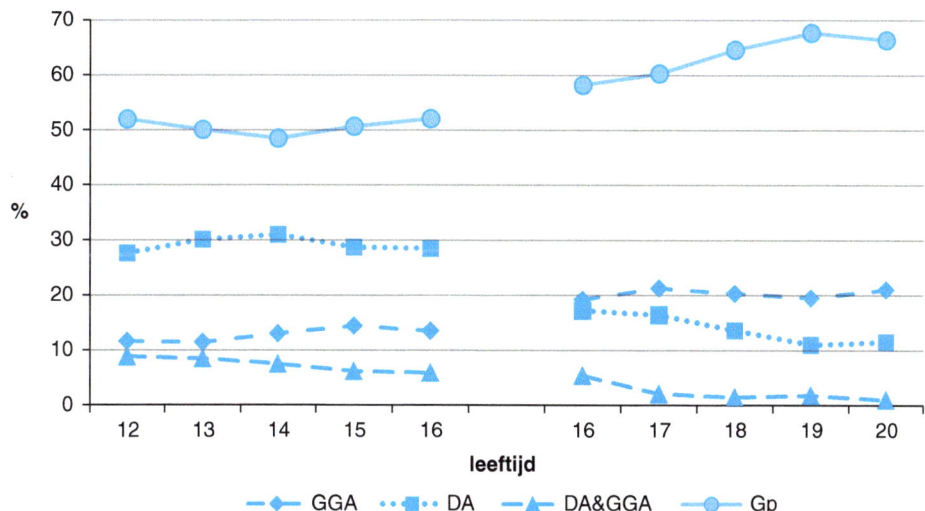

◘ **Figuur 6.6** Toe- en afname van de agressie- en angsttypen (GGA, DA, DA&GGA en Gp) zoals gevonden door Meeus en anderen [58]

Toe-en afname van typen van directe agressie en gegeneraliseerde angst. Het DA- en het DA&GGA-type nemen sterker af in de midden- en late dan in de vroege en middenadolescentie, het GGA-type neemt regelmatig toe in beide perioden, en het Gp-type laat een sterkere toename zien in de midden- en late adolescentie dan in de vroege en middenadolescentie (zie ◘fig. 6.6). Merk op dat de bevindingen voor het DA-type goed overeenkomen met die van de variabele directe agressie uit ◘fig. 6.2 (middelste deel), en die voor het type GGA met die van de variabele gegeneraliseerde angst uit ◘fig. 6.1 (middelste deel, alle). Ook is het

Tabel 6.1 Veranderingskansen van agressie- en angsttypen[a]

leeftijdsgroep	stabiliteit van agressie- en angsttypen				afreageermodel	faalmodel
	GGA	DA	DA&GGA	Gp	GGA → DA	DA → GGA
– vroege tot middenadolescentie 12–16 jaar	0,58[b]	0,51	0,17	0,75	0,20	0,05
– midden- tot late adolescentie 16–20 jaar	0,88	0,45	0,00	0,93	0,01	0,03

a Resultaten van de studie van Meeus en anderen [58].
b 0,20 betekent dat 20 % van het GGA-type op leeftijd 12 verandert naar het DA-type op leeftijd 16.

opmerkelijk dat het DA&GGA-type in de late adolescentie verdwijnt. Dit suggereert dat er aan het einde van de adolescentie een specialisatie naar of internaliseren (angst) of externaliseren (agressie) plaatsvindt.

Eindpunten van ontwikkeling en tijdelijke typen. Tabel 6.1 laat zien dat het Gp-type en iets mindere mate het GGA-type eindpunten van een ontwikkeling vormen, en dan vooral in de tweede helft van de adolescentie: 95 respectievelijk 88 % van de jongeren die tot deze typen behoren op leeftijd 16 doet dat op leeftijd 20 nog steeds. De stabiliteit van beide typen is lager in de eerste helft van de adolescentie: 75 en 58 %. Deze resultaten passen goed bij een van de centrale stellingen van dit boek, namelijk dat jongeren in de loop van de adolescentie steeds georganiseerder worden in hun gedrag.

Tegelijk zien we dat DA en DA&GGA tijdelijke typen zijn: ongeveer 50 % van het DA-type verandert in de adolescentie in een ander type, en van het DA&GGA-type is dat meer dan 80 %. Beide typen komen daarom aan het einde van de late adolescentie weinig voor: het DA-type bij 11,5 % van de jongeren en het DA&GGA-type bij slechts 1 %.

Hoe veranderen adolescenten van type van agressie en gegeneraliseerde angst? Ik beantwoord deze vraag door te kijken of de resultaten van tab. 6.1 de drie modellen ondersteunen: het stabiliteitsmodel, het afreageermodel en het faalmodel (zie begin ▶ par. 6.3.1).

Zoals boven besproken geven de resultaten deels steun aan het stabiliteitsmodel: dat geldt voor het Gp- en het GGA-type. De tabel laat ook steun zien voor het afreageermodel in de eerste helft van de adolescentie: 20 % van het angstige type (GGA) op leeftijd 12 verandert in het agressieve type (DA) op leeftijd 16. Dat patroon zien we niet tussen de 16 en 20 jaar. De tabel laat geen steun zien voor het faalmodel: 5 % van de jongeren of minder verandert in de loop van de adolescentie van het agressieve type (DA) in het angstige type (GGA).

Waarom zien we steun voor het afreageermodel in de vroege en middenadolescentie? Dat zou heel goed kunnen liggen aan het nut van directe agressie in deze periode. Eerder onderzoek laat zien dat angstige kinderen en adolescenten vaak worden afgewezen door leeftijdsgenoten [4]. Door assertief en agressief te zijn kunnen angstige jongeren deze onaantrekkelijke positie verlaten en zich een duidelijke en zichtbare plek verwerven bij leeftijdsgenoten [45]. Anders gezegd: de overgang van het angstige naar het agressieve type in de adolescentie geeft een switch aan van een vluchtstrategie naar een vechtstrategie om een betere positie te krijgen. De verklaring vindt ook steun in het feit dat de switch van het angstige naar het agressieve type meer voorkomt bij jongeren die minder goede vriendschappen [14] hebben en bij

□ **Figuur 6.7** Het patroon van verandering van agressie- en angsttypen (GGA, DA en Gp) in elkaar in de adolescentie. Voor de overzichtelijkheid is het DA&GGA-type niet in de figuur getekend. De onderbroken pijl geeft het afreageerpad aan tussen de 12 en 16 jaar

jongens. In slechte vriendschappen is het belangrijker om voor jezelf te vechten dan in goede, en bij jongens komt meer agressie voor dan bij meisjes, daarom is het vooral voor hen een aangewezen aanpak.

Waarom komt de switch van angstig naar agressief niet meer voor in de midden- en late adolescentie? Dat komt zeer waarschijnlijk doordat jongeren op die leeftijd geen of weinig gebruikmaken van directe agressie om zich in te vechten bij leeftijdsgenoten. Tussen de 16 en 20 jaar doe je dat niet meer met geweld en agressie. Deze interpretatie vindt steun in de bevinding dat vroege adolescenten bij het oplossen van conflicten minder vaak agressie gebruiken dan late adolescenten [77].

Dat Meeus en anderen [58] geen steun vonden voor het faalmodel is niet in overeenstemming met eerder onderzoek [12, 37, 69]. Wel is het zo dat de studie van Meeus en anderen het faalmodel direct toetste tegen het afreageermodel en daarom een sterkere opzet had. De studie staat daarmee sterk, maar replicatie is uiteraard gewenst.

Niet alleen geven de resultaten deels steun aan het stabiliteitsmodel en het afreageermodel, ook bieden ze een algemeen beeld van de verandering van agressie- en angsttypen in elkaar. GGA en Gp vormen eindpunten van een ontwikkeling en ook veranderen ze niet vaak in elkaar. Verder is het zo dat het agressieve type en het comorbide agressieve type vooral veranderen in de richting van het geen-problementype. In de ontwikkeling staan DA en DA&GGA dus dichter bij Gp dan bij GGA. □Figuur 6.7 geeft een samenvatting van deze ontwikkeling en daarmee ook een verklaring voor de toename van het GGA- en Gp-type zoals gevonden in □fig. 6.6.

6.4 Ontwikkeling van internaliserend en externaliserend probleemgedrag samengevat

6.4.1 Maturatie, ja, maar ...

□Tabel 6.2 vat de resultaten van dit hoofdstuk samen en laat duidelijk zien dat de adolescentie de periode is waarin internaliserende en externaliserende problemen zichtbaar worden of ontstaan [50]. Dit hoofdstuk laat ook verschillen zien in het ontwikkelingsverloop en de timing van de verschillende problemen. Op groepsniveau nemen school-, separatie- en paniekangst af, piekt sociale angst in de middenadolescentie en neemt daarna af, en nemen gegeneraliseerde angst en depressie toe na de vroege adolescentie. Delinquentie piekt in de middenadolescentie en neemt daarna af, directe agressie neemt af en cannabisgebruik neemt toe. Een opmerkelijk verschil is dat gegeneraliseerde angst en depressie toenemen terwijl de andere angsten, delinquentie (vanaf de middenadolescentie) en directe agressie afnemen. Dit suggereert dat school-, separatie- en paniekangst, delinquentie en directe agressie

■ Tabel 6.2 Ontwikkeling van internaliserend en externaliserend probleemgedrag

probleemgedrag	op groepsniveau		op individueel niveau: ontwikkelingsketens	
	gemiddelde verandering	stabiliteit van individuele verschillen	toe- en afname relatietypen	verandering relatietypen
internaliseren				
– schoolangst	– afname			
– separatieangst	– afname	– toename		
– paniekangst	– afname			
– sociale angst	– piek in midden-adolescentie daarna afname	– toename		
– gegeneraliseerde angst	– toename na vroege adolescentie	– toename		
– depressie	– toename na vroege adolescentie	– toename		
externaliseren				
– delinquentie	– piek in midden-adolescentie daarna afname	– toename		
– directe agressie	– afname	– geen trend		
– cannabisgebruik	– toename			
internaliseren en externaliseren gecombineerd				
– angstige type (GGA)			– toename	
– agressieve type (DA)			– afname	– DA → Gp
– agressief-angstige type (DA&GGA)			– afname	– DA&GGA → Gp
– geen-problementype (Gp)			– toename	

alleen-adolescente problemen zijn, terwijl gegeneraliseerde angst en depressie langdurige problemen zijn. Dat geldt ondanks de toename in de adolescentie hoogstwaarschijnlijk niet voor cannabisgebruik. Internationaal onderzoek laat zien dat de piek van cannabisgebruik waarschijnlijk hetzelfde is als die van delinquentie, alleen ligt de piek hier rond de 25 jaar en de afname daarna [11].

Dit patroon van toe- en afname zien we voor de combinatie van agressie en gegeneraliseerde angst ook op individueel niveau: de agressieve typen nemen af, het angstige type en het geen-problementype nemen toe.

Ook is het zo dat individuele verschillen in alle vormen van probleemgedrag, met uitzondering van directe agressie, meer systematisch worden in de adolescentie. Als je aan het einde van de adolescentie angstiger, depressiever en meer delinquent bent dan de meeste van je leeftijdsgenoten is het vrij waarschijnlijk dat je dat later in je leven ook bent. Het omgekeerde geldt ook: als je minder angstig, depressief en delinquent bent dan de anderen is de kans groot dat dit later ook zo is.

Met uitzondering van gegeneraliseerde angst en depressie suggereren de resultaten dat de meeste adolescenten over internaliserende en externaliserende problemen heen groeien. Dit patroon van ontwikkeling kan opnieuw, na dat van identiteit, persoonlijkheid en persoonlijke relaties, omschreven worden als maturatie. Opnieuw is dit een voorbeeld van *ontwikkelingspatroon 1*.

6.4.2 Wat als de ontwikkeling niet positief verloopt?

Ondanks dit positieve algemene patroon is het duidelijk dat een aanzienlijke minderheid van de adolescenten zich niet voorspoedige ontwikkelt: op de leeftijd van 20 jaar laat 11,5 % directe agressie zien [58], 21 % gegeneraliseerde angst [58], 16,3 % sociale angst [63] en 18,2 % gebruik van cannabis [74]. De hoofdstukken over identiteit, persoonlijkheid, en persoonlijke relatie en empathie laten zien dat adolescenten met internaliserende en externaliserende problemen op al deze gebieden ook meer ontwikkelingsrisico's lopen. Adolescenten met een of beide vormen van probleemgedrag hebben minder vaak een goed ontwikkelde identiteit (*achievement of closure*, zie ◘ fig. 3.13), een veerkrachtige persoonlijkheid (zie ◘ tab. 4.3), goede relaties met ouders en vrienden, en een hoog niveau van empathie (zie ◘ tab. 5.2). Probleemgedrag komt niet alleen, maar markeert ook problemen op andere ontwikkelingsgebieden. Opmerkelijk daarbij is dat internaliseren en externaliseren beide samengaan met een minder voorspoedige ontwikkeling op de andere gebieden. Alleen undercontrol heeft een specifiek verband met externaliseren, overcontrol met internaliseren, en informatie niet delen met externaliseren.

6.4.3 Bijdrage aan theorievorming

Een paar onderzoeken lieten een afname van gegeneraliseerde angst en depressie zien in de vroege adolescentie, en een toename daarna (zie ◘ fig. 6.1). Deze afname in de vroege adolescentie was vooral sterk bij jongens en zorgde er ook voor dat de sekseverschillen in beide vormen van internaliseren vanaf dat moment groter werden. Alhoewel deze resultaten tot nu toe alleen in Nederlands onderzoek zijn gevonden, denk ik toch dat ze van groot belang kunnen zijn. En dat is omdat ze een alternatieve verklaring vormen voor het ontstaan van sekseverschillen in depressie die eerder werden gevonden. Het ontstaan van deze sekseverschillen zou heel goed het gevolg kunnen zijn van afreageren (afreageermodel, zie ▶ par. 6.3.1): een switch van een vluchtstrategie (gegeneraliseerde angst of depressie) naar een vechtstrategie (agressie) bij jongens. Deze switch geeft hun de mogelijkheid om meer zichtbaar en autonoom te worden in de adolescente wereld. Omdat meisjes deze keuze niet maken, blijft hun niveau van internaliseren hoog in vergelijking tot jongens. De resultaten van de studie van Meeus en anderen [58], dat afreageren meer voorkomt bij jongens dan bij meisjes en meer in de vroege en middenadolescentie dan daarna, passen goed bij deze verklaring. Ook past de bevinding dat affectieve empathie in de vroege en middenadolescentie een dip vertoont bij jongens en niet bij meisjes (zie ◘fig. 5.5) hier goed bij. Ten slotte laat deze interpretatie zien dat het 'vecht-vluchtmechanisme' [65] nuttig is bij de verklaring van het samengaan van internaliseren en externaliseren in de adolescentie.

Moffitt neemt aan dat delinquentie voor de meerderheid van de jongeren alleen-adolescente delinquentie is. De resultaten van dit hoofdstuk suggereren dat dit ook het geval is voor directe agressie en druggebruik: directe agressie is ook alleen-adolescent gedrag en druggebruik is waarschijnlijk laat-adolescent en jongvolwassen gedrag. Samenvattend laat dit zien dat externaliseren voor de meeste jongeren tijdelijk probleemgedrag is dat er in de adolescentie en de jonge volwassenheid toe dient om de ongemakken van de maturatiekloof het hoofd te bieden.

Het ontwikkelingsverloop van gegeneraliseerde angst en depressie geeft aan dat de verklaring van de maturatiekloof niet geldt voor internaliseren. De toename van beide problemen vanaf de middenadolescentie en de hoge intra-individuele stabiliteit van het angstige type (GGA) suggereren dat deze problemen hun oorsprong vinden in relatief sterke individuele kwetsbaarheid: disregulatie van het angstreactiesysteem en een niet-functionele negatieve of droevige stemming.

Geven de bevindingen van dit hoofdstuk steun aan het idee van de moeilijke adolescentie of aan dat van de adolescentie als formatieve periode? Ik denk aan dat van de formatieve periode. De meeste adolescenten ontgroeien internaliserend en externaliserend probleemgedrag en laten een voorspoedige ontwikkeling zien. Vooral externaliserende problemen lijken te verwijzen naar de tijdelijke chaos bij adolescenten die meer en meer zichtbaar is geworden door de verlenging van de adolescentie (zie ▶par. 1.2.1). Aan de andere kant lijken gegeneraliseerde angst en depressie meer te staan voor interne strubbelingen die niet beperkt zijn tot de adolescentie, maar verwijzen naar stabiele individuele kwetsbaarheid.

Literatuur

1. Abela, J., & Hankin, B. (2011). Rumination as a vulnerability factor to depression during the transition from early to middle adolescence: A multiwave longitudinal study. *Journal of Abnormal Psychology, 120*, 259–271.
2. Achenbach, T. M., & Edelbrock (1983). *Manual for the Child Behavior Checklist and Revised Child Profile*. Burlington, VT: University of Vermont, Department of Psychiatry.
3. Angold, A., & Costello, E. (1993). Depressive comorbidity in children and adolescents: Empirical, theoretical and methodological issues. *American Journal of Psychiatry, 150*, 1779–1791.
4. Baker, J., Hudson, J., & Taylor, A. (2014). An investigation into the lower peer liking of anxious than nonanxious children. *Journal of Anxiety Disorders, 28*, 599–611.
5. Bélanger, M., & Marcotte, D. (2013). Étude longitudinale du lien entre les changements vécus durant la transition primaire-secondaire et les symptômes dépressifs des adolescents [A longitudinal study on the link between changes during the transition from primary to secondary school and depressive symptoms in adolescence]. *Canadian Journal of Behavioural Science, 45*, 159–172.
6. Bersani, B., Nieuwbeerta, P., & Laub, J. (2009). Predicting trajectories of offending over the life course: Findings from a Dutch conviction cohort. *Journal of Research in Crime and Delinquency, 46*, 468–494.
7. Bittner, A., Egger, H., Erkanli, A., Costello, D., Foley, D., & Angold, A. (2007). What do childhood anxiety disorders predict? *Journal of Child Psychology and Psychiatry, 48*, 1174–1183.
8. Björkqvist, K., Lagerspetz, K. M. J., & Kaukiainen, A. (1992). Do girls manipulate and boys fight? Developmental trends in regard to direct and indirect aggression. *Aggressive Behavior, 18*, 117–127.

9. Bongers, I., Koot, J., Van der Ende, J., & Verhulst, F. (2004). Developmental trajectories of externalizing behaviors in childhood and adolescence. *Child Development, 75,* 1523-1537.
10. Brame, B., Nagin, D., & Tremblay, R. (2001). Developmental trajectories of physical aggression from school entry to late adolescence. *Journal of Child Psychology and Psychiatry, 42,* 503-512.
11. Brook, J. S., Zhang, C., Leukefeld, C. G., & Brook, D. W. (2016). Marijuana use from adolescence to adulthood: developmental trajectories and their outcomes. *Social Psychiatry and Psychiatric Epidemiology, 51,* 1405-1415.
12. Burke, J., Loeber, R., Lahey, B., & Rathouz, P. (2005). Developmental transitions among affective and behavioral disorders in adolescent boys. *Journal of Child Psychology and Psychiatry, 46,* 1200-1210.
13. Caprara, G., Tisak, M., Alessandri, G., Fontaine, R., Fida, R., & Paciello, M. (2014). The contribution of moral disengagement in mediating individual tendencies toward aggression and violence. *Developmental Psychology, 50,* 71-85.
14. Card, N., Stucky, B., Sawalani, G., & Little, T. (2008). Direct and indirect aggression during childhood and adolescence: A meta-analytic review of gender differences, intercorrelations, and relations to maladjustment. *Child Development, 79,* 1185-1229.
15. Carlson, G., & Cantwell, D. (1980). Unmasking masked depression in children and adolescents. *American Journal of Psychiatry, 137,* 445-449.
16. Caron, C., & Rutter, M. (1991). Comorbidity in child psychopathology: Concepts, issues, and research strategies. *Journal of Child Psychology and Psychiatry, 32,* 1063-1080.
17. Caspi, A., Houts, R., Belsky, D., Goldman-Mellor, S., Harrington, H., Israel, S., ... Moffitt, T. (2014). The p factor: One general psychopathology factor in the structure of psychiatric disorders? *Psychological Science, 2,* 119-137.
18. Chhangur, R., Overbeek, G., Verhagen, M., Weeland, J., Matthys, W., & Engels, R. (2015). *DRD4* and *DRD2* genes, parenting, and adolescent delinquency: Longitudinal evidence for a gene by environment interaction. *Journal of Abnormal Psychology, 124,* 791-802.
19. Cleverley, K., Szatmari, P., Vaillancourt, T., Boyle, M., & Lipman, E. (2012). Developmental trajectories of physical and indirect aggression from late childhood to adolescence: Sex differences and outcomes in emerging adulthood. *Journal of the American Academy of Child and Adolescent Psychiatry, 51,* 1037-1051.
20. Cole, D. A., Nolen-Hoeksema, S., Girgus, J., & Paul, G. (2006). Stress exposure and stress generation in child and adolescent depression: A latent trait-state-error approach to longitudinal analyses. *Journal of Abnormal Psychology, 115,* 40-51.
21. Cole, D., Tram, J., Martin, J., Hoffman, K., Ruiz, M., Jacquez, F., & Maschman, T. (2002). Individual differences in the emergence of depressive symptoms in children and adolescents: A longitudinal investigation of parent and child reports. *Journal of Abnormal Psychology, 111,* 156-165.
22. Crick, N., Casas, J., & Ku, H. (1999). Relational and physical forms of peer victimization in preschool. *Developmental Psychology, 35,* 376-385.
23. Doornwaard, S., Branje, S., Meeus, W., & Ter Bogt, T. (2012). Development of adolescents' peer crowd identification in relation to changes in problem behaviors. *Developmental Psychology, 48,* 1366-1380.
24. Farrington, D. (1986). Age and crime. *Crime and Justice, 7,* 189-250.
25. Farrington, D. (1995). The development of offending and antisocial behaviour from childhood: Key findings from the Cambridge Study in Delinquent Development. *Journal of Child Psychology and Psychiatry, 36,* 929-964.
26. Farrington, D. (2015). Prospective longitudinal research on the development of offending. *Australian & New Zealand Journal of Criminology, 48,* 314-335.
27. Garber, J., Keiley, M., & Martin, N. (2002). Developmental trajectories of adolescents' depressive symptoms: Predictors of change. *Journal of Consulting and Clinical Psychology, 70,* 79-95.
28. Granic, I. (2014). The role of anxiety in the development, maintenance, and treatment of childhood aggression. *Development and Psychopathology, 26,* 1515-1530.
29. Ge, X., Conger, R., & Elder, G. (2001). Pubertal transition, stressful life events, and the emergence of gender differences in adolescent depressive symptoms. *Developmental Psychology, 37,* 404-417.
30. Guo, J., Chung, I. J., Hill, K. G., Hawkins, J. D., Catalano, R. F., & Abbott, R. D. (2002). Developmental relationships between adolescent substance use and risky sexual behavior in young adulthood. *Journal of Adolescent Health, 31,* 354-362.
31. Guttman, L., & Eccles, J. (2007). Stage-environment fit during adolescence: Trajectories of family relations and adolescent outcomes. *Developmental Psychology, 43,* 522-537.

32. Hale, W., Raaijmakers, Q., Muris, P., Van Hoof, A., & Meeus, W. (2009). One factor or two parallel processes? Comorbidity and development of adolescent anxiety and depressive disorder symptoms. *Journal of Child Psychology and Psychiatry, 50,* 1218–1226.
33. Hankin, B., Abramson, L., Mofitt, T., Silva, P., McGee, R., & Angell, K. (1998). Development of depression from preadolescence to young adulthood: Emerging gender differences in a 10-year longitudinal study. *Journal of Abnormal Psychology, 107,* 128–140.
34. Hankin, B., Young, J., Abela, J., Smolen, A., Jenness, J., Gulley, L., … Oppenheimer, C. (2015). Depression from childhood into late adolescence: Influence of gender, development, genetic susceptibility, and peer stress. *Journal of Abnormal Psychology, 124,* 803–816.
35. Heuves, W. (1990). *Depression in young male adolescents.* Academisch proefschrift. Leiden: Rijksuniversiteit Leiden.
36. Hirschi, T. (1969). *Causes of delinquency.* Berkeley, CA: University of California Press.
37. Ialongo, N., Edelsohn, G., Werthamer-Larsson, L., Crockett, L., & Kellam, S. (1994). The significance of self-reported symptoms in first-grade children. *Journal of Abnormal Child Psychology, 22,* 441–455.
38. Keenan, K., Culbert, K., Grimm, K., Hipwell, A., & Stepp, S. (2014). Timing and tempo: Exploring the complex association between pubertal development and depression in African American and European American girls. *Journal of Abnormal Psychology, 123,* 725–736.
39. Keijsers, L., Loeber, R., Branje, S., & Meeus, W. (2011). Bidirectional links and concurrent development of parent-child relationships and boys' offending behavior. *Journal of Abnormal Psychology, 120,* 878–889.
40. Keijsers, L., Loeber, R., Branje, S., & Meeus, W. (2012). Parent-child relationships of boys in different offending trajectories: A developmental perspective. *Journal of Child Psychology and Psychiatry, 53,* 1222–1232.
41. Kofler, M., McCart, M., Zajac, K., Ruggiero, K., Saunders, B., Kilpatrick, D. (2011). Depression and delinquency covariation in an accelerated longitudinal sample of adolescents. *Journal of Consulting and Clinical Psychology, 79,* 458–469.
42. Kosterman, R., Hawkins, J., Guo, J., Catalano, R., & Abbott, R. (2000) The dynamics of alcohol and marijuana initiation: Patterns and predictors of first use in adolescence. *American Journal of Public Health, 90,* 360–366.
43. Kouros, C., & Garber, J. (2014). Trajectories of individual depressive symptoms in adolescents: Gender and family relationships as predictors. *Developmental Psychology, 50,* 2633–2643.
44. Krueger, R. (1999). The structure of common mental disorders. *Archives of General Psychiatry, 56,* 921–926.
45. Kunimatsu, M., & Marsee, M. (2012). Examining the presence of anxiety in aggressive individuals: The illuminating role of fight or flight mechanisms. *Child & Youth Care Forum, 41,* 247–258.
46. Laceulle, O., Vollebergh, W., & Ormel, J. (2015). The structure of psychopathology in adolescence: Replication of a general psychopathology factor in the TRAILS study. *Clinical Psychological Science, 3,* 850–860.
47. Lahey, B., Loeber, R., Burke, J., Rathouz, P., & McBurnett, K. (2002). Waxing and waning in concert: Dynamic comorbidity of conduct disorder with other disruptive and emotional problems over 7 years among clinic-referred boys. *Journal of Abnormal Psychology, 111,* 556–567.
48. Landsford, J., Erath, S., Yu, T., Pettit, G., Dodge, K., & Bates, J. (2008). The developmental course of illicit substance use from age 12 to 22: links with depressive, anxiety, and behavior disorders at age 18. *Journal of Child Psychology and Psychiatry, 49,* 877–885.
49. Last, C., Perrin, S., Hersen, M., & Kazdin, A. (1996). A prospective study of childhood anxiety disorders. *Journal of the American Academy of Child and Adolescent Psychiatry, 35,* 1502–1510.
50. Lee, F., Heimer, H., Giedd, J., Lein, E., Šestan, N., Weinberger, D., Casey, B. J. (2014). Adolescent mental health: Opportunity and obligation. *Science, 346,* 547–549.
51. Loeber, R. (1982). The stability of antisocial and delinquent child behavior. *Child Development, 53,* 1431–1446.
52. Measelle, J., Stice, E., & Hogansen, J. (2006). Developmental trajectories of co-occurring depressive, eating, antisocial, and substance abuse problems in female adolescents. *Journal of Abnormal Psychology, 115,* 524–538.
53. McGee, R., Williams, S., Poulton, R., & Moffitt, T. (2000). A longitudinal study of cannabis use and mental health from adolescence to early adulthood. *Addiction, 95,* 491–503.
54. Meeus, W. (2017a, mei). *Adolescent development: Some key findings.* Key note at the second Italian conference 'Supereroi fragili', Rimini, Italië.
55. Meeus, W. (2017b). [Gender differences in the development of depression]. Unpublished raw data.

56. Meeus W. (2018). [Ontwikkeling van rangorde stabiliteit van relaties en psychopathologie in de adolescentie]. Ongepubliceerde data.
57. Meeus, W., Branje, S., & Overbeek, G. (2004). Parents and partners in crime: A six-year longitudinal study on changes in supportive relationships and delinquency in adolescence and young adulthood. *Journal of Child Psychology and Psychiatry, 45,* 1288–1298.
58. Meeus, W., Van de Schoot, R., Hawk, S., Hale, B., & Branje, S. (2016). Direct aggression and generalized anxiety in adolescence: Heterogeneity in development and intra-individual change. *Journal of Youth and Adolescence, 45,* 361–375.
59. Moffitt, T. (1993). Adolescence-limited and life-course-persistent antisocial behavior: A developmental taxonomy. *Psychological Review, 100,* 674–701.
60. Morris, M., Ciesla, J., & Garber, J. (2010). A prospective study of stress autonomy versus stress sensitization in adolescents at varied risk for depression. *Journal of Abnormal Psychology, 119,* 341–354.
61. Nagin, D., & Land, K. (1993). Age, criminal careers, and population heterogeneity: Specification and estimation of a nonparametric, mixed Poisson model. *Criminology, 31,* 327–361.
62. Nagin, D., & Tremblay, R. (1999). Trajectories of boys' physical aggression, opposition, and hyperactivity on the path to physically violent and nonviolent juvenile delinquency. *Child Development, 70,* 1181–1196.
63. Nelemans, S. A., Hale III, W. W., Branje, S., Raaijmakers, Q., Frijns, T., Van Lier, P., & Meeus, W. (2014). Heterogeneity in developmental of adolescent anxiety disorder symptoms in an 8-year longitudinal community study. *Development and Psychopathology, 26,* 181–202.
64. Nelemans, S., Hale, B., Branje, S., Raaijmakers, Q., Van Lier, P., & Meeus, W. (2016). Longitudinal associations between social anxiety symptoms and cannabis use throughout adolescence: The role of peer involvement. *European Child and Adolescent Psychiatry, 25,* 483–492.
65. Nigg, J. (2006). Temperament and developmental psychopathology. *Journal of Child Psychology and Psychiatry,47,* 395–422.
66. Nolen-Hoeksema, S., & Girgus, J. (1994). The emergence of gender differences in depression during adolescence. *Psychological Bulletin, 115,* 424–443.
67. Olweus, D. (1979). Stability of aggressive reaction patterns in males: A review. *Psychological Bulletin, 86,* 852–875.
68. Piquero, A., Farrington, D., Fontaine, N., Vincent, G., Coid, J., & Ullrich, S. (2012). Childhood risk, offending trajectories, and psychopathy at 48 years in the Cambridge Study in Delinquent Development. *Psychology, Public, Policy, and Law, 18,* 577–598.
69. Roza, S., Hofstra, M., Van der Ende, J., & Verhulst, F. (2003). Stable prediction of mood and anxiety disorders based on behavioral and emotional problems in childhood: A 14-year follow-up during childhood, adolescence, and young adulthood. *American Journal of Psychiatry, 160,* 2116–2121.
70. Sampson, R., & Laub, J. (2003). Life-course desisters? Trajectories of crime among delinquent boys followed to age 70. *Criminology, 41,* 555–592.
71. Stice, E., Ragan, J., & Randall, P. (2004). Prospective relations between social support and depression: Differential direction of effects for parent and peer support? *Journal of Abnormal Psychology, 113,* 155–159.
72. Sutherland, E., & Cressey, D. (1974). *Criminology* (9th edition). Philidelphia: Lippincott.
73. Tucker, J., Ellickson, P., Orlando, M., Martino, S., & Klein, D. (2005). Substance use trajectories from early adolescence to emerging adulthood: A comparison of smoking, binge drinking, and marijuana use. *Journal of Drug Issues, 35,* 307–332.
74. Van Delden, A., Van der Valk, I., Meeus, W., & Branje, S. (2017). *Adolescent substance use trajectories in relation to internalizing problems in young adulthood: The role of friendship quality.* Niet gepubliceerd manuscript.
75. Van der Graaff, J., Branje, S., De Wied, M., Hawk, S., Van Lier, P., & Meeus, W. (2014). Perspective taking and empathic concern in adolescence: Gender differences in developmental changes. *Developmental Psychology, 50,* 881–888.
76. Van Doeselaar, L., Klimstra, T., Denissen, J., Branje, S., & Meeus, W. (2018). The role of identity commitments in depressive symptoms and stressful life events in adolescence and young adulthood. *Developmental Psychology, 54,* 950–962.
77. Van Doorn, M. D., Branje, S., & Meeus, W. (2011a). Developmental changes in conflict-resolution styles in parent adolescent relationships: A four-wave longitudinal study. *Journal of Youth and Adolescence, 40,* 97–107.
78. Van Oort, F., Greaves-Lord, K., Verhulst, F., Ormel, J., & Huizink, A. (2009). The developmental course of anxiety symptoms during adolescence: The TRAILS study. *Journal of Child Psychology and Psychiatry, 50,* 1209–1217.

79. Verhulst, F., Koot, H., & Berden, G. (1990). Four-year follow-up of an epidemiological sample. *Journal of the American Academy of Child and Adolescent Psychiatry, 29,* 440–448.
80. Weems, C. (2008). Developmental trajectories of childhood anxiety: Identifying continuity and change in anxious emotion. *Developmental Review, 28,* 488–502.
81. Windle, M., & Wiesner, M. (2004). Trajectories of marijuana use from adolescence to young adulthood: Predictors and outcomes. *Development and Psychopathology, 16,* 1007–1027.
82. Windle, M., & Windle, R. (2001). Depressive symptoms and cigarette smoking among middle adolescents: Prospective associations and intrapersonal and interpersonal influences. *Journal of Consulting and Clinical Psychology, 69,* 215–226.
83. Wrosch, C., & Miller, G. (2009). Depressive symptoms can be useful: Self-regulatory and emotional benefits of dysphoric mood in adolescence. *Journal of Personality and Social Psychology, 96,* 1181–1190.
84. Xie, H., Drabick, D., & Chen, D. (2011). Developmental trajectories of aggression from late childhood through adolescence: Similarities and differences across gender. *Aggressive Behavior, 37,* 387–404.
85. Yu, R., Branje, S., Keijsers, L., & Meeus, W. (2014). Personality types and development of adolescents' conflict with friends. *European Journal of Personality, 28,* 156–167.
86. Zoccolillo, M. (1992). Co-occurrence of conduct-disorder and its adult outcomes with depressive and anxiety disorders: A review. *Journal of the American Academy of Child and Adolescent Psychiatry, 31,* 547–556.

Kijken naar meervoudige ontwikkeling

Samenvatting

Adolescenten ontwikkelen zich op meerdere gebieden tegelijkertijd. Ik noem dat meervoudige ontwikkeling. Een belangrijke vraag is daarom hoe verschillende ontwikkelingsprocessen samenhangen. Er zijn twee manieren om naar deze samenhang te kijken. Bij voorspellingsmodellen gebruiken we een proces vroeger in het leven om een proces later in het leven te voorspellen, bijvoorbeeld dat een geringe zelfcontrole in de vroege adolescentie delinquentie in de late adolescentie voorspelt. Voorspellingsmodellen zeggen niet meteen iets over de invloed die verschillende processen in de ontwikkeling op elkaar uitoefenen. Dat doen ontwikkelingsvolgordemodellen wel. Daarin bestuderen we twee processen die in principe tegelijkertijd optreden (A en B) en laten zien dat proces A van invloed is op de ontwikkeling van B terwijl het omgekeerde minder of niet het geval is. Inhoudelijk laat onderzoek vijf patronen van meervoudige ontwikkeling zien: (1) goede relaties met ouders en vrienden leiden tot goede partnerrelaties; (2) als adolescenten zich goed ontwikkelen op het ene gebied doen ze dat meestal ook op andere gebieden; (3) ouders dragen denken en doen over op hun kinderen; (4) psychopathologie van adolescenten leidt tot slechtere persoonlijke relaties, en (5) psychopathologie van adolescenten zorgt ervoor dat ouders hun geen autonomie geven.

7.1 Voorspellingsmodellen – 108
7.1.1 Een klassiek voorbeeld: marshmallows en zelfcontrole – 108

7.2 Voorspellingsmodellen: theorie en onderzoek – 109
7.2.1 Relaties met ouders, leeftijdsgenoten en een intieme partner: theorie – 109
7.2.2 Relaties met ouders, leeftijdsgenoten en een intieme partner: voorspelling – 111
7.2.3 Conclusie – 112

© Bohn Stafleu van Loghum is een imprint van Springer Media B.V., onderdeel van Springer Nature 2019
W. Meeus, *Vallen en opstaan in de adolescentie*, https://doi.org/10.1007/978-90-368-2362-3_7

7.3	Ontwikkelingsvolgordemodellen – 112	
7.4	Ontwikkelingsvolgorde en oorzaak en gevolg – 112	
7.5	Ontwikkelingsvolgordemodellen: theorie en onderzoek – 113	
7.5.1	Opmerkingen ter inleiding – 113	
7.5.2	Ouders dragen denken en doen over op adolescenten – 115	
7.5.3	Gaat affectieve empathie aan cognitieve empathie vooraf? Theorie en onderzoek – 116	
7.5.4	Psychopathologie en relaties van adolescenten – 117	
7.5.5	Psychopathologie en onafhankelijkheid van ouders – 118	
7.5.6	Conclusie – 119	

Literatuur – 121

Adolescenten ontwikkelen zich op meerdere gebieden tegelijkertijd. In de vorige hoofdstukken heb ik laten zien hoe identiteit, persoonlijkheid, persoonlijke relaties en probleemgedrag zich ontwikkelen. Ook is duidelijk geworden dat de ontwikkeling op het ene gebied samenhangt met de ontwikkeling op het andere. Zo hebben adolescenten met een duidelijke identiteit een scherper gevoel van eigenheid, minder angst en meer vertrouwen in hun ouders. Dit betekent dat we de menselijke ontwikkeling kunnen begrijpen als het samengaan van de ontwikkeling op verschillende gebieden. En dit brengt me bij een kernvraag van de adolescente ontwikkeling, namelijk *hoe* die verschillende ontwikkelingsprocessen met elkaar samenhangen.

De vraag naar het hoe van de meervoudige ontwikkeling is om vele redenen belangrijk. Ik noem er drie.

1. Wij willen graag weten of het opvoedingsgedrag van ouders van invloed is op de ontwikkeling van hun kinderen. Hierbij is dus de vraag hoe het ene gedrag, bijvoorbeeld ouderlijke controle (zie ▶ par. 5.1.1), van invloed is op het andere gedrag, bijvoorbeeld delinquentie van adolescenten. Dit is een eeuwige vraag die praktisch alle ouders bezighoudt, omdat ze hun kinderen natuurlijk goed willen voorbereiden op het leven later.
2. We willen de oorzaken kennen van een voorspoedige of minder voorspoedige ontwikkeling. Daar zit een kennisvraag achter, we willen graag oorzaken weten, en ook een beheersingsvraag, we willen greep hebben op de ontwikkeling. Daarom is er altijd veel belangstelling voor onderzoek dat een potentiële oorzaak voor later probleemgedrag blootlegt, bijvoorbeeld onderzoek dat laat zien dat een bepaalde hersenfunctie later risicogedrag van adolescenten voorspelt.
3. We willen graag vroege aanwijzingen hebben dat het later goed zal gaan met onze kinderen. Dus willen we graag de kenmerken van vroege adolescenten kennen, bijvoorbeeld een rustig temperament of emotionele stabiliteit, die ons vertrouwen geven dat het hun goed zal gaan in het verdere leven.

Er zijn twee manieren waarop we naar meervoudige ontwikkeling kunnen kijken: (a) we kunnen de latere ontwikkeling proberen te voorspellen, en (b) we kunnen kijken naar de ontwikkelingsvolgorde. Beide benaderingen zijn in de late jaren negentig van de vorige eeuw opgekomen in de adolescentiepsychologie en worden sindsdien meer en meer gebruikt [60]. Bij voorspellingsmodellen kijken we hoe een later ontwikkelingsproces (B), bijvoorbeeld delinquentie, kan worden voorspeld door een vroeger ontwikkelingsproces (A), bijvoorbeeld temperament. Dus dan weten we dat adolescenten met weinig impulscontrole op leeftijd 12 op leeftijd 16 vaker delinquent zijn. Alleen in sommige gevallen (zie ▶ par. 7.1.1) kunnen voorspellingsmodellen ons echt iets vertellen over de volgorde van beide processen in de ontwikkeling. Bij ontwikkelingsvolgordemodellen bekijken we in welke mate ontwikkelingsproces A in de ontwikkeling voorafgaat aan ontwikkelingsproces B. Met andere woorden: deze modellen bepalen in welke situatie ontwikkelingsproces A sturend is voor ontwikkelingsproces B en ontwikkelingsproces B niet voor A. Dus in dat geval weten we dat een geringe impulscontrole (A) leidt tot delinquentie (B) en niet andersom. Deze modellen veronderstellen dat we de beide processen A en B in een longitudinale studie op alle tijdstippen meten.

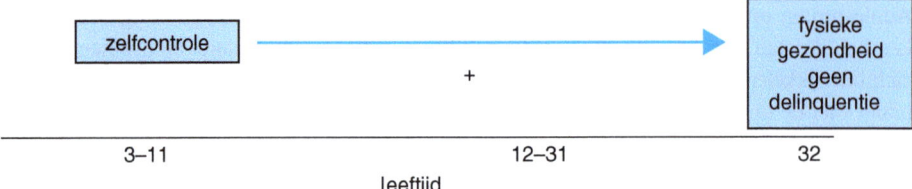

Figuur 7.1 Zelfcontrole in de kindertijd voorspelt betere fysieke gezondheid en geen delinquentie op leeftijd 32. Resultaten van een studie van Moffitt en anderen [68, zie ook 14]

7.1 Voorspellingsmodellen

7.1.1 Een klassiek voorbeeld: marshmallows en zelfcontrole

Een kind van ongeveer vier jaar zit aan een tafel met voor hem een bord met een marshmallow (een spekje) erop. De mevrouw naast het kind vertelt dat zij zo de kamer gaat verlaten om iets te gaan doen. Ze vertelt ook dat het kind de marshmallow meteen nadat zij weg is op mag eten. Maar als het kind wacht totdat zij weer terug is, krijgt het er een tweede marshmallow bij. Het kind moet dus kiezen tussen een directe maar kleine beloning of een latere maar grote beloning. Filmpjes van het experiment laten zien dat kinderen het moeilijk vinden om de marshmallow niet meteen op te eten: ze slaan hun handen voor de ogen, pakken de marshmallow in de hand, brengen hem naar de mond, leggen hem weer terug et cetera. Van de kinderen die probeerden de marshmallow niet meteen op te eten, slaagde ongeveer 35 % erin zolang te wachten dat ze een tweede marshmallow kregen. De marshmallowtest is een studie naar uitstel van behoeftebevrediging oftewel zelfcontrole. Het experiment werd bedacht door de Amerikaanse psycholoog Walter Mischel [65, 67] en oorspronkelijk uitgevoerd in de jaren zestig van de vorige eeuw.

Tot zijn verbazing vond Mischel aan het einde van de jaren tachtig [66] dat kinderen die goed waren in het uitstellen van eten in het latere leven goede schoolprestaties leverden. Zelfcontrole in de kindertijd voorspelt schoolsucces in de late adolescentie. Positieve verbanden tussen zelfcontrole in de kindertijd en een gunstige ontwikkeling later zijn nadien in meerdere studies gevonden, bijvoorbeeld in een onderzoek waar gekeken werd of zelfcontrole in de kindertijd (van 3 tot 11 jaar) voorspellend was voor bijvoorbeeld fysieke gezondheid, delinquentie, depressie, druggebruik, inkomen en financiële problemen op leeftijd 32 [68]. Voor al deze uitkomsten bleek dat zelfcontrole voorspellend is voor een voorspoedige ontwikkeling. Kinderen met veel zelfcontrole doen het beter in het latere leven.

De vraag is nu wat deze uitkomst precies betekent voor het begrijpen van de ontwikkeling. Om een antwoord te geven bespreek ik de relatie tussen zelfcontrole en twee ontwikkelingsuitkomsten: delinquentie en fysieke gezondheid, zie ◘ fig. 7.1.

De figuur toont een voorspellingsmodel: kinderen met meer zelfcontrole tussen 3 en 11 jaar zijn op 32 jaar gezonder en minder delinquent. Variabele A, zelfcontrole, voorspelt variabelen B, fysieke gezondheid en delinquentie. Om de betekenis van deze voorspelling te begrijpen moeten we eerst een andere vraag beantwoorden: zijn de uitkomsten, de variabelen B, ook al aanwezig op het moment dat zelfcontrole wordt gemeten? Dat is wel het geval voor fysieke gezondheid en niet voor delinquentie. Kinderen in de leeftijd van 3–11 jaar hebben wel een fysieke gezondheid, maar delinquentie komt op deze leeftijd nog niet voor. Daardoor is de betekenis van het verband tussen zelfcontrole en fysieke gezondheid en dat tussen zelfcontrole en delinquentie anders.

Het verband tussen zelfcontrole en fysieke gezondheid betekent dat zelfcontrole een marker is van latere fysieke gezondheid. Als je weet dat een kind minder zelfcontrole heeft, dan is de kans op een latere slechte gezondheid groter. Maar we kunnen niet zeggen dat zelfcontrole de oorzaak is van latere slechte gezondheid. Want het is ook mogelijk dat slechte fysieke gezondheid in de kindertijd de oorzaak is van geringe zelfcontrole in de kindertijd. Als een kind fysieke ongemakken heeft, kan het zichzelf wellicht minder goed beheersen. En dan is het ook onwaarschijnlijk dat slechte fysieke gezondheid later in het leven het gevolg is van geringe zelfcontrole.

Dat ligt anders voor het verband tussen zelfcontrole en delinquentie. In de kindertijd komt delinquentie (praktisch) niet voor. Een geringe zelfcontrole is dus niet alleen een marker van latere delinquentie, maar ook een voorloper van delinquentie: in de ontwikkeling gaat een geringe zelfcontrole aan delinquentie vooraf. We kunnen ook zeggen dat geringe zelfcontrole aanleiding geeft tot delinquentie later in de ontwikkeling.

De conclusie is dat voorspellingsmodellen vroegere markers van een latere ontwikkeling kunnen blootleggen. Maar ze kunnen alleen iets over de ontwikkelingsvolgorde (zelfcontrole → delinquentie) zeggen als de voorspeller (zelfcontrole) in de tijd per definitie voorafgaat aan de ontwikkelingsuitkomst (delinquentie). Het voorspellingsmodel uit ◘fig. 7.1 toont dus dat (a) zelfcontrole een marker is van fysieke gezondheid later en (b) dat zelfcontrole in de ontwikkeling voorafgaat aan delinquentie en daartoe leidt.

7.2 Voorspellingsmodellen: theorie en onderzoek

Bij voorspellingsmodellen gaat het altijd om onderzoek op het niveau van de groep. We kijken of een voorspeller van invloed is op de relatieve positie van adolescenten in hun groep. Dus in het voorbeeld van ◘fig. 7.1 kijken we niet of meer zelfcontrole ertoe leidt dat het niveau van delinquentie bij individuele adolescenten daalt, nee we bezien of meer zelfcontrole ertoe leidt dat jongeren in vergelijking tot hun leeftijdsgenoten minder delinquent worden.

7.2.1 Relaties met ouders, leeftijdsgenoten en een intieme partner: theorie

In ▶ par. 7.1.1 heb ik uitgelegd dat een voorspellingsmodel de ontwikkelingsvolgorde aangeeft in de situatie dat een ontwikkelingsproces per definitie in de tijd aan een ander ontwikkelingsproces voorafgaat. Een voorbeeld van zo'n situatie is de volgorde van relaties van adolescenten met hun ouders en leeftijdsgenoten aan de ene kant en met een intieme partner aan de andere kant. Relaties met ouders en leeftijdsgenoten gaan in de ontwikkeling altijd vooraf aan een relatie met een intieme partner.

Het belang van de intieme relatie. Volgens Hazan en Shaver [46] geeft de intieme relatie aan hoe goed iemand aan anderen gehecht is. Intieme partners bieden elkaar nabijheid, veiligheid, zekerheid en zorg op dezelfde manier als ouders dat doen aan kinderen. Relaties met beste vrienden worden meestal niet gezien als hechtingsrelaties. Daarom zijn intieme relaties heel belangrijk in het leven van volwassenen en is het belangrijk om de voorlopers ervan te bestuderen.

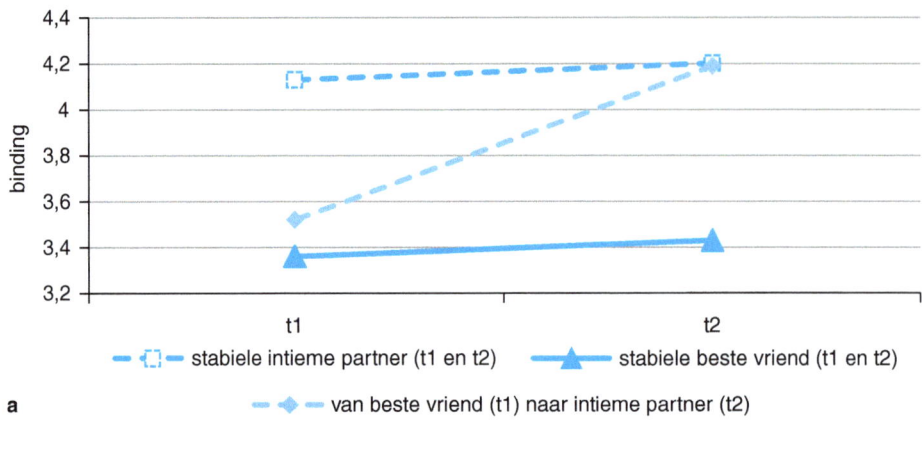

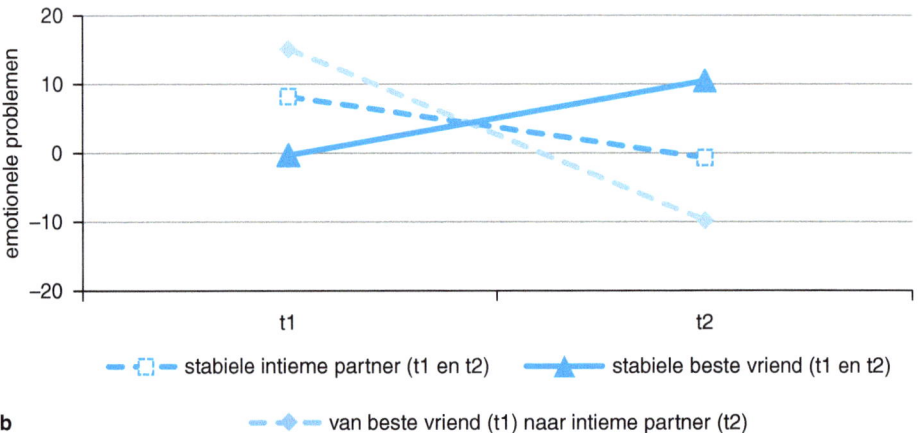

Figuur 7.2 (a en b) Interpersoonlijke commitment (bovenste figuur) en emotionele problemen en (verandering van) type relatie over een periode van 6 jaar. Resultaten van een studie van Meeus en anderen [62]

Ik laat in een paar voorbeelden het belang van de intieme relatie zien. Meeus en anderen [62] demonstreerden dat de intieme relatie van groter belang is dan die met een beste vriend. Ten eerste lieten ze zien dat binding aan een intieme partner aanzienlijk groter is dan aan een beste vriend (◘ fig. 7.2a), ten tweede dat interpersoonlijke binding toeneemt als adolescenten veranderen van de beste vriend naar een intieme partner als belangrijkste persoonlijke relatie (ook in ◘ fig. 7.2a), en ten derde dat de overgang van beste vriend naar intieme relatie samengaat met een afname van emotionele problemen, terwijl daar geen sprake van is als de relatie met de beste vriend voor adolescenten de belangrijkste relatie blijft (◘ fig. 7.2b). Deze resultaten werden gevonden van de midden- tot de late adolescentie. Ook is gerapporteerd dat een goede relatie met een intieme partner leidt tot minder delinquentie later [61].

Relaties met ouders en leeftijdsgenoten als voorlopers van een intieme relatie. Veel theorieën suggereren dat goede relaties met ouders en leeftijdsgenoten in de ontwikkeling de voorlopers zijn van een goede intieme relatie. In ▶ par. 5.1.2 liet ik zien dat relaties met ouders gesloten en onvrijwillige relaties zijn, terwijl relaties met leeftijdsgenoten een open en vrijwillig karakter hebben. Daarom is het aannemelijk dat beide relaties op een andere manier bijdragen aan de vorming van intieme relaties.

De meeste theorieën nemen aan dat hechting in de ouder-adolescentrelatie bepalend is voor de ontwikkeling van de intieme relatie [8]. De hechtingstheorie gaat ervan uit dat kinderen in de relatie met hun ouders een werkmodel van persoonlijke relaties en het zelf ontwikkelen [1]. Positieve relaties gaan samen met een positief zelfbeeld en negatieve relaties met een negatief zelfbeeld. Dat komt omdat kinderen in een positieve relatie leren dat de ander hen de moeite waard vindt en in een negatieve relatie niet. De hechtingstheorie neemt verder aan dat individuen dit werkmodel van persoonlijke relaties gebruiken om de relatie met een intieme partner vorm te geven [34, 46]. Om die reden zal het werkmodel van de ouder-kindrelatie generaliseren naar de intieme relatie.

Ook gaat men er in een aantal theorieën vanuit dat relaties met leeftijdsgenoten en vrienden van belang zijn voor de intieme relatie omdat adolescenten daarin de regels voor gelijkwaardige relaties leren [33, 35]. Omdat beide relatietypen open en vrijwillig zijn, gelijkwaardig en gebaseerd op wederkerigheid, vormen ze het speelveld voor het leren van de principes van symmetrische en gelijkwaardige relaties die later in het leven generaliseren naar intieme relaties [7].

Samenvattend is de verwachting dat de kwaliteit van ouder-adolescentrelaties en vrienden generaliseert naar de kwaliteit van intieme relaties, maar wel om verschillende redenen.

7.2.2 Relaties met ouders, leeftijdsgenoten en een intieme partner: voorspelling

Ik laat eerst resultaten van onze eigen Nederlandse studies zien en daarna die van studies uit andere landen. Alle resultaten komen van longitudinale studies die gebruikmaakten van voorspellingsmodellen om na te gaan hoe de kwaliteit van eerdere ouder-adolescent- en vriendschapsrelaties de kwaliteit van intieme relaties bepaalt.

Inderdaad leiden eerdere goede relaties van adolescenten met ouders en vrienden tot beter latere relaties met een intieme partner. Steun van ouders en binding aan de beste vriend leiden tot meer binding aan een intieme partner in de adolescentie en de jonge volwassenheid [23, 62]. Een positieve manier van conflictoplossing met ouders leidt tot dezelfde positieve aanpak met een intieme partner in de late adolescentie [86]. Hetzelfde geldt voor steun, conflict en macht in de relatie met ouders in de adolescentie en een intieme partner in de jonge volwassenheid [110].

Deze continuïteit tussen de kwaliteit van ouder-adolescentrelaties en relaties met leeftijdsgenoten aan de ene kant en intieme relaties aan de andere kant, is ook gevonden in Amerika [2, 3, 16, 17, 21, 22, 25–27, 30, 45, 55, 58, 59, 76, 77, 81–84, 90, 91, 108], Australië [12], Engeland [31], Nieuw-Zeeland [57] en Zweden [74]. Dat geldt voor een groot aantal positieve (hechting, communicatie, affectie, gevoeligheid, intimiteit, steun, zekerheid) en negatieve (agressie, conflict, vijandigheid, fysieke en psychologische mishandeling, geweld) aspecten van relaties. Bovendien heeft met name de kwaliteit van ouder-adolescentrelaties over een lange periode effect op de intieme relatie, soms wel tot meer dan 25 jaar.

7.2.3 Conclusie

In onze studies en in onderzoek over de wereld wordt gevonden dat eerdere goede relaties met ouders en leeftijdsgenoten leiden tot goede relaties met een intieme partner later in het leven. De kwaliteit van eerdere relaties werpt zo zijn schaduw vooruit naar latere relaties. Naast het maturatiepatroon dat ik in de vorige hoofdstukken veelvuldig heb gevonden suggereert dit een tweede ontwikkelingspatroon: *heterogene continuïteit van persoonlijke relaties*.

Dit patroon past goed bij een van de basisideeën van de hechtingstheorie [8, 46], namelijk dat relaties met ouders bijdragen aan de positieve of negatieve werkmodellen die adolescenten vormen van relaties met anderen en generaliseren naar belangrijke persoonlijke relaties later in het leven. Ook steunen de resultaten van dit hoofdstuk het theoretische idee dat relaties met leeftijdsgenoten het oefenveld vormen voor het leren van de principes van symmetrische en gelijkwaardige relaties die generaliseren naar intieme relaties later in het leven [7].

7.3 Ontwikkelingsvolgordemodellen

Deze modellen betreffen de situatie waarin ontwikkelingsproces A sturend is voor ontwikkelingsproces B en ontwikkelingsproces B niet voor A. De modellen gaan over ontwikkelingsprocessen die tegelijkertijd optreden en vereisen dat we processen A en B op alle tijdstippen van een longitudinale studie meten. Dat het tegelijkertijd meten het verschil maakt tussen voorspellingsmodellen en ontwikkelingsvolgordemodellen laat ik zien met behulp van fig. 7.3. Ik laat met behulp van de figuur ook zien dat een voorspellingsmodel tot andere uitkomsten kan leiden dan een ontwikkelingsvolgordemodel.

De figuur gaat over het verband tussen een permissieve houding ten opzichte van delinquentie en feitelijke delinquentie. Een permissieve houding geeft aan dat men delinquent gedrag niet zo heel erg vindt. In fig. 7.3a namen de onderzoekers aan dat een permissieve houding tegenover delinquentie al bestaat voordat jongeren feitelijk delinquent zijn. In dat geval vonden ze dat een permissieve houding op tijdstip 1 (t1) leidt tot meer delinquentie op tijdstip 2 (t2) een jaar later: het pad is 0,17. In fig. 7.3b namen de onderzoekers aan dat de houding ten opzichte van delinquentie pas ontstaat op het moment dat jongeren feitelijk delinquent worden. In dat geval vonden ze dat meer delinquentie leidt tot een permissievere houding: het pad van t1 naar t2 is 0,12. De resultaten van het onderzoek zijn dus afhankelijk van de aanname of een permissieve houding bestaat voorafgaande aan de delinquentie of niet. Dit leidt tot een vuistregel voor het opzetten van longitudinaal onderzoek: bepaal of de processen die je wilt bestuderen wel of niet tegelijkertijd optreden. Is dat het geval en je wilt de ontwikkelingsvolgorde vaststellen, meet dan de processen op alle tijdstippen van de studie. Als je dat niet doet, heb je een voorspellingsmodel en kun je alleen zeggen dat het eerder gemeten proces een marker is van het later gemeten proces. Op deze vuistregel is een uitzondering: als een ontwikkelingsproces per definitie in de tijd aan een ander ontwikkelingsproces voorafgaat, geeft een voorspellingsmodel wel een ontwikkelingsvolgorde aan (zie het voorbeeld van zelfcontrole en delinquentie in fig. 7.1).

7.4 Ontwikkelingsvolgorde en oorzaak en gevolg

In fig. 7.3b zien we dat delinquent gedrag ertoe leidt dat jongeren later makkelijker gaan denken over de toelaatbaarheid van delinquent gedrag (het pad van 0,12). Op zich is dat een begrijpelijke uitkomst: mensen passen hun ideeën vaak aan hun feitelijk gedrag aan. Maar de

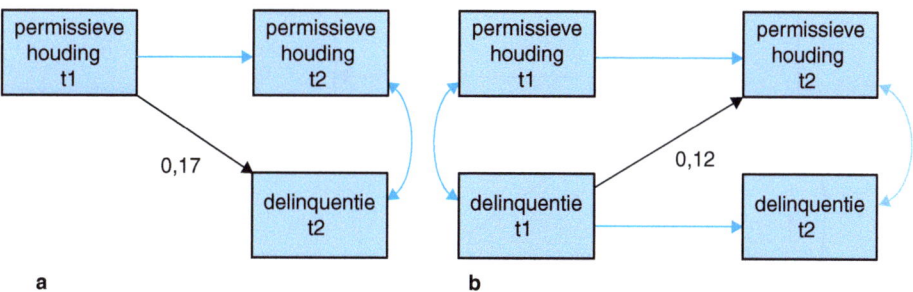

◻ **Figuur 7.3** Een permissieve houding en delinquentie in een voorspellingsmodel (a) en een ontwikkelingsvolgordemodel (b). Alleen de effecten van een permissieve houding naar en van delinquentie worden getoond. Gegevens van een studie van Engels en anderen [29] en aangepast

vraag is hoe we dit pad moeten interpreteren. In de jaren negentig van de vorige eeuw zou men gezegd hebben dat delinquentie de *oorzaak* is van een makkelijke houding ten opzichte van delinquent gedrag (zie voor een voorbeeld over opvoeden en antisociaal gedrag Vuchinich en anderen [106, pag. 514]). Volgens de huidige inzichten is dat een te sterke interpretatie. In het voorbeeld van ◻fig. 7.3a kunnen er allerlei andere factoren zijn die het pad van delinquentie t1 naar permissieve houding t2 verklaren. Zo weten we dat delinquente jongeren meer financiële problemen hebben [48]. Het zou dus heel goed kunnen zijn dat niet de delinquentie t1 tot de permissieve houding t2 leidt, maar financiële problemen op t1. Dat ligt dan aan het feit dat delinquente jongeren met financiële problemen op t1 op een later tijdstip (t2) vinden dat delinquentie wel toelaatbaar is om financiële problemen op te lossen. Natuurlijk weten we dat niet zeker totdat dit onderzocht is, maar we kunnen deze verklaring ook niet uitsluiten. En zo zijn er altijd alternatieve factoren te bedenken die een pad kunnen verklaren (zie voor een recente discussie over dit probleem Orobio de Castro en anderen [72]). Om die reden gebruik ik de term 'ontwikkelingsvolgorde' om de situatie van ◻fig. 7.3b te beschrijven: de situatie waarin een ontwikkelingsproces in de tijd voorafgaat aan een tweede proces en tot dat tweede proces leidt. Dus in het voorbeeld van ◻fig. 7.3b zeggen we niet dat delinquentie de oorzaak is van een permissieve houding ten opzichte van delinquentie, maar dat delinquentie ertoe leidt dat men later permissiever wordt.

In ▶H. 9 (zie bijvoorbeeld ▶par. 9.7.3) kom ik terug op ontwikkelingsvolgorde en oorzaak en gevolg in ontwikkelingsonderzoek. Ik introduceer dan een relatief nieuwe manier om naar ontwikkeling te kijken.

7.5 Ontwikkelingsvolgordemodellen: theorie en onderzoek

7.5.1 Opmerkingen ter inleiding

Onderzoek naar meervoudige ontwikkeling is bedoeld om vast te stellen of er een volgorde zit in ontwikkelingsprocessen. ◻Figuur 7.4a bouwt voort op ◻fig. 7.3b en geeft de basale structuur van een dergelijk model aan. De figuur bevat zes verbanden. Pad 1 geeft aan of er een verband is tussen denkvaardigheden van ouders (cognitie ouder t1) en schoolprestaties van adolescenten op leeftijd 12 (prestaties adolescent t1). Pad 2 geeft aan hoe stabiel de individuele verschillen in denkvaardigheden tussen ouders zijn tussen t1 en t2 (4 jaar later). De stabiliteit van individuele verschillen wordt in ▶par. 2.2.2 ingeleid (zie ◻fig. 2.2). Pad 5

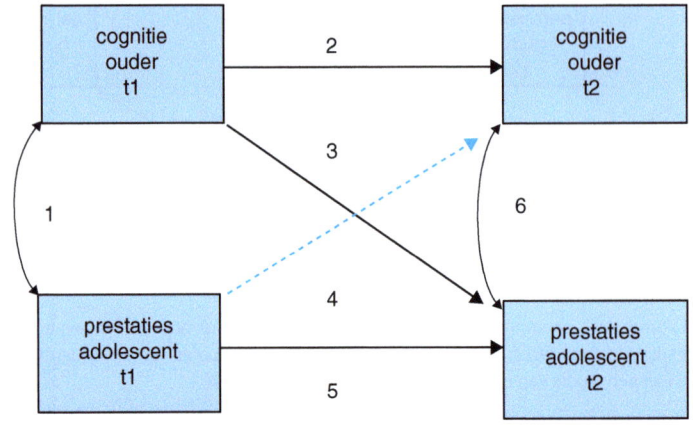

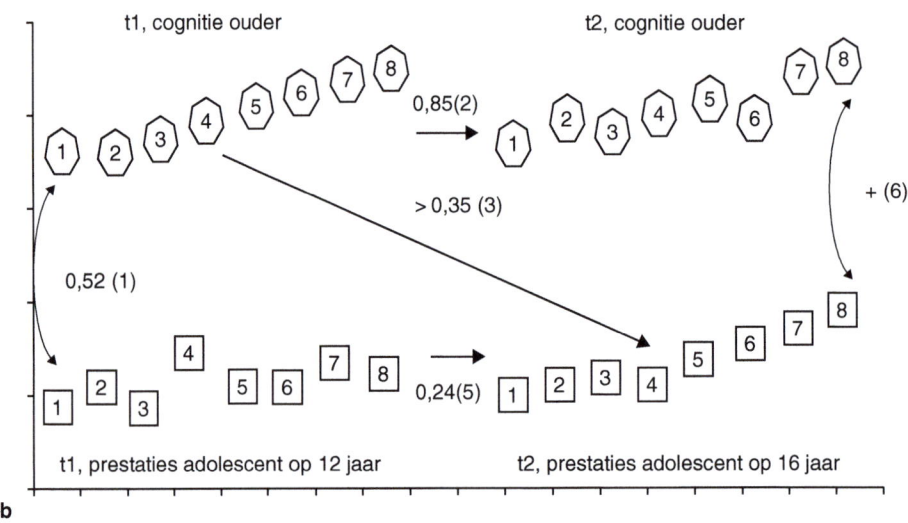

◘ **Figuur 7.4** (a en b). De structuur van een ontwikkelingsvolgordemodel (boven) en een concreet voorbeeld (onder). ◘Figuur 7.4b laat zien dat ouders met betere cognitieve capaciteiten kinderen hebben die beter presteren op school op leeftijd 12 (0,52) (pad 1), en ook dat betere ouderlijke cognitieve capaciteiten ertoe leiden dat adolescenten op leeftijd 16 beter gaan presteren op school (> 0,35) (pad 3). De rondjes geven ouders 1 tot en met 8 aan, en vierkantjes de adolescenten 1 tot en met 8. De cijfers (1) tot en met (6) achter de paden in ◘fig. 7.4b verwijzen naar dezelfde paden in ◘fig. 7.4a. De figuur bevat gesimuleerde data

laat zien hoe stabiel de individuele verschillen in schoolprestaties zijn tussen t1 en t2. Pad 3 geeft aan in welke mate goede denkvaardigheden van ouders op t1 ertoe leiden dat hun adolescente kinderen op t2 betere schoolprestaties laten zien dan klasgenoten. Pad 4 geeft het omgekeerde effect aan: leiden goede schoolprestaties van adolescenten op t1 ertoe dat de denkvaardigheden van hun ouders op t2 zich beter ontwikkelen dan die van andere ouders? Pad 6 toont het verband tussen denkvaardigheden van ouders (cognitie ouder t2) en schoolprestaties van adolescenten op leeftijd 16 (prestaties adolescent t2).

⬛Figuur 7.4b geeft een concrete invulling van ⬛fig. 7.4a. De figuur gaat over acht ouders en hun acht adolescente kinderen en laat zien dat ouders met betere denkvaardigheden kinderen hebben met betere schoolprestaties op t1, leeftijd 12: pad 1 is 0,52. Ook laat de figuur zien dat verschillen in denkvaardigheden van ouders heel stabiel zijn: pad 2 is 0,85. Ouders die op t1 betere denkvaardigheden tonen dan andere ouders doen dat op t2 nog steeds. Dat geldt in veel mindere mate voor verschillen in schoolprestaties. Adolescenten die op t1 goed presteren doen dat vier jaar later ook, maar slechts in geringe mate: pad 5 is maar 0,24. Vervolgens toont de figuur dat ouders met betere denkvaardigheden op t1 vier jaar later kinderen hebben die beter gaan presteren op school dan klasgenoten met minder begaafde ouders. Pad 3 is > 0,35. Dit patroon is goed te zien als we naar de volgorde van denkvaardigheden van ouders op t1 kijken en naar de volgorde van schoolprestaties van adolescenten op t2. De volgorde van denkvaardigheden op t1 neemt toe van ouder 1 tot en met 8, en dat geldt ook voor de schoolprestaties van adolescent 1 tot en met 8 op t2. Dit geldt niet voor de volgorde van schoolprestaties van adolescenten op t1 en denkvaardigheden van ouders op t2: die invloed is niet aanwezig. Daarom is pad 4 niet getekend. Ten slotte is het verband tussen denkvaardigheden en schoolprestaties op t2 (pad 6) ook heel sterk.

Waarom laat ⬛fig. 7.4b een ontwikkelingsvolgorde zien? Omdat de denkvaardigheden van ouders in het begin van de adolescentie tot betere schoolprestaties van hun kinderen leiden in de late adolescentie. Schoolprestaties van kinderen zijn niet van invloed op de latere denkvaardigheden van ouders. De vaardigheden van de ouders zijn in het voorbeeld dus leidend in de ontwikkeling van hun kinderen.

7.5.2 Ouders dragen denken en doen over op adolescenten

Theorie. De appel valt niet ver van de boom: veel studies hebben laten zien dat adolescenten dezelfde denkbeelden hebben en op dezelfde manier omgaan met anderen als hun ouders. Maar gelijkenis tussen ouders en adolescenten betekent niet per se dat ouders denken en doen op hun kinderen overdragen. Om dat aan te tonen hebben we ontwikkelingsvolgordemodellen nodig die laten zien dat denken en doen van ouders leidt tot denken en doen van adolescenten en niet omgekeerd. Dit proces noemen we ook wel longitudinale overdracht van ouders naar kinderen.

Volgens drie theorieën is deze overdracht aannemelijk. De eerste theorie is de gezinssysteemtheorie [64]. Deze benadering stelt dat het gezin een sociaal systeem is met verschillende onderling verbonden subsystemen: het ouderlijke subsysteem, het ouder-kindsubsysteem en het kindersubsysteem. De verschillende subsystemen hebben invloed op elkaar, maar het ouderlijke subsysteem is het belangrijkste en heeft daarom meer invloed op de andere subsystemen dan omgekeerd. De tweede benadering, de sociale leertheorie [4], benadrukt de centrale rol van ouders in het socialiseren van hun kinderen. Daarom is overdracht van denken en doen van ouders naar kinderen aannemelijk. Ten derde is het heel logisch dat heel stabiele vormen van gedrag in de loop van de tijd van invloed zijn op minder stabiel gedrag. Anders gezegd is het heel aannemelijk dat in ontwikkelingsvolgordemodellen processen met een hoge stabiliteit effect hebben op processen met een lage stabiliteit. Als een ontwikkelingsproces heel stabiel is, wordt het bijna invariant in de tijd. Tijdsinvariantie van een proces betekent dat het waarschijnlijk effect heeft en sturend is voor gerelateerd processen, en dat het tegelijkertijd, gezien de eigen grote stabiliteit, hierdoor niet beïnvloed kan worden. In termen van de experimentele psychologie komt een tijdsinvariant proces dicht bij een onafhankelijke variabele die afhankelijke variabelen beïnvloedt. Het is

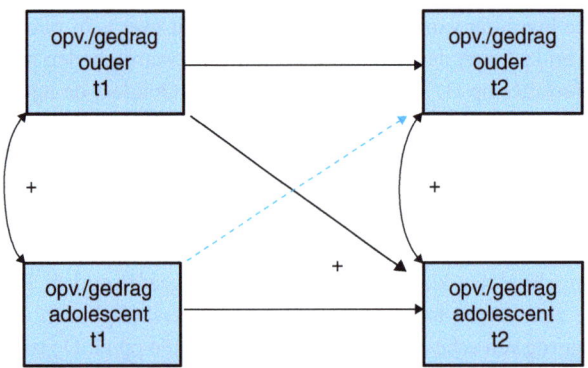

☐ **Figuur 7.5** Dominantie van ouders in de overdracht van opvattingen en gedrag in de vroege en middenadolescentie

heel aannemelijk dat ouders meer stabiele kenmerken hebben dan adolescenten. ☐Figuur 7.4b geeft hiervan een voorbeeld, maar we weten onder andere ook dat ouders meer stabiele persoonlijkheidstrekken hebben dan adolescenten [24, 78]. Om deze redenen neem ik aan dat ouders meer invloed hebben op het denken en doen van hun kinderen dan omgekeerd. Samenvattend suggereren drie argumenten overdracht van denken en doen van ouders naar adolescenten: (1) ouders staan centraal in het gezinssysteem, (2) en zijn daarom rolmodellen voor kinderen, en (3) zijn stabieler in hun gedrag dan adolescenten.

Onderzoek. In onze eigen studies vonden we overdracht van denken en doen van ouders naar adolescenten op vier gebieden: opvattingen, interpersoonlijk gedrag, empathie en helderheid van zelfbeeld. Als ouders abortus en euthanasie, het homohuwelijk en het bestaan van ongelijkheid in inkomen en bezit accepteren, dan doen vroege en middenadolescenten dat later ook [93, 105]. De wijze waarop ouders hun onderlinge conflicten oplossen (in overleg, of door ruzie te maken) nemen jongeren in de vroege en middenadolescentie over in de relatie met hun ouders [99, zie ook 100]. Ook nemen vroege en middenadolescenten de manier waarop zij conflicten oplossen met hun ouders over in vriendschappen. Dat geldt ook voor empathie: cognitieve empathie van moeders leidt tot cognitieve empathie bij meisjes van de vroege tot de late adolescentie [102]. Ten slotte vonden we deze overdacht ook bij het zelfbeeld: helderheid van het zelfbeeld bij vaders en moeders leidt van de vroege tot de late adolescentie tot meer helderheid bij adolescenten [20].

Samenvattend vinden we overdacht van denken en doen van ouders naar adolescenten, en het meest systematisch in de vroege en middenadolescentie. Deze uitkomsten werden ook gevonden in ander Nederlands [80, 92] en Amerikaans onderzoek [32, 36, 37, 63, 75, 94] naar overdracht van opvattingen en interpersoonlijk gedrag van ouders naar adolescenten. Ook hier was de overdracht vooral aanwezig in de vroege en middenadolescentie. ☐Figuur 7.5 geeft de bevindingen weer.

7.5.3 Gaat affectieve empathie aan cognitieve empathie vooraf? Theorie en onderzoek

In onze studies vonden we niet alleen overdacht van cognitieve empathie van moeders op dochters, maar ook dat meer affectieve empathie leidt tot meer cognitieve empathie later in de adolescentie [102]. Dat komt vooral ook omdat affectieve empathie al vroeg in de adolescentie heel stabiel is en cognitieve empathie niet. Deze uitkomst suggereert dat we eerder in de ontwikkeling meevoelen met anderen en dat dit er vervolgens toe leidt dat we later in de ontwikkeling de ander beter gaan begrijpen. Het aanvoelen van de ander gaat aan het begrijpen vooraf. Deze uitkomst komt niet overeen met eerdere theorievorming die juist het omgekeerde veronderstelt en aanneemt dat begrijpen aan voelen voorafgaat [28, 54]. Om die reden onderzochten we deze volgorde nog een keer in een laboratoriumstudie [98]. Voor verschillende emoties (bedroefd, blij) vonden we dat empathie ontstaat door de motorische blije en bedroefde reacties van onze gezichtsspieren bij het kijken naar anderen, dat deze reacties vervolgens worden vertaald in een droef of blij gevoel en daarna in het begrijpen van de bedroefdheid of blijdschap van de ander. Deze uitkomst steunt zo het idee dat meevoelen aan begrijpen voorafgaat, en ook dat meevoelen zelf het gevolg is van onze gezichtsreacties (de zogenaamde *facial-feedback*). Een recent onderzoek van onze groep vond echter geen steun voor de volgorde van affectieve en cognitieve empathie [97]. We weten dus niet zeker of deze volgorde klopt.

7.5.4 Psychopathologie en relaties van adolescenten

Theorie. Als adolescenten meer problemen hebben, hebben ze ook vaker minder goede relaties met anderen (◘ tab. 5.3). De theorie van emotie-expressie *(expressed emotion)* [41] veronderstelt dat internaliserende en externaliserende problemen van adolescenten veroorzaakt worden door een hard en afwijzend gezinsklimaat. Ouderlijke kritiek op kinderen en afwijzing staan centraal in dit negatieve klimaat. Een negatief gezinsklimaat draagt ook bij aan de ontwikkeling van angst [5]. Met name is er de suggestie dat het kernsymptoom van gegeneraliseerde angst – excessief, voortdurend en niet te controleren getob – veroorzaakt wordt door problemen met anderen en de angst om sociaal afgewezen te worden [43]. Verwant hieraan is het idee dat depressieve individuen de sociale vaardigheden missen [19] om met anderen om te gaan en ook dat ze vaak afgewezen worden door anderen [18]. Ook verwant hieraan is het idee van de sociale-controletheorie (▶ par. 6.1.2) dat delinquentie van jongeren samengaat met een slechte hechting aan ouders [47]. Ten slotte hebben veel studies laten zien dat agressie van adolescenten samengaat met slechte ouder-adolescentrelaties [96]. Verondersteld wordt dat een geringe zelfcontrole van adolescenten hier de centrale verklaring biedt, omdat deze leidt tot een gebrek aan vertrouwen in persoonlijke relaties [13].

Het is dus duidelijk dat er een verband bestaat tussen psychopathologie van adolescenten en slechte persoonlijke relaties. Maar dat geldt niet voor de ontwikkelingsvolgorde. In eerder onderzoek naar opvoeding en psychopathologie gebruikt men vooral zogenaamde oudereffectmodellen en neemt men aan dat slechte ouder-adolescentrelaties leiden tot psychopathologie [41, 101]. Omdat dit onderzoek meestal maar één meting bevat, kan een dergelijke conclusie niet getrokken worden. Hetzelfde geldt voor onderzoek naar relaties met leeftijdsgenoten en psychopathologie. In de meeste overzichtsstudies stelt men leeftijdsgenooteffectmodellen voor: goede relaties met leeftijdsgenoten bevorderen een positieve ontwikkeling op vele gebieden en voorkomen problemen [10].

Maar het tegengestelde perspectief bestaat ook. Zo liet Coyne [18] zien dat depressie de oorzaak is voor slechte relaties met anderen. In de literatuur worden dergelijke perspectieven aangeduid als kind-effectmodellen; deze modellen gaan ervan uit dat psychopathologie leidt tot verslechtering van persoonlijke relaties.

Er zijn enkele goede theoretische redenen om kind-effectmodellen te voorspellen: (1) tussen de 12 en 20 jaar rijpen adolescenten en worden ze onafhankelijk (zie ▶H. 3, 4, 5 en 6) en dat leidt er waarschijnlijk toe dat ze minder beïnvloed worden door negatieve relaties met hun ouders en met leeftijdsgenoten; (2) persoonlijke relaties met ouders en leeftijdsgenoten veranderen sterk in de adolescentie (zie ▶H. 5) en zijn daarom gevoelig voor beïnvloeding door andere ontwikkelingsprocessen, zoals psychopathologie. Maar uiteindelijk kunnen we alleen met ontwikkelingsvolgordemodellen bepalen of ouder-effectmodellen of kind-effectmodellen de werkelijkheid het best benaderen. Daar gaat het in de volgende paragraaf over.

Onderzoek. Onze studies laten systematische steun zien voor kind-effectmodellen: psychopathologie van adolescenten leidt tot slechte ouder-adolescentrelaties. Gegeneraliseerde angst leidt tot een afname van hechting van adolescenten aan moeders van de vroege tot de late adolescentie [101], en toename van ouderlijke afwijzing [43], afname van vertrouwen in de ouders [43], afname van communicatie [43] en toename van kritiek van de moeder in de vroege en middenadolescentie [69]. Dezelfde resultaten werden gevonden voor depressie [44]. Ook vonden we dat adolescente depressie leidt tot een toename van ouderlijke afwijzing in de vroege en middenadolescentie [69]. Ten slotte vonden we dat zowel internaliseren als externaliseren leidt tot meer ouderlijke kritiek op adolescenten, meer ouderlijke bemoeizucht en minder ouderlijke steun en opbouwende kritiek van de vroege tot late adolescentie [41, 42].

De ontwikkelingsvolgorde tussen psychopathologie en ouder-adolescentrelaties werd ook onderzocht in een reeks studies in Amerika [15, 40, 49, 50, 53, 56, 79, 87–89], Canada [9, 38], Nederland [11] en Zweden [51]. In deze studies ging het over de ontwikkelingsvolgorde tussen een groot aantal adolescente problemen (agressie, delinquentie, depressie, internaliseren en externaliseren, rondhangen, negatief zelfbeeld, problemen op school en drugsgebruik) en een groot aantal aspecten van ouder-adolescentrelaties (affectieve band, hechting, positief en negatief opvoeden, communicatie, informatie delen, conflicten, ouderlijk toezicht, warmte, straffen en steun). Op een paar uitzonderingen na vonden deze studies systematisch dat meer adolescente problemen leidden tot een verslechtering van de ouder-adolescentrelatie.

In onze studies vonden we dezelfde resultaten voor psychopathologie en relaties met leeftijdsgenoten: sociale angst leidt van de vroege tot de late adolescentie tot een afname van betrokkenheid bij leeftijdsgenoten [70]. Dit werd ook gerapporteerd in onderzoek uit Amerika [6, 15, 52, 71, 89], Australië [111], Nederland [39] en Zweden [103, 104] voor verschillende maten van psychopathologie (depressie, sociale angst) en relaties met leeftijdsgenoten (negatieve feedback, acceptatie door leeftijdsgenoten, kwaliteit van relaties, steun en warmte).

Samenvattend laat onderzoek in verschillende landen zien dat psychopathologie leidt tot slechtere relaties met ouders en leeftijdsgenoten in de adolescentie. ◘Figuur 7.6 geeft dit weer.

7.5.5 **Psychopathologie en onafhankelijkheid van ouders**

Onderzoek. In onze studies vonden we nog een tweede variant van kind-effecten: psychopathologie van adolescenten leidt niet alleen tot verslechtering van ouder-adolescentrelaties, maar zorgt er ook voor dat ouders de zelfstandigheid van hun kinderen niet accepteren. Gegeneraliseerde angst leidt van de vroege tot de late adolescentie tot grotere bezorgdheid en gedragsmatige en psychologische controle van ouders [42, 109]. Depressie leidt van de vroege tot de late adolescentie tot meer psychologische controle door moeders [107] en tot minder steun van ouders voor autonomie van adolescenten [95]. Op één uitzondering na [107] werd er geen invloed van psychologische controle op psychopathologie gevonden.

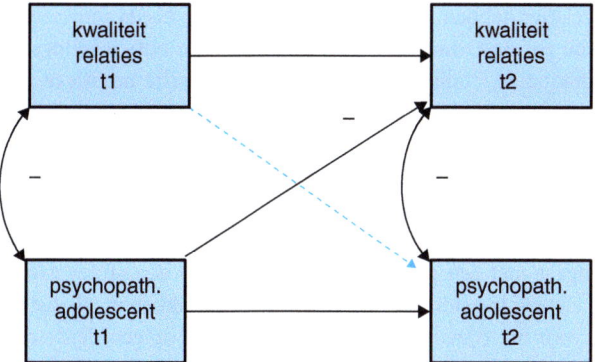

Figuur 7.6 Psychopathologie van adolescenten leidt tot erosie van relaties met ouders en leeftijdsgenoten

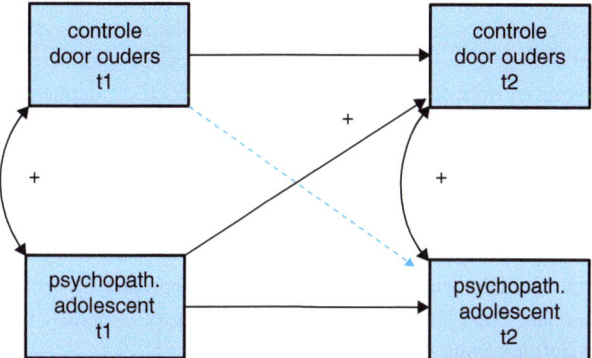

Figuur 7.7 Psychopathologie van adolescenten voorkomt dat ouders hun zelfstandigheid geven

De ontwikkelingsvolgorde tussen psychopathologie en psychologische controle werd ook onderzocht in Amerika [56, 87], België [85] en Duitsland [73]. Het ging hierbij om de ontwikkelingsvolgorde tussen vele vormen van adolescente problemen (agressie, woederegulatie, depressie, drugsgebruik en sociale angst) en psychologische controle door moeders en vaders. Op één uitzondering na [85] vonden alle studies dat psychopathologie leidt tot meer psychologische controle later.

Samenvattend laat onderzoek in verschillende landen zien dat psychopathologie leidt tot meer psychologische controle door ouders. ◘Figuur 7.7 geeft dit weer.

7.5.6 Conclusie

De vier groepen van ontwikkelingsmodellen laten vier ontwikkelingspatronen zien. Deze patronen zijn zichtbaar in onze studies en in onderzoek uitgevoerd in verschillende landen in de wereld.

Het eerste patroon heb ik tot nu toe niet besproken, maar is in ◘fig. 7.6 zichtbaar in het negatieve verband tussen kwaliteit van relaties en psychopathologie op t1 en op t2. Dit verband geeft aan dat op beide tijdstippen adolescenten met een hoger niveau van psychopathologie minder goede relaties hebben. Het negatieve verband is steeds aanwezig in de ontwikkeling. Dit systematische patroon vinden we praktisch altijd in ontwikkelingsonderzoek. Zo lieten onze en internationale studies bijvoorbeeld systematische negatieve verbanden in de tijd zien tussen kwaliteit van ouder-adolescentrelaties en depressie, ouderlijke kennis en delinquentie; positieve verbanden werden gevonden tussen cognitieve en affectieve empathie, tussen stressniveau *(cortisol awakening response)* bij het wakker worden en depressie, en tussen problemen in het reguleren van emoties en probleemgedrag. Deze systematische verbanden laten zien dat een positieve ontwikkeling op het ene gebied (bijvoorbeeld goede relaties) in de regel samengaat met een positieve ontwikkeling op een ander gebied (bijvoorbeeld minder depressie). Hetzelfde geldt voor een negatieve ontwikkeling: als het op het ene gebied slecht gaat, is dat voor het tweede ook het geval. Dit wijst op een derde ontwikkelingspatroon (na maturatie, zie ▶H. 3, 4, 5 en 6, en *heterogene continuïteit van persoonlijke relaties*, zie ▶par. 7.2.3): *goed gaat samen met goed en slecht met slecht in de adolescente ontwikkeling.*

De volgende drie ontwikkelingspatronen gaan over de ontwikkelingsvolgorde. Ontwikkelingspatroon 4 (◻fig. 7.5) laat *dominantie zien van ouders in overdracht van denken en doen*. In de vroege en middenadolescentie dragen ouders opvattingen en gedragspatronen over op hun adolescente kinderen. Adolescenten hebben in die periode geen invloed op denken en doen van hun ouders. Dat verandert overigens zeer waarschijnlijk in de late adolescentie; dan beïnvloeden ouders en adolescenten elkaar over en weer.

Ontwikkelingspatroon 5 (◻fig. 7.6) toont dat *psychopathologie van adolescenten leidt tot erosie van persoonlijke relaties*. Agressie, delinquentie, depressie, gegeneraliseerde angst, internaliseren en externaliseren, rondhangen, negatief zelfbeeld, problemen op school, separatieangst en drugsgebruik leiden tot slechtere ouder-adolescentrelaties. Depressie en sociale angst leiden tot verslechtering van relaties met leeftijdsgenoten, beëindiging van vriendschappen en afname van contacten met leeftijdsgenoten.

Ontwikkelingspatroon 6 (◻fig. 7.7) is dat *psychopathologie van adolescenten voorkomt dat ouders hun zelfstandigheid geven*. Agressie, onvermogen om woede te beheersen, depressie en gegeneraliseerde angst van adolescenten leiden ertoe dat ouders hun kinderen geen autonomie geven.

Bijdrage aan theorievorming: de invloed van impliciet opvoeden. Ontwikkelingspatroon 2 – heterogene continuïteit van persoonlijke relaties – en 4 – dominantie van ouders in overdracht van denken en doen – laten zien dat ouders als rolmodel dienen voor hun kinderen. Goede ouder-adolescentrelaties leiden tot goede intieme relaties in de jonge volwassenheid. Ook dragen ouders in de vroege en middenadolescentie opvattingen, manieren om conflicten op te lossen, cognitieve empathie en helderheid van het zelfbeeld over op hun kinderen. We kunnen dus concluderen dat ouders veel invloed hebben op hun kinderen. Maar opmerkelijk is dat ontwikkelingspatroon 2 en 4 allebei vormen van impliciet opvoeden zijn. Door gewoon het voorbeeld te geven in relaties, in denken over vraagstukken, in zelfbeeld en empathie dragen ouders doen en denken over op hun kinderen. Van direct opvoeden in de zin van regels stellen of straffen en belonen is hier geen sprake, en dat is dus ook niet per se nodig. Een goed voorbeeld doet goed volgen en een slecht doet slecht volgen.

Deze bevindingen staan in sterk contrast met ontwikkelingspatronen over psychopathologie (5 en 6) die laten zien dat ouder-adolescentrelaties en opvoeden niet leiden tot minder psychopathologie, maar omgekeerd dat psychopathologie leidt tot slechtere ouder-adolescentrelaties. Tezamen suggereren de vier ontwikkelingspatronen daarom dat impliciet opvoeden in de adolescentie weleens effectiever zou kunnen zijn dan expliciet opvoeden, zoals het stellen van regels enzovoorts. De patronen laten ook zien dat de centrale rol die de gezinssysteemtheorie [64] toekent aan ouders in de opvoeding vooral betrekking heeft op ouderlijk modelgedrag en impliciet opvoeden. Ik kom op dit vraagstuk en ook op psychopathologie van adolescenten terug in ▶H. 9.

Literatuur

1. Ainsworth, M., & Bowlby, J. (1991). An ethological approach to personality development. *American Psychologist, 46,* 331–341.
2. Amato, P., & Booth, A. (2001). The legacy of parent's marital discord: Consequences for children's marital quality. *Journal of Personality and Social Psychology, 81,* 627–638.
3. Andrews, J., Foster, S., Capaldi, D., & Hops, H. (2000). Adolescent and family predictors of physical aggression, communication, and satisfaction in young adult couples: A prospective analysis. *Journal of Consulting and Clinical Psychology, 68,* 195–208.
4. Bandura, A. (1977). *Social learning theory*. Englewood Cliffs, NJ: Prentice-Hall.
5. Bögels, S., & Brechman-Toussaint, M. (2006). Family issues in child anxiety: Attachment, family functioning, parental rearing and beliefs. *Clinical Psychology Review, 28,* 834–856.
6. Borelli, J., & Prinstein, M. (2006). Reciprocal, longitudinal associations among adolescents' negative feedback seeking, depressive symptoms, and peer relations. *Journal of Abnormal Child Psychology, 34,* 156–169.
7. Bouchey, H., & Furman, W. (2003). Dating and romantic experiences in adolescence. In G. Adams & M. Berzonsky (red.), *Blackwell handbook of adolescence* (pag. 313–329). Oxford: Blackwell Publishing.
8. Bowlby, J. (1969). *Attachment and loss: Vol. 1. Attachment*. New York: Basic Books.
9. Brière, F., Archambault, K., & Janosz, M. (2013). Reciprocal prospective associations between depressive symptoms and perceived relationships with parents in early adolescence. *Canadian Journal of Psychiatry, 58,* 169–176.
10. Brown B., & Larson, J. (2009). Peer relationships in adolescence. In R. Lerner & L. Steinberg (red.) *Handbook of adolescent psychology, Vol. 2: Contextual influences on adolescent development* (pag. 74–103). New York: Wiley.
11. Buist, K., Deković, M., Meeus, W., & van Aken, M. (2004). The reciprocal relationship between early adolescent attachment and internalizing and externalizing problem behavior. *Journal of Adolescence, 27,* 251–266.
12. Burns, A., & Dunlop, R. (1998). Parental divorce, parent-child relations, and early adult relationships: A longitudinal Australian study. *Personal Relationships, 5,* 393–407.
13. Buyukcan-Tetik, A., Finkenauer, C., Siersema, M., Vander Heyden, K., & Krabbendam, L. (2015). Social relations model analyses of perceived self-control and trust in families. *Journal of Marriage and the Family, 77,* 209–223.
14. Casey, B., Somerville, L., Gotlib, I., Ayduk, O., Franklin, N., Askren, M., Jonides, J., Berman, M., Wilson, N., Teslovich, T., Glover, G., Zayas, V., Mischel, W., & Shoda, Y. (2011). Behavioral and neural correlates of delay of gratification 40 years later. *Proceedings of the National Academy of Sciences, 108,* 14998–15003.
15. Chung, W., Chen, C., Greenberger, E., & Heckhausen, J. (2009). A cross-ethnic study of adolescents' depressed mood and the erosion of parental and peer warmth during the transition to young adulthood. *Journal of Research on Adolescence, 19,* 359–379.
16. Conger, R., Cui, M., Bryant, C., & Elder, G. (2000). Competence in early adult romantic relationships: A developmental perspective on family influences. *Journal of Personality and Social Psychology, 79,* 224–237.
17. Cook, E., Buehler, C., & Blair, B. (2013). Adolescents' emotional reactivity across relationship contexts. *Developmental Psychology, 49,* 341–352.
18. Coyne, J. (1976a). Depression and the response of others. *Journal of Abnormal Psychology, 85,* 186–193.
19. Coyne, J. (1976b). Toward an interactional description of depression. *Psychiatry, 39,* 14–27.
20. Crocetti, E., Rubini, M., Branje, S., Koot, H., & Meeus, W. (2016). Self-concept clarity in adolescents and parents: A six-wave longitudinal and multi-informant study on development and intergenerational transmission. *Journal of Personality, 84,* 580–592.
21. Cui, M., Durtschi, J., Donnellan, B., Lorenz, F., & Conger, R. (2010). Intergenerational transmission of relationship aggression: A prospective longitudinal study. *Journal of Family Psychology, 24,* 688–697.

22. Cui, M., & Fincham, F. (2010). The differential effects of parental divorce and marital conflict on young adult romantic relationships. *Personal Relationships, 17,* 331–343.
23. De Goede, I., Branje, S., Van Duin, J., Van der Valk, I. E., & Meeus, W. H. J. (2012). Romantic relationship commitment and its linkages with commitment to parents and friends during adolescence. *Social Development, 21,* 425–442.
24. Denissen, J.., Van Aken, M., & Roberts, B.(2011). Personality development across the life span. In T. Chamorro-Premuzic, S. von Stumm & A. Furnham (red.), *The Wiley-Blackwell handbook of individual differences* (pag. 77–100). Chichester: Blackwell Publishing Ltd.
25. Donnellan, M., Larsen-Rife, D., & Conger, R. (2005). Personality, family history, and competence in early adult romantic relationships. *Journal of Personality and Social Psychology, 88,* 562–576.
26. Ehrensaft, M., Cohen, P., Brown, J., Smailes, E., Chen, H., & Johnson, J. (2003). Intergenerational transmission of partner violence. *Journal of Consulting and Clinical Psychology, 71,* 741–753.
27. Ehrensaft, M., Knous-Westfall, H., & Cohen, P. (2011). Direct and indirect transmission of relationship functioning across generations. *Journal of Family Psychology, 25,* 942–952.
28. Eisenberg, N., Cumberland, A., Guthrie, I. K., Murphy, B. C., & Shepard, S. A. (2005). Age changes in prosocial responding and moral reasoning in adolescence and early adulthood. *Journal of Research on Adolescence,15,* 235–260.
29. Engels, R.C.M.E., Luijpers, E., Landsheer, J.A., & Meeus, W. (2004). A longitudinal study on associations between attitudes and delinquent behavior of adolescents. *Criminal Justice and Behaviour, 31,* 244–260.
30. Fite, J., Bates, J., Holtzworth-Munroe, A., Dodge, K., Nay, S., & Pettit, G. (2008). Social information processing mediates the intergenerational transmission of aggressiveness in romantic relationships. *Journal of Family Psychology, 22,* 367–276.
31. Flouri, E., & Buchanan, A. (2002). What predicts good relationships with parents and partners in adult life: Findings from the 1958 British birth cohort. *Journal of Family Psychology, 16,* 186–198.
32. Fosco, G., & Grych, J. (2010). Adolescent triangulation into parental conflicts: Longitudinal implications for appraisals and adolescent-parent relations. *Journal of Marriage and Family, 72,* 254–266.
33. Furman, W. (1999). The role of peer relationships in adolescent romantic relationships. In W. Collins & B. Laursen (red.), *Minnesota Symposium on Child Development: Vol. 29. Relationships as developmental contexts* (pag. 172–202). Hillsdale, NJ: Erlbaum.
34. Furman, W., Simon, V., Schaffer, L., & Bouchey, H. (2002). Adolescents' working models and styles for relationhips with parents, friends and romantic partners. *Child Development, 73,* 241–255.
35. Furman, W., & Wehner, E. (1994). Romantic views: Towards a theory of adolescent romantic relationships. In R. Montemayor, G. Adams & G. Gulotta (red.), *Relationships during adolescence* (pag. 168–195). Thousand Oaks, CA: Sage.
36. Gerard, J., Krishnakumar, A., & Buehler, C. (2006). Marital conflict, parent-child relations, and youth maladjustment. *Journal of Family Issues, 27,* 951–975.
37. Glass, J., Bengtson, V., & Dunham, C. (1986). Attitude similarity in three-generation families: Socialization, status inheritance, or reciprocal influence? *American Sociological Review, 51,* 685–698.
38. Guimond, F-A., Laursen, B., Vitaro, F., Brendgen, M., Dionne, G., & Boivin, M. (2016). Associations between mother–child relationship quality and adolescent adjustment: Using a genetically controlled design to determine the direction and magnitude of effects. *International Journal of Behavioral Development, 40,* 196–204.
39. Ha, T., Overbeek, G., Cillessen, A., & Engels, R. (2012). A longitudinal study of the associations among adolescent conflict resolution styles, depressive symptoms, and romantic relationship longevity. *Journal of Adolescence, 35,* 1247–1254.
40. Hafen, C., & Laursen, B. (2009). More problems and less support: Early adolescent adjustment forecasts changes in perceived support from parents. *Journal of Family Psychology, 23,* 193–202.
41. Hale, W.W., Crocetti, E., Nelemans, S., Van Lier, P., Koot, H., & Meeus, W. (2016). Mother and adolescent expressed emotion and adolescent internalizing and externalizing symptom development: A six-year longitudinal study. *European Child and Adolescent Psychiatry, 25,* 615–624.
42. Hale, W., Keijsers, L., Klimstra, T., Raaijmakers, Q., Hawk, S., Branje, S., … Meeus, W. (2011). How does longitudinally measured maternal Expressed Emotion affect internalizing and externalizing symptoms of adolescents from the general community? *Journal of Child Psychology and Psychiatry, 52,* 1174–1183.
43. Hale, W., Klimstra, T., Branje, S., Wijsbroek, S., & Meeus, W. (2013). Is adolescent Generalized Anxiety Disorder a magnet for perceived negative parental interpersonal behaviors? *Depression and Anxiety, 30,* 849–856.

44. Hale, W., Van der Valk, I., Akse, J. & Meeus, W. (2008). The interplay of early adolescents' depressive symtoms, aggression and perceived parental rejection: A four-year community study. *Journal of Youth and Adolescence, 37,* 928–940.
45. Hare, A., Miga, E., & Allen, J. (2009). Intergenerational transmission in romantic relationships: The moderating role of attachment security. *Journal of Family Psychology, 23,* 808–818.
46. Hazan, C., & Shaver, P. (1987). Romantic love conceptualized as an attachment process. *Journal of Personality and Social Psychology, 52,* 511–524.
47. Hirschi, T. (1969). *Causes of delinquency.* Berkeley, CA: University of California Press.
48. Hoeve, M., Jak, S., Stams, G., & Meeus, W. (2016). Financial problems and delinquency in adolescents and young adults: A 6-year three-wave study. *Crime & Delinquency, 62,* 1488–1509.
49. Huh, D., Tristan, J., Wade, E., & Stice, E. (2006). Does problem behavior elicit poor parenting? A prospective study of adolescent girls. *Journal of Adolescent Research, 21,* 185–204.
50. Jang, S., & Smith, C. (1997). A test of reciprocal causal relationships among parental supervision, affective ties, and delinquency. *Journal or Research in Crime and Delinquency, 34,* 303–336.
51. Kerr, M., Stattin, H., & Özdemir, M. (2012). Perceived parenting style and adolescent adjustment: Revisiting directions of effects and the role of parental knowledge. *Developmental Psychology, 48,* 1540–1553.
52. Kochel, K., Ladd, G., & Rudolph, K. (2012). Longitudinal associations among youth depressive symptoms, peer victimization, and low peer acceptance: An interpersonal process perspective. *Child Development, 83,* 637–650.
53. Laird, R., Pettit, G., Bates, J., & Dodge, K. (2003). Parents' monitoring-relevant knowledge and adolescents' delinquent behavior: Evidence of correlated developmental changes and reciprocal influences. *Child Development, 74,* 752–768.
54. Lamm, C., Batson, C. & Decety, J. (2007). The neural substrate of human empathy: Effects of perspective taking and cognitive appraisal. *Journal of Cognitive Neuroscience, 19,* 42–58.
55. Linder, J., & Collins, W. (2005). Parent and peer predictors of physical aggression and conflict management in romantic relationships in early adulthood. *Journal of Family Psychology, 19,* 252–262.
56. Loukas, A. (2009). Examining temporal associations between perceived maternal psychological control and early adolescent internalizing problems. *Journal of Abnormal Child Psychology, 37,* 1113–1122.
57. Magdol, L., Moffitt, T., Caspi, A., & Silva, P. (1998). Developmental antecedents of partner abuse: A prospective-longitudinal study. *Journal of Abnormal Psychology, 107,* 375–389.
58. Masarik, A., Conger, R., Donnellan, M., Stallings, M., Martin, M., Schofield, T., … Widaman, K. (2014). *Journal of Family Psychology, 28,* 357–367.
59. Masarik, A., Conger, R., Martin, M., Donnellan, M., Masyn, K., & Lorenz, F. (2012). Romantic relationships in early adulthood: Influences of family, personality, and relationship cognitions. *Personal Relationships, 20,* 356–373.
60. Meeus, W. (2016). Adolescent psychosocial development: A review of longitudinal models and research. *Developmental Psychology, 52,* 1969–1993.
61. Meeus, W., Branje, S., & Overbeek, G. (2004). Parents and partners in crime: A six-year longitudinal study on changes in supportive relationships and delinquency in adolescence and young adulthood. *Journal of Child Psychology and Psychiatry, 45,* 1288–1298.
62. Meeus, W., Branje, S., Van der Valk, I., & De Wied, M (2007). Relationships with intimate partner, best friend, and parents in adolescence and early adulthood: A study of the saliency of the intimate partnership. *International Journal of Behavioral Development, 31,* 569–580.
63. Min, J., Silverstein, M., & Lendon, J. (2012). International transmission of values over the family life course. *Advances in Life Course Research, 17,* 112–120.
64. Minuchin, P. (1985). Families and individual development: Provocations from the field of family therapy. *Child Development, 56,* 289–302.
65. Mischel, W. (2014). *The Marshmallow Test.* New York: Little, Brown.
66. Mischel, W., Shoda, Y., & Rodriguez, M. (1989). Delay of gratification in children. *Science, 244*(4907), 933–938.
67. Mischel, W., Ebbesen, E., Raskoff Zeiss, A. (1972). Cognitive and attentional mechanisms in delay of gratification. *Journal of Personality and Social Psychology, 21,* 204–218.
68. Moffitt, T., Arseneault, L., Belsky, D., Dickson, N., Hancox, R., Harrington, H., Houts, R., Poulton, R., Roberts, B., Ross, S., Sears, M., Thomson, W., & Caspi, A. (2011). A gradient of childhood self-control predicts health, wealth, and public safety. *Proceedings of the National Academy of Sciences, 108,* 2693–2698.

69. Nelemans, S. A., Hale III, W. W., Branje, S., Hawk, S. T., & Meeus, W. (2014a). Maternal criticism and adolescent depressive and generalized anxiety disorder symptoms: A 6-year longitudinal community study. *Journal of Abnormal Child Psychology, 42,* 755–766.
70. Nelemans, S., Hale, B., Branje, S., Raaijmakers, Q., Van Lier, P., & Meeus, W. (2016). Longitudinal associations between social anxiety symptoms and cannabis use throughout adolescence: The role of peer involvement. *European Child and Adolescent Psychiatry, 25,* 483–492.
71. Oppenheimer, C., & Hankin, B. (2011). Relationship quality and depressive symptoms among adolescents: A short-term multiwave investigation of longitudinal reciprocal associations. *Journal of Clinical Child & Adolescent Psychology, 40,* 486–493.
72. Orobio de Castro, B., Thomaes, S., & Reijntjes, A. (2015). Using experimental designs to understand the development of peer relations. *Journal of Research on Adolescence, 25,* 1–13.
73. Otterpohl, N., & Wild, E. (2015). Cross-lagged relations among parenting, children's emotion regulation, and psychosocial adjustment in early adolescence. *Journal of Clinical Child & Adolescent Psychology, 44,* 93–108.
74. Overbeek, G., Stattin, H., Vermulst, A., Ha, T., & Engels, R. (2007). Parent-child relationships, partner relationships, and emotional adjustment: A birth-to-maturity prospective study. *Developmental Psychology, 43,* 429–437.
75. Perez-Brena, N., Updegraff, K., & Umaña-Taylor, A. (2014). Transmission of cultural values among Mexican-origin parents and their adolescent and emerging adult offspring. *Family Process, 54,* 232–256.
76. Raby, K., Lawler, J., Shlafer, R., Hesemeyer, P., Collins, W., & Sroufe, A. (2015). The interpersonal antecedents of supportive parenting: A prospective, longitudinal study from infancy to adulthood. *Developmental Psychology, 51,* 115–123.
77. Rauer, A., Petitt, G., Lansford, J., Bates, J., & Dodge, K. (2013). Romantic relationship patterns in young adulthood and their developmental antecedents. *Developmental Psychology, 49,* 2159–2171.
78. Roberts, B., & DelVecchio, W. (2000). The rank-order consistency of personality traits from childhood to old age: A quantitative review of longitudinal studies. *Psychological Bulletin, 126,* 3–25.
79. Roche, K., Ghazarian, S., Little, T., & Leventhal, T. (2011). Understanding links between punitive parenting and adolescent adjustment: The relevance of context and reciprocal associations. *Journal of Research on Adolescence, 21,* 448–460.
80. Roest, A., Dubas, J. & Gerris, J. (2010). Value transmissions between parents and children: Gender and developmental phase as transmission belts. *Journal of Adolescence, 33,* 21–31.
81. Roisman, G., Colins, W., Sroufe, A., & Egeland, B. (2005). Predictors of young adults' representations of and behavior in their current romantic relationship: Prospective tests of the prototype hypothesis. *Attachment & Human Development, 7,* 105–121.
82. Simons, L., Simons, R., Landor, A., Bryant, C., & Beach, S. (2014). Factors linking childhood experiences to adult romantic relationships among African Americans. *Journal of Family Psychology, 28,* 368–379.
83. Simpson, J., Collins, W., Tran, S., & Haydon, K. (2007). Attachment and the experience and expression of emotions in romantic relationships: A developmental perspective. *Journal of Personality and Social Psychology, 92,* 355–367.
84. Smetana, J., & Gettman, D. (2006). Autonomy and relatedness with parents and romantic development in African American adolescents. *Developmental Psychology, 42,* 1347–1351.
85. Soenens, B., Luyckx, K., Vansteenkiste, M., Duriez, B., & Goossens, L. (2008). Clarifying the link between parental psychological control and adolescents' depressive symptoms. *Merrill Palmer Quarterly, 54,* 411–444.
86. Staats, S., Van der Valk, I., Meeus, W., & Branje, S. (2018). Longitudinal transmission of conflict management styles across inter-parental and adolescent relationships. *Journal of Research on Adolescence, 28,* 169–185.
87. Steeger, C., & Gondoli, D. (2013). Mother-adolescent conflict as mediator between adolescent problem behaviors and maternal psychological control. *Developmental Psychology, 49,* 804–814.
88. Stice, E., & Barrera, M. (1995). A longitudinal examination of the reciprocal relations between perceived parenting and adolescents' substance use and externalizing behaviors. *Developmental Psychology, 31,* 327–334.
89. Stice, E., Ragan, J., & Randall, P. (2004). Prospective relations between social support and depression: Differential direction of effects for parent and peer support? *Journal of Abnormal Psychology, 113,* 155–159.
90. Stocker, C., & Richmond, M. (2007). Longitudinal associations between hostility in adolescents' family relationships and friendships and hostility in their romantic relationship. *Journal of Family Psychology, 21,* 490–497.

91. Surjadi, F., Lorenz, F., Conger, R., & Wickrama, K. (2013). Harsh, inconsistent parental discipline and romantic relationships: Mediating processes of behavioral problems and ambivalence. *Journal of Family Psychology, 27,* 762–772.
92. Taris, T. (2000). Quality of mother-child interaction and the intergenerational transmission of sexual values: A panel study. *Journal of Genetic Psychology, 16,* 169–181.
93. Ter Bogt, T., Raaijmakers, Q., & Van Wel, F. (2005). Socialization and development of the work ethic among adolescents and young adults. *Journal of Vocational Behavior, 66,* 420–437.
94. Toomey, R., Updegraff, K., Umaña-Taylor, A., & Jahromi, L. (2015). Gender role attitudes across the transition to adolescent motherhood in Mexican-origin families. *Family Process, 54,* 247–262.
95. Van der Giessen, D., Branje, S., & Meeus, W. (2014). Perceived autonomy support from parents and best friends: Longitudinal associations with adolescents' depressive symptoms. *Social Development, 23,* 537–555.
96. Van der Graaff, J., Branje, S., De Wied, M., & Meeus, W. (2012). The moderating role of empathy in the association between parental support and adolescent aggressive and delinquent behavior. *Aggressive Behavior, 38,* 368–377.
97. Van der Graaff, J., Carlo, G., Crocetti, E., Koot, H., & Branje (2018). Prosocial behavior in adolescence: Gender differences and links with empathy. *Journal of Youth and Adolescence, 47,* 1086–1099.
98. Van der Graaff, J., Meeus, W., De Wied., Van Boxtel, A., Van Lier, P., Koot., H., & Branje, S. (2016). Motor, affective and cognitive empathy in adolescence: Interrelations between facial electromyography and self-reported trait and state measures. *Cognition and Emotion, 30,* 745–761.
99. Van Doorn, M., Branje, S., & Meeus, W. (2007). Longitudinal transmission of conflict resolution styles from marital relationships to adolescent-parent relationships. *Journal of Family Psychology, 21,* 426–434.
100. Van Doorn, M., Branje, S., Van der Valk, I., De Goede, I., & Meeus, W. (2011). Longitudinal spillover effects of conflict resolution styles between adolescent-parent relationships and adolescent friendships. *Journal of Family Psychology, 25,* 157–161.
101. Van Eijck, F., Branje, S., Hale, W. W., & Meeus, W. (2012). Longitudinal associations between perceived parent-adolescent attachment relationship quality and generalized anxiety disorder symptoms in adolescence. *Journal of Abnormal Child Psychology, 40,* 871–883.
102. Van Lissa, C. J., Hawk, S. T., De Wied, M., Van Lier, P., & Meeus, W. (2014). The longitudinal interplay of cognitive and affective empathy within and between adolescents and mothers. *Developmental Psychology, 50,* 1219–1225.
103. Van Zalk, M., Kerr, M., Branje, S., Stattin, H., & Meeus, W. (2010). It takes three: Selection, influence, and de-selection processes of depression in adolescent peer networks. *Developmental Psychology, 46,* 927–938.
104. Van Zalk, N., Van Zalk, M., Kerr, M., & Stattin, H. (2011). Social anxiety as a basis for friendship selection and socialization in adolescents' social networks. *Journal of Personality, 79,* 499–525.
105. Vollebergh, W., Iedema, J., & Raaijmakers, Q. (2001). Intergenerational transmission and the formation of cultural orientations in adolescence and young adulthood. *Journal of Marriage and Family, 63,* 1185–1198.
106. Vuchinich, S., Bank, L., & Patterson, G. (1992). Parenting, peers, and the stability of antisocial behavior in adolescent boys. *Developmental Psychology, 28,* 510–512.
107. Werner, L., Van der Graaff, J., Meeus, W., & Branje, S. (2016). Depressive symptoms in adolescence: Longitudinal links with maternal empathy and psychological control. *Journal of Abnormal Child Psychology, 44,* 1121–1132.
108. Whitton, S., Waldinger, R., Schulz, M., Allen, J., Crowell, J., & Hauser, S. (2008). Prospective associations from family-of-origin interactions to adult marital interactions and relationship adjustments. *Journal of Family Psychology, 22,* 274–286.
109. Wijsbroek, S., Hale., W., Raaijmakers, Q., & Meeus, W. (2011). The direction of effects between perceived parental behavioral control and psychological control and adolescents' self reported GAD and SAD symptoms. *European Child & Adolescent Psychiatry, 20,* 361–371.
110. Yu, R., Branje, S., Keijsers, L., & Meeus, W. (2014). Personality effects on romantic relationship quality through friendship quality: A ten-year longitudinal study in youths. *PLoS ONE, 9(9),* e102078.
111. Zimmer-Gembeck, M., Hunter, T., Waters, A., & Pronk, R. (2009). Depression as a longitudinal outcome and antecedent of preadolescents' peer relationships and peer-relevant cognition. *Development and Psychopathology, 21,* 555–577.

Verklaren van stabiliteit van individuele verschillen en volgorde in ontwikkeling

Samenvatting

Individuele verschillen worden in de loop van de adolescentie meer systematisch, of het nu gaat om persoonlijkheidstrekken, relaties met ouders of psychopathologie. Welke processen zorgen voor deze stabiliteit? Ik beantwoord deze vraag voor depressie, (sociale) angst en agressie. Kortetermijnprocessen, zoals mislukte emotieregulatie en stressgevoeligheid, blijken de stabiliteit goed te kunnen verklaren. Ontwikkelingsvolgordemodellen hebben een duidelijke beperking: ze laten niet de mechanismen achter een ontwikkelingsvolgorde zien. Welke lange- en kortetermijnprocessen brengen een ontwikkelingsvolgorde tot stand? In dit hoofdstuk gaat het over ouder-adolescentrelaties en de identiteit van adolescenten. Geheimhouding door adolescenten blijkt zo het mechanisme te zijn dat verklaart waarom schending van privacy door ouders ertoe leidt dat ze uiteindelijk minder weten over hun kinderen. Wisselende emoties verklaren waarom adolescenten later negatieve relaties met hun ouders krijgen. Onzekerheid over identiteit leidt later tot meer angst en depressie.

8.1 Individuele verschillen zijn stabiel: welke kortetermijnprocessen zorgen daarvoor? Mediatie op korte termijn – 129

8.1.1 Mechanismen van psychopathologie bij adolescenten: theorie – 129
8.1.2 Mislukte emotieregulatie en stressgevoeligheid als mechanismen van psychopathologie: empirie – 130

8.2 Welke processen zorgen voor een ontwikkelingsvolgorde? Mediatie op lange termijn – 132

8.2.1 De rol van ouders: theorie – 132
8.2.2 De rol van ouders: onderzoek – 134

© Bohn Stafleu van Loghum is een imprint van Springer Media B.V., onderdeel van Springer Nature 2019
W. Meeus, *Vallen en opstaan in de adolescentie*, https://doi.org/10.1007/978-90-368-2362-3_8

8.3	Welke processen zorgen voor een ontwikkelingsvolgorde? Mediatie op korte termijn – 135
8.3.1	Mislukte emotieregulatie, ouder-adolescentrelaties en psychopathologie – 135
8.3.2	Identiteit, angst en depressie – 135
8.4	Conclusie – 137
	Literatuur – 138

In de verschillende hoofdstukken van dit boek heb ik laten zien dat individuele verschillen in de loop van de adolescentie meer systematisch worden, of het nu gaat om persoonlijkheidstrekken, relaties met ouders of psychopathologie. Welke processen zorgen voor deze stabiliteit? Ik beantwoord deze vraag voor depressie, angst en agressie. Kortetermijnprocessen, zoals mislukte emotieregulatie en stressgevoeligheid, blijken de stabiliteit goed te kunnen verklaren. Dit type onderzoek is van recente datum, van na 2010.

In ▶H. 7 heb ik uitgelegd wat ontwikkelingsvolgordemodellen zijn. Deze modellen hebben een duidelijke beperking: ze laten niet de mechanismen achter een ontwikkelingsvolgorde zien. Ik probeer in dit hoofdstuk deze beperking op te heffen door te tonen welke lange- en kortetermijnprocessen een ontwikkelingsvolgorde tot stand brengen. Ik richt me daarbij op ouder-adolescentrelaties en de identiteit van adolescenten. Deze benaderingen worden vanaf ongeveer 2005 in de adolescentiepsychologie gebruikt.

8.1 Individuele verschillen zijn stabiel: welke kortetermijnprocessen zorgen daarvoor? Mediatie op korte termijn

In ▶par. 6.2.2 heb ik laten zien dat individuele verschillen in angst, depressie en delinquentie stabiel zijn en in de loop van de adolescentie ook stabieler worden. Sommige jongeren zijn dus in de loop van de tijd systematisch angstiger, depressiever en delinquenter dan andere jongeren. En er zijn ook adolescenten met systematisch minder angst, depressie en delinquentie dan anderen. Wat zorgt ervoor dat individuele verschillen in psychopathologie blijven bestaan? Het antwoord zou kunnen liggen in de manier waarop adolescenten omgaan met emoties en stress in het dagelijks leven.

8.1.1 Mechanismen van psychopathologie bij adolescenten: theorie

In de jaren dertig van de vorige eeuw ontwikkelden sociaal psychologen het idee van spiegelwaardering (*reflected appraisal*) [4, 16]. Spiegelwaardering geeft aan dat de ideeën en gedachten die mensen over zichzelf hebben in grote mate een weerspiegeling zijn van hoe zij denken dat anderen hen zien en waarderen. Er is veel bewijs voor het bestaan van spiegelwaardering. Zo baseerden Amerikaanse onderzoekers de sociale-metertheorie (*sociometer theory*) op het idee van spiegelwaardering [13]. De sociale-metertheorie zegt dat er een direct verband is tussen zelfwaardering en waardering door anderen. De theorie gaat ervan uit dat zelfwaardering een subjectief beeld of een subjectieve inschatting is van de mate waarin iemand in het dagelijks leven door anderen gewaardeerd en geaccepteerd of uitgesloten en verworpen wordt. Dit betekent dat de dagelijkse omgang met anderen de basis vormt voor de zelfwaardering van mensen. Je zou kunnen zeggen dat het zelfbeeld een optelsom is van de positieve en negatieve interacties met anderen. Als je gemiddeld veel positieve ervaringen met anderen hebt, leidt dat tot een positief zelfbeeld, terwijl veel negatieve ervaringen tot een negatief zelfbeeld leiden. In meer algemene theoretische woorden betekent dit dat individuele kenmerken of trekken hun basis vinden in de dagelijkse omgang met anderen en dagelijkse ervaringen. Dit algemene kenmerk van de sociale-metertheorie betekent dus dat kortetermijnervaringen het fundament vormen voor individuele trekken.

Emotionele ontregeling speelt zich in het hier en nu af en verwijst dus naar kortetermijnervaringen. Emotionele ontregeling is het gevolg van mislukte emotieregulatie en treedt op als mensen niet in staat zijn om positieve en vooral negatieve emoties goed te hanteren, bijvoorbeeld door snel heel boos te worden of door zwartkijken, dat wil zeggen altijd de negatieve kant van gebeurtenissen zien. Mislukte emotieregulatie kan ertoe leiden dat mensen niet goed in staat zijn om langetermijndoelen na te streven, zoals het handhaven van positieve relaties met anderen en een positief levensgevoel. Om die reden wordt aangenomen dat mislukte emotieregulatie een belangrijke oorzaak kan zijn voor het ontstaan en blijven bestaan van psychopathologie [20]. In mijn interpretatie van de sociale-metertheorie betekent dit dat dagelijkse processen van mislukte emotieregulatie ervoor zorgen dat adolescenten problemen zoals angst en depressie blijven ervaren.

Een vergelijkbaar idee hebben Clark en Wells [2] ontwikkeld voor de hardnekkigheid van sociale angst. Zij veronderstellen dat psychologische stress en overgevoeligheid ervoor zorgen dat mensen sociaal angstig blijven. Dat komt doordat sociaal angstige mensen negatieve ervaringen hebben met sociale situaties en daarom de neiging hebben om te tobben en stressen over nieuwe sociale situaties.

8.1.2 Mislukte emotieregulatie en stressgevoeligheid als mechanismen van psychopathologie: empirie

Emotieregulatie. In een van onze studies [20] keken we op twee manieren naar mislukte emotieregulatie. We vroegen vijftien weekdagen achter elkaar aan adolescenten hoe gelukkig, boos, angstig en bedroefd ze waren. Dit maakt het mogelijk om twee maten van emotieregulatie te ontwikkelen: niveau van emoties gedurende vijftien dagen en variabiliteit van emoties. Niveau van emoties is het gemiddelde over vijftien dagen; variabiliteit is het heen en weer gaan van emoties in de loop van de dagen. Iemand die elke dag ongeveer hetzelfde scoort op bijvoorbeeld 'gelukkig' laat weinig variabiliteit zien, terwijl iemand met veel variabiliteit de ene dag zegt heel gelukkig te zijn, de volgende dag heel ongelukkig, en de dag daarna weer heel gelukkig. Een laag niveau van gelukkig en een hoog niveau van boos, angstig en bedroefd wordt gezien als indicatie van mislukte emotieregulatie. Hetzelfde geldt voor hoge variabiliteit van emoties. Anders gezegd: jongeren die meestal negatieve emoties hebben of veel emotiewisselingen ervaren, kampen met mislukte emotieregulatie.

In ons onderzoek keken we naar individuele verschillen in angst, depressie en agressie gedurende een periode van één jaar. Er waren dus twee metingen: tijdstip 1 (t1) en tijdstip 2 (t2) een jaar later. De metingen naar emotieregulatie van dag tot dag deden we tussen t1 en t2. We vonden dat variabiliteit van de emoties blij, boos en bedroefd de verklaring is voor de stabiliteit van individuele verschillen in angst tussen t1 en t2 (zie ◘fig. 8.1, bovenste deel). De figuur laat zien dat angst op t1 leidt tot grote variabiliteit van emoties en daardoor tot hoge angst op t2. Dit betekent dat adolescenten die vaak wisselen in blijheid, boosheid en bedroefdheid gemiddeld angstiger blijven in de tijd dan adolescenten die deze stemmingswisselingen niet of minder hebben. Ook bleek dat adolescenten met een laag niveau van blijheid en een hoog niveau van boosheid, angst en bedroefdheid, gemiddeld depressiever blijven in de tijd dan adolescenten die blij, niet boos, niet angstig en niet bedroefd zijn (zie ◘fig. 8.1, onderste deel). De figuur laat zien dat depressie op t1 leidt tot een hoog niveau van negatieve emotie en daardoor tot depressie t2. Ten slotte bleek ook dat adolescenten met een hoog niveau van boosheid en bedroefdheid meer agressie blijven tonen dan adolescenten die minder boos en bedroefd zijn. Emotieregulatie speelt dus een verschillende rol in de stabiliteit van individuele verschillen in angst aan de ene en depressie en agressie aan de andere kant. Stemmingswisselingen verklaren het voortbestaan van angst en een stabiel hoog niveau van negatieve emoties het voortbestaan van depressie en agressie (◘fig. 8.1).

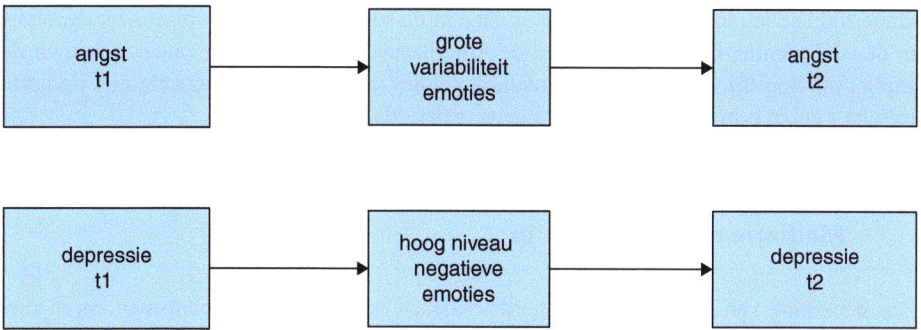

Figuur 8.1 Mislukte emotieregulatie als verklaring (mediatie) voor het voortbestaan van individuele verschillen in psychopathologie. Bij angst (bovenste figuur) is grote variabiliteit van emoties de verklarende (mediërende) factor, bij depressie (onderste figuur) is een hoog niveau van negatieve emoties dat. Ook bij agressie (niet in de figuur) zijn negatieve emoties de verklarende factor. Gegevens van een onderzoek van Neumann en anderen [20]

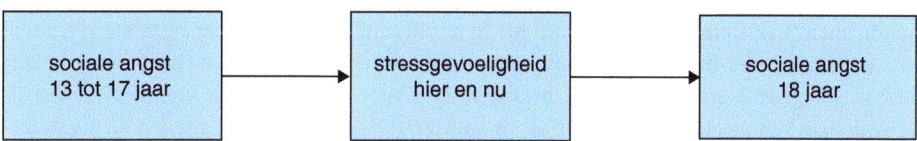

Figuur 8.2 Stressgevoeligheid als verklaring (mediatie) voor het voortbestaan van individuele verschillen in sociale angst. Gegevens van een onderzoek van Nelemans en anderen [19]

Stressgevoeligheid. Hoe zit het bij sociale angst? Wat verklaart dat adolescenten stabiel sociaal angstig zijn? Wij dachten dat stressgevoeligheid in sociale situaties daarvoor een goede verklaring zou kunnen zijn. En dan met name als adolescenten snel het gevoel hebben een sociaal onhandige indruk te maken.

In dit geval keken we naar individuele verschillen in sociale angst over een periode van zes jaar [19]. Eerst keken we hoe sociaal angstig jongeren zijn van 13 tot en met 17 jaar, en vervolgens op de leeftijd van 18 jaar. De stressgevoeligheid bekeken we tussen de 17 en 18 jaar met de spreekbeurttaak (*public speaking task*) [26]. Daarin moeten jongeren een geïmproviseerde spreekbeurt houden voor een groep van klasgenoten en een leraar. Deze taak is voor adolescenten spannend omdat ze bang zijn voor de groep af te gaan. Kort voorafgaand aan de spreekbeurt maten we de subjectieve stress en de hartslag van de jongeren. Adolescenten die op beide metingen een hoge stress lieten zien, bleken een stabiele hoge angst te hebben tussen de periode van 13 en 17 jaar en 18 jaar. Hoge stressgevoeligheid in het hier en nu verklaart dus het voortbestaan van sociale angst. Jongeren met een hoge stressgevoeligheid in het hier en nu blijven sociaal angstig in de tijd, jongeren met een lage gevoeligheid blijken niet sociaal angstig in de tijd (fig. 8.2). De figuur laat zien dat sociale angst van 13 tot 17 jaar leidt tot grote stressgevoeligheid en daardoor tot hoge sociale angst op 18 jaar.

Tot nu toe zijn er geen andere studies gedaan naar kortetermijnmechanismen die stabiele individuele verschillen in psychopathologie verklaren. Wel zijn er in Amerika [3, 10, 15, 21] en Australië [9] studies uitgevoerd met opzetten die vergelijkbaar zijn met die uit fig. 8.1 en 8.2. Deze studies lieten zien dat indicatoren van stress (negatieve levensgebeurtenissen, interpersoonlijke stressoren en stresslast) of mislukte emotieregulatie de verklaring vormen voor de instandhouding van agressie en depressie. Ook bleek uit de studies dat problemen in de kindertijd leidden tot stress of emotieregulatie in de adolescentie en vervolgens tot depressie in de adolescentie. Het verschil tussen de Amerikaanse en Australische onderzoeken en de studies uit ◘fig. 8.1 is dat in de buitenlandse studies stress en emotieregulatie niet op korte termijn werden gemeten maar over een langere periode.

8.2 Welke processen zorgen voor een ontwikkelingsvolgorde? Mediatie op lange termijn

Een beperking van ontwikkelingsvolgordemodellen is dat ze de mechanismen ervan niet laten zien. Neem bijvoorbeeld het ontwikkelingsvolgordemodel dat toont dat adolescente psychopathologie leidt tot erosie van persoonlijke relaties (◘fig. 7.6). Het is niet moeilijk om dat model te begrijpen, omdat het tamelijk begrijpelijk is dat het voor adolescenten niet gemakkelijk is om op te trekken met leeftijdsgenoten met internaliserend of externaliserend probleemgedrag of om met hen een relatie op te bouwen. Maar het model vertelt ons niet welke mechanismen hierbij een rol spelen. Zo kunnen bijvoorbeeld twee mechanismen een verklaring bieden voor het feit dat depressie leidt tot erosie van relaties: (1) depressieve jongeren hebben vaak weinig energie, waardoor ze minder initiatief nemen ten opzichte van anderen en hen minder betrekken bij opwindende nieuwe activiteiten; (2) ze hebben regelmatig last van negatieve stemmingen die belastend zijn voor de relatie met vrienden. Zowel de afwezigheid van positieve ervaringen als de aanwezigheid van negatieve zouden de mechanismen kunnen zijn die maken dat depressie leidt tot slechtere relaties. Om dat te onderzoeken hebben we een zogenaamd ontwikkelingsvolgordemediatiemodel nodig. ◘Figuur 8.3 geeft een voorbeeld hiervan.

De figuur laat zien dat adolescenten (A) die het gevoel hebben dat hun moeder hun privacy schendt (bijvoorbeeld door in hun dagboek te lezen of hun kamer te doorzoeken) meer geheim gaan houden voor haar. Vervolgens laat de figuur zien dat de geheimhouding door de adolescent ertoe leidt dat de moeder ook feitelijk minder weet van de adolescent. Zo toont de figuur (1) een ontwikkelingsvolgorde tussen het gevoel van schending van privacy van de adolescent en minder kennis van moeder, en (2) het mechanisme van deze volgorde: de geheimhouding door de adolescent. In dit type van modellen is de mediërende factor het mechanisme van de ontwikkelingsvolgorde.

Ontwikkelingsvolgordemediatiemodellen worden meestal gebruikt voor onderzoek naar ouder-adolescentrelaties op de wat langere termijn, enkele maanden en meestal jaren.

8.2.1 De rol van ouders: theorie

In ▶H. 5 liet ik de rijping van ouder-adolescentrelaties zien. Adolescenten worden onafhankelijker van hun ouders, ouder-adolescentrelaties worden gelijkwaardiger en machtsverschillen tussen ouders en adolescenten worden kleiner. Niet alleen worden de machtsverschillen tussen ouders en adolescenten kleiner, ook nemen de controle door en autoriteit van de ouders af. Ook liet ik zien dat adolescenten zelfstandiger worden in de relatie met hun ouders. Met het ouder worden scheppen adolescenten meer en meer een privéwereld en krijgen meer controle over persoonlijke informatie die ze met ouders willen delen: ze gaan minder vertellen en meer geheimhouden. Deze ontwikkeling laat zien dat ouders gedurende de adolescentie hun aanpak van opvoeden moeten veranderen en suggereert ook dat er beperkingen zijn aan de invloed van ouders.

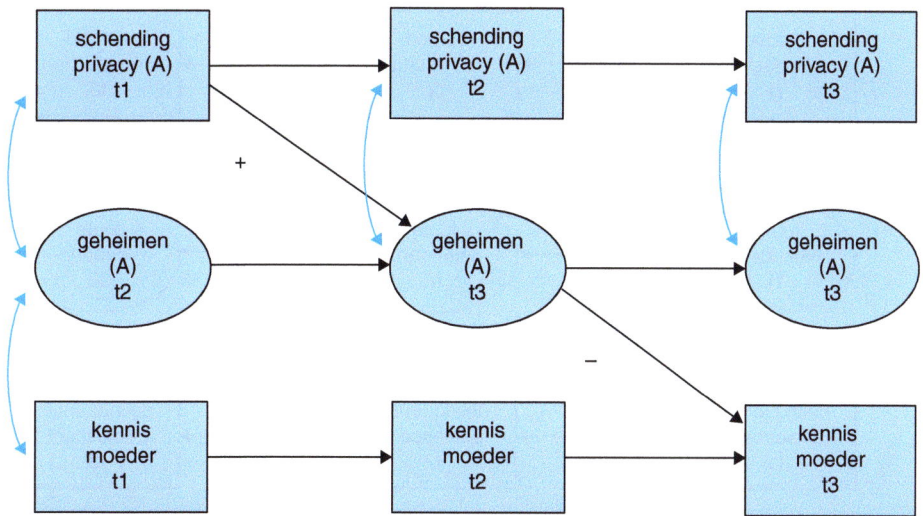

Figuur 8.3 Ontwikkelingsvolgordemediatiemodel dat laat zien dat schending van de privacy van adolescenten ertoe leidt dat ze meer geheim gaan houden voor hun moeder (het pad met +), waardoor de moeder minder kennis heeft over de dagelijkse beslommeringen van haar kinderen (het pad met −). De figuur laat alleen het mediatiepad zien en is gebaseerd op onderzoek van Hawk en anderen [8]

De zogenaamde terreinhypothese van het ouder-leeftijdsgenotenconflict is een van de eerste pogingen in de adolescentiepsychologie om de beperkingen van de invloed van ouders op adolescenten te beschrijven [1]. De hypothese is afkomstig uit de jaren zestig van de vorige eeuw en stelt dat ouders veel invloed hebben op de school- en beroepskeuze van hun kinderen, maar veel minder op hun vrije tijd en vriendschappen. Ongeveer 25 jaar later formuleren Smetana en collega's een variant op de terreinhypothese, die van de terreinspecifieke zeggenschap van ouders [23, 24]. Deze hypothese zegt dat adolescenten en ouders het erover eens zijn dat ouders zeggenschap hebben op het gebied van morele regels (bijvoorbeeld over delinquentie) en conventies (bijvoorbeeld manieren, het doen van klusjes in huis), maar ook dat adolescenten vinden dat ouders geen zeggenschap hebben over vriendschappen, persoonlijke smaak (bijvoorbeeld kleding) en persoonlijke keuzen (bijvoorbeeld roken). Ouders vinden dat ze hierover wel zeggenschap hebben.

Ongeveer dezelfde ideeën vinden we in de communicatie-en-privacytheorie (*communication privacy management theory*, CPM) [8]. Deze stelt dat er in alle culturen behoefte is aan privacy en dat de groeiende behoefte van jongeren aan privacy gekoppeld is aan de noodzaak onafhankelijk te worden van hun ouders. Daarom vinden adolescenten met het ouder worden dat ouders over steeds meer onderwerpen geen recht op informatie hebben. Daarover ontstaan conflicten, omdat ouders vinden dat veel onderwerpen niet privé zijn. Zo ontstaan gevoelens van schending van privacy als ouders dingen willen weten die adolescenten als persoonlijk beschouwen. In algemenere termen heet dit ook wel gebrek aan 'fit' tussen ontwikkelingsfase en omgeving (*no stage-environment fit*) [5, 6]. Adolescenten vinden dat ze gezien hun leeftijd recht hebben op privacy, terwijl ouders dat niet vinden.

Alle vier de visies suggereren dat ouders volgens jongeren in de loop van de adolescentie over steeds meer onderwerpen geen recht op informatie hebben. Dat beperkt vervolgens hun vermogen om invloed uit te oefenen op hun kinderen. En het kan ook leiden tot een negatieve ontwikkeling als ouders deze beperkingen niet accepteren.

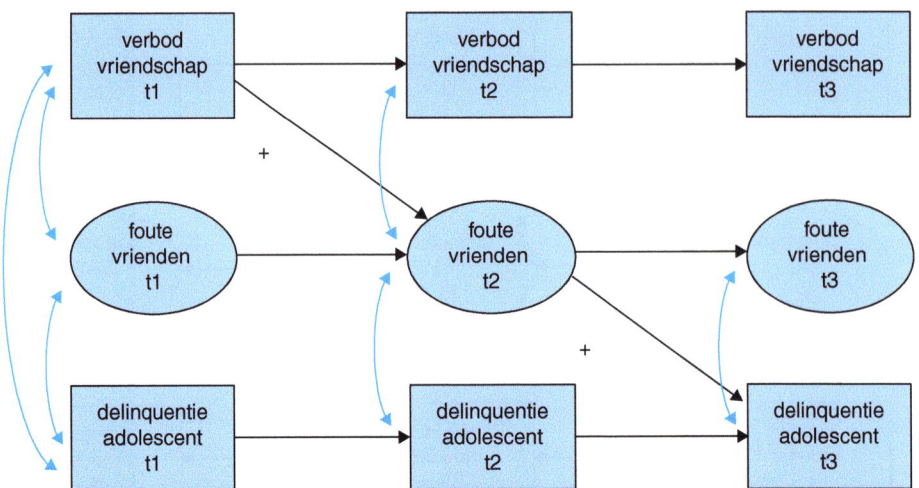

◘ Figuur 8.4 Ontwikkelingsvolgordemediatiemodel dat laat zien dat een ouderlijk verbod op vriendschappen leidt tot meer contact van adolescenten met foute vrienden en vervolgens tot meer delinquentie van adolescenten. De figuur laat alleen het mediatiepad zien en is gebaseerd op onderzoek van Keijsers en anderen [11]

8.2.2 De rol van ouders: onderzoek

De studie uit ◘fig. 8.3 geeft een voorbeeld van de negatieve gevolgen als ouders beperkingen in het opvoeden van hun kinderen niet accepteren. Als ze de privacy van hun kinderen schenden, leidt dat er later toe dat ze minder goed weten wat er in het leven van hun adolescente kinderen gebeurt.

De negatieve effecten van ouderlijke bemoeizucht vonden we ook in een studie naar een ouderlijk verbod op vriendschap en delinquentie [11] (◘fig. 8.4).

De figuur toont dat het verbod van moeders van adolescenten op het kiezen van bepaalde vrienden ertoe leidt dat ze meer contacten gaan onderhouden met foute vrienden en daardoor meer delinquent worden. Zo laat de figuur zien: (1) een ontwikkelingsvolgorde tussen verbod op vriendschap door moeder en delinquentie van adolescenten, en (2) het mechanisme van deze volgorde: contact met foute vrienden.

Samen tonen ◘fig. 8.3 en 8.4 dat opvoedingsgedrag van ouders tot negatieve effecten leidt als zij zich willen bemoeien met onderwerpen die adolescenten als persoonlijk beschouwen (privé en vriendschap).

Negatieve gevolgen van niet effectief opvoeden werden ook gevonden in een Amerikaanse studie [7]. Het ging in deze studie om een bijzondere vorm van ouderlijke schending van privacy van de adolescent, namelijk het geval waarin ouders hun ouderlijke ruzies met elkaar uitvechten voor de ogen van hun kind en het zo belasten met zaken die het niet hoeft te weten. Als ouders de grenzen van hun kinderen overtreden leidt dat tot vijandschap van ouders jegens hun kinderen en daardoor tot vijandschap van adolescenten jegens hun ouders. Ouderlijke ruzies zorgen er dus voor dat ouders negatief gaan staan tegenover hun kinderen en dat vervolgens van hun kinderen terugkrijgen. Op deze manier maken ouderlijke ruzies de relaties tussen de meeste gezinsleden slechter. In studies in Amerika [12] en Zweden [25] werden vergelijkbare resultaten gevonden, al was dat niet in ontwikkelingsvolgordemediatiemodellen. De Amerikaanse studie liet zien dat alleen bij vroege adolescenten die ouderlijk gezag accepteren, betrokkenheid en begeleiding door de moeder leidde tot meer openheid tegenover de moeder. Bij adolescenten die het ouderlijke gezag niet accepteren, was dat niet het geval. De Zweedse studie toonde dat ouderlijk toezicht tot meer delinquentie leidt als vroege adolescenten zich te veel gecontroleerd voelen.

Samenvattend laten de studies zien dat er beperkingen zijn aan de invloed van ouders en dat het fout kan gaan met adolescenten als ouders dat niet beseffen. Maar ook dat ouders positieve effecten kunnen bereiken.

8.3 Welke processen zorgen voor een ontwikkelingsvolgorde? Mediatie op korte termijn

Zouden kortetermijnprocessen een ontwikkelingsvolgorde in ouder-adolescentrelaties en psychopathologie inzichtelijk kunnen maken? En zou het dagelijks heroverwegen van hun identiteit het proces kunnen zijn dat ervoor zorgt dat adolescenten angstig en depressief blijven? Wij onderzochten deze vragen en kregen onverwachte uitkomsten.

8.3.1 Mislukte emotieregulatie, ouder-adolescentrelaties en psychopathologie

Grote variabiliteit van emoties in de loop van dagen geldt als een vorm van mislukte emotieregulatie (▶ par. 8.1.2). In ◘fig. 8.1 laat ik zien dat deze grote variabiliteit het proces is dat ervoor zorgt dat jongeren angstig blijven in de tijd. In een vervolgstudie op het onderzoek uit ◘fig. 8.1 bekeken we of grote variabiliteit van emoties het proces is dat ervoor zorgt dat negatieve relaties tussen ouders en adolescenten leiden tot angst en depressie, of omgekeerd dat angst en depressie leiden tot negatieve ouder-adolescentrelaties [14]. Over een periode van drie opeenvolgende jaren onderzochten we negatieve ouder-adolescentrelaties en angst en depressie bij adolescenten. Tussen de jaren 1 (t1) en 2 (t2) en 2 en 3 (t3) keken we steeds voor een periode van 45 dagen hoe groot de variabiliteit van de emoties blij, boos, angstig en bedroefd bij adolescenten was. We dachten dat een grote variabiliteit van emoties, mislukte emotieregulatie, de ontwikkelingsvolgorde tussen psychopathologie en negatieve ouder-adolescentrelaties zou kunnen verklaren, maar we vonden iets anders. En dat was dat grote variabiliteit van emoties leidt tot negatieve ouder-adolescentrelaties en tot meer psychopathologie bij jongeren. Grote variabiliteit van emoties is dus geen verklaring voor de ontwikkelingsvolgorde van psychopathologie en negatieve ouder-adolescentrelaties, maar leidt tot beide uitkomsten. Anders gezegd: mislukte emotieregulatie gaat in de ontwikkeling aan negatieve ouder-adolescentrelaties én aan psychopathologie vooraf. ◘Figuur 8.5 geeft dit weer.

8.3.2 Identiteit, angst en depressie

Adolescenten met de identiteitsstatus moratorium hebben geen sterke commitments en overwegen vaak om andere commitments te kiezen. Ze hebben een onzekere identiteit (zie ◘fig. 3.3). Een onzekere identiteit gaat samen met veel internaliserende en externaliserende problemen (zie bijvoorbeeld ◘fig. 3.14 voor depressie en delinquentie) [17, 18]. Om die reden is het niet zo gek om aan te nemen dat dagelijkse onzekerheid over de identiteit een rol speelt in de invloed van angst op depressie en omgekeerd. Het zou heel goed kunnen zijn dat angst tot een onzekere identiteit leidt en daardoor tot depressie, of omgekeerd. Daarom keken we over een periode van

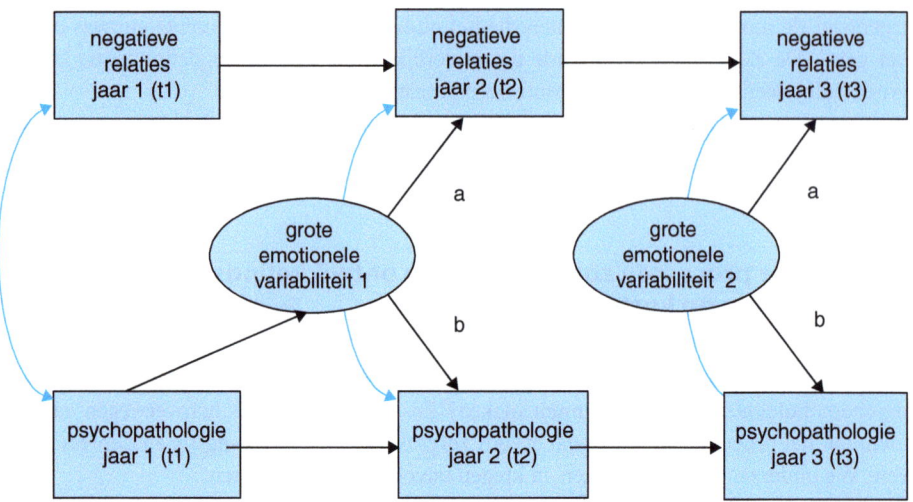

☐ **Figuur 8.5** Het kortetermijnproces emotionele variabiliteit (de paden **a** en **b**) leidt tot negatieve ouder-adolescentrelaties en adolescente psychopathologie op langere termijn. De figuur is een vereenvoudigde versie van het model zoals gevonden in Maciejewski en anderen [14]

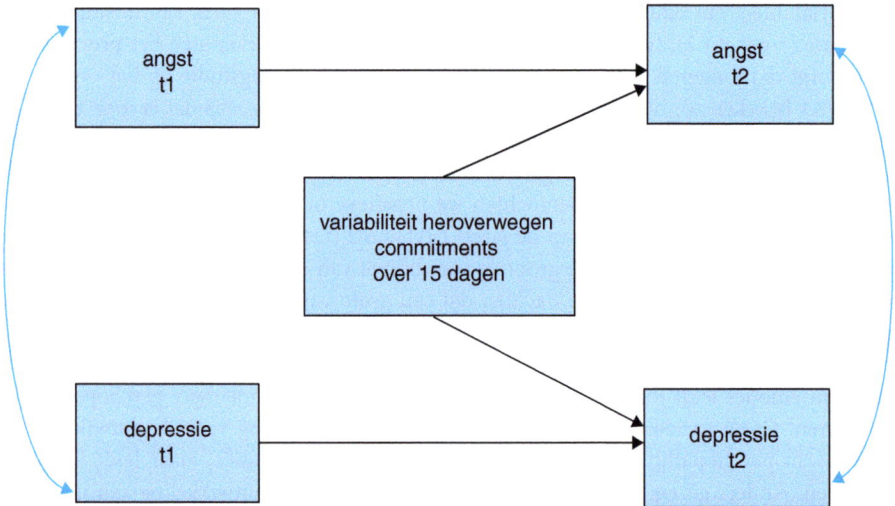

☐ **Figuur 8.6** Variabiliteit van dag tot dag in het heroverwegen van commitments leidt tot angst en depressie op de lange termijn. De figuur is een vereenvoudigde versie van het model zoals gevonden in Schwartz en anderen [22]

twee opeenvolgende jaren (t1 en t2) naar angst en depressie bij adolescenten [22]. Tussen jaar 1 en 2 keken we voor een periode van 15 dagen naar de variabiliteit van het heroverwegen van commitments. Een grote variabiliteit betekent dat adolescenten de ene dag erg twijfelen aan hun commitments en de andere dag niet. Maar ook hier vonden we niet dat dagelijkse identiteitsonzekerheid de ontwikkelingsvolgorde tussen angst en depressie verklaart. Wat we vonden is dat een onzekere identiteit in de tijd leidt tot angst en depressie. Anders gezegd: een onzekere identiteit gaat in de ontwikkeling aan angst en depressie vooraf. ☐Figuur 8.6 geeft dit weer.

Deze uitkomst is, net zoals die van ◻fig. 8.5, in overeenstemming met mijn algemene interpretatie van de sociometertheorie: in de ontwikkeling vinden individuele gedragingen of kenmerken hun basis in de dagelijkse omgang met anderen en dagelijkse ervaringen (zie ▶ par. 8.1.1).

8.4 Conclusie

De studies naar mediatie op korte en lange termijn laten twee ontwikkelingspatronen zien. Deze patronen zijn zichtbaar in ons eigen en internationaal onderzoek. Het gaat om ontwikkelingspatroon 7 en 8. De eerdere zes ontwikkelingspatronen staan in ▶ H. 3 tot en met 7.

Ontwikkelingspatroon 7 toont *beperkingen in het opvoeden van adolescenten* en is ontleend aan het onderzoek uit ▶ par. 8.2. De verschillende studies [7, 8, 11, 13, 25] laten zien dat maturatie van adolescenten betekent dat zij hun eigen privéwereld ontwikkelen en controleren. Als ouders de grenzen van die privéwereld schenden of de persoonlijke grenzen van hun kinderen overtreden, leidt dat ertoe dat ouders hun doelen niet bereiken en dat ze uiteindelijk minder weten over wat hun kinderen bezighoudt, en het leidt tot meer conflicten. Ook leidt bemoeienis van moeders tot minder communicatie met hun kinderen als die de bemoeienis niet legitiem vinden. En ouders hebben maar in beperkte mate controle over welke vrienden hun kinderen kiezen. Als ze daar te sterk controle op willen uitoefenen, kan dat juist leiden tot keuze voor foute vrienden en delinquentie. Een en ander is in overeenstemming met Smetana's theorie [23, 24] over terreinspecifieke zeggenschap van ouders. Deze theorie zegt dat ouderlijke bemoeienis met onderwerpen die adolescenten als persoonlijke zien, leidt tot negatieve ontwikkelingsuitkomsten. Ook zijn de resultaten van de verschillende studies in overeenstemming met de terreinhypothese van het ouder-leeftijdsgenotenconflict [1] die stelt dat ouders beperkte invloed hebben op de vrije tijd van jongeren.

Ontwikkelingspatroon 8 toont *de donkere kant van variabiliteit en onzekerheid* en komt naar voren in de studies naar kortetermijnprocessen uit ▶ par. 8.1.2, 8.3.1 en 8.3.2. In ▶ par. 8.1.2 bleek dat grote variabiliteit van emoties en onzekerheid over de sociale indruk die adolescenten maken de mechanismen vormen voor het in stand blijven van psychopathologie. Variabiliteit van emoties zorgt ervoor dat adolescenten angstig blijven. Onzekerheid over de sociale indruk die ze maken zorgt ervoor dat adolescenten gestrest zijn als ze zich moeten presenteren aan anderen en houdt zo sociale angst in stand. Deze resultaten werden ook in internationaal onderzoek gevonden. Verschillende stressoren en mislukte emotieregulatie bleken de mechanismen te vormen van het voortbestaan van depressie en agressie bij adolescenten.

Grote variabiliteit van emoties bij adolescenten leidt ook tot negatieve relaties met hun ouders en relatieve toename van angst en depressie later in de adolescentie (▶ par. 8.3.1). Hetzelfde verschijnsel komt naar voren bij dagelijkse identiteitsonzekerheid: die leidt ook tot meer angst en depressie later in de adolescentie (▶ par. 8.3.2). Deze uitkomst werd tot nu toe niet gerepliceerd in internationaal onderzoek. En dat is uiteraard nodig.

Ontwikkelingspatroon 8 is in overeenstemming met mijn algemene interpretatie van de sociometertheorie [13]: dagelijkse omgang met anderen en dagelijkse ervaringen vormen de bouwstenen voor de ontwikkeling van adolescente psychopathologie en ouder-adolescentrelaties op de langere termijn.

Literatuur

1. Brittain, C. V. (1967). An exploration of the bases of peer-compliance and parent-compliance in adolescence. *Adolescence, 13*, 445–458.
2. Clark, D. M., & Wells, A. (1995). A cognitive model of social phobia. In R. Heimberg, M. Liebowitz, D. A. Hope & F. R. Schneier (red.), *Social phobia: Diagnosis, assessment and treatment* (pag. 69–93). New York: Guilford Press.
3. Cole, D. A., Nolen-Hoeksema, S., Girgus, J., & Paul, G. (2006). Stress exposure and stress generation in child and adolescent depression: A latent trait-state-error approach to longitudinal analyses. *Journal of Abnormal Psychology, 115*, 40–51.
4. Cooley, C. (1902). *Human nature and the social order*. New York: Scribner.
5. Eccles, J., Buchanan, C., Flanagan, C., Fuligni, A., Midgley, C., & Yee, D. (1991). Control versus autonomy during early adolescence. *Journal of Social Issues, 47*, 53–68.
6. Eccles, J., Midgley, C., Wigfield, A., Buchanan, C., Reuman, D., Flanagan, C., & Mac Iver, D. (1993). Development during adolescence: The impact of stage-environment fit on young adolescents' experiences in schools and in families. *American Psychologist, 48*, 90–101.
7. Fosco, G., Lippold, M., & Feinberg, M. (2014). Interparental boundary problems, parent-adolescent hostility, and adolescent-parent hostility: A family process model for adolescent aggression problems. *Couple and Family Psychology: Research and Practice, 3*, 141–155.
8. Hawk, S. T., Keijsers, L., Frijns, T., Hale, W., & Meeus, W. (2013). 'I still haven't found what I'm looking for': Parental privacy invasion predicts reduced parental knowledge. *Developmental Psychology, 49*, 1286–1298.
9. Hazel, N., Hammen, C., Brennan, P., & Najman, J. (2008). Early childhood adversity and adolescent depression: The mediating role of continued stress. *Psychological Medicine, 38*, 581–589.
10. Herts, K., McLaughlin, K., & Hatzenbuehler, M. (2012). Emotion dysregulation as a mechanism linking stress exposure in adolescent aggressive behavior. *Journal of Abnormal Child Psychology, 40*, 1111–1122.
11. Keijsers, L., Branje, S., Hawk, S. T., Schwartz, S., Frijns, T., Koot, H., … Meeus W. (2012a). Forbidden friends as forbidden fruit: Parental supervision of friendships, contact with deviant peers, and adolescent delinquency. *Child Development, 83*, 651–666.
12. Keijsers, L., & Laird, R. (2014). Mother-adolescent monitoring dynamics and the legitimacy of parental authority. *Journal of Adolescence, 37*, 515–524.
13. Leary, M., Haupt, A., Strausser, K., & Chokel, J. (1995). Calibrating the sociometer: The relationship between interpersonal appraisals and state self-esteem. *Journal of Personality and Social Psychology, 74*, 1290–1299.
14. Maciejewski, D., Van Lier, P., Neumann, A., Van der Giessen, D., Branje, S., Meeus, W., & Koot, H. (2014). The development of adolescent generalized anxiety and depressive symptoms in the context of adolescent mood variability and parent-adolescent negative interactions. *Journal of Abnormal Child Psychology, 42*, 515–526.
15. McLaughlin, K.,& Hatzenbuehler, M. (2009). Mechanisms linking stressful life events and mental health problems in a prospective, community-based sample of adolescents. *Journal of Adolescent Health, 44*, 153–160.
16. Mead, G.H. (1934). *Mind, self, and society*. Chicago: University of Chicago Press.
17. Meeus, W. (2011). The study of adolescent identity formation 2000–2010: A review of longitudinal research. *Journal of Research on Adolescence, 21*, 75–94.
18. Meeus, W., Iedema, J., Helsen, M., & Vollebergh, W. (1999). Patterns of adolescent identity development: Review of literature and longitudinal analysis. *Developmental Review, 19*, 419–461.
19. Nelemans, S., Hale, B., Raaijmakers, Q., Branje, S., Van Lier, P., Koot, H., & Meeus, W. (2017). The role of stress reactivity in the long-term persistence of adolescent social anxiety symptoms. *Biological Psychology, 125*, 91–104.
20. Neumann, A., Van Lier, P., Frijns, T., Meeus, W., & Koot, H. (2011). Emotional dynamics in the development of early adolescent psychopathology: A one-year longitudinal study. *Journal of Abnormal Child Psychology, 39*, 657–669.
21. Rudolph, K., Flynn, M., Abaied, J., Groot, A., & Thompson, R. (2009). Why is past depression the best predictor of future depression? Stress generation as a mechanism of depression continuity in girls. *Journal of Clinical Child & Adolescent Psychology, 38*, 473–485.
22. Schwartz, S., Klimstra, T., Luyckx, K., Hale, W., Frijns, T., Oosterwegel, A., van Lier, P., Koot, H., & Meeus, W. (2011). Daily dynamics of personal identity and self-concept clarity. *European Journal of Personality, 25*, 373–385.

23. Smetana, J., & Asquith, P. (1994). Adolescents' and parents' conceptions of parental authority and personal autonomy. *Child Development, 65,* 1147–1162.
24. Smetana, J., Metzger, A., Gettman, D., & Campione-Barr, N. (2006). Disclosure and secrecy in adolescent-parent relationships. *Child Development, 77,* 201–217.
25. Tilton-Weaver, L., Burk, W., Kerr, M., & Stattin, H. (2013). Can parental monitoring and peer management reduce the selection or influence of delinquent peers? Testing the question using a dynamic social network approach. *Developmental Psychology, 49,* 2057–2070.
26. Westenberg, P.M., Bokhorst, C.L., Miers, A.C., Sumter, S.R., Kallen, V.L., Van Pelt, J., & Blöte, A.W. (2009). A prepared speech in front of a pre-recorded audience: Subjective, physiological, and neuroendocrine responses to the Leiden Public Speaking Task. *Biological Psychology, 82,* 116–124.

Tijdelijke turbulentie en ontwikkelingspatronen

Samenvatting

Er zijn twee manieren om naar de adolescentie te kijken: (1) als een moeilijke en chaotische periode en (2) als de leeftijdsfase waarin mensen worden wie ze eigenlijk zijn. De conclusie is dat de adolescentie een moeilijke én een vormende periode is. Beide perspectieven hebben geldigheid. Maar het perspectief van de adolescentie als vormende periode geldt voor de meeste adolescenten, terwijl dat van de moeilijke adolescentie geldt voor een minderheid. De middenadolescentie is dé periode van storm en stress. Ook zijn er acht ontwikkelingspatronen in de adolescentie. Dit zijn patronen die gevonden zijn in onderzoek in verschillende landen. Een aantal van deze patronen komt overeen met wat je zou verwachten: zo dragen ouders hun denken en doen over op hun kinderen. Maar er zijn ook onverwachte patronen, bijvoorbeeld dat problemen van adolescenten ervoor zorgen dat ouders minder in hen investeren. Daarnaast zijn er sterke indicaties dat er een beperkt aantal regels van individuele ontwikkeling is. Bijvoorbeeld dat individuele ontwikkeling een richting heeft en dat er duidelijke eindpunten van ontwikkeling zijn. Ten slotte betekent maturatie van adolescenten dat ze zich steeds zelfstandiger op gaan stellen en dat de invloed van bijvoorbeeld hun ouders beperkter wordt.

9.1 Beschrijven van ontwikkeling: ontwikkelingspatronen – 143
9.1.1 Maturatie – 143
9.1.2 Regels van individuele ontwikkeling – 144
9.1.3 Subfasen in de adolescentie – 150

9.2 Beschrijven van de ontwikkeling en theorieën van ontwikkeling in de adolescentie – 152
9.2.1 Het ik: groei van continuïteit, flexibiliteit en organisatie – 153

© Bohn Stafleu van Loghum is een imprint van Springer Media B.V., onderdeel van Springer Nature 2019
W. Meeus, *Vallen en opstaan in de adolescentie*, https://doi.org/10.1007/978-90-368-2362-3_9

9.2.2	Persoonlijke relaties: individuatie – 153	
9.2.3	Problemen van adolescenten: tussen maturatiestress en maturatiegebrek – 154	
9.3	Patronen van meervoudige ontwikkeling – 155	
9.3.1	Ontwikkelingspatronen in samenhang: drie combinaties – 158	
9.4	Patronen van meervoudige ontwikkeling en theorieën over adolescentie – 159	
9.4.1	Adolescenten en ouders: verschuivende posities – 159	
9.4.2	Erosie van persoonlijke relaties, mislukte emotieregulatie en onzekerheid – 160	
9.4.3	Ouders als rolmodel: hechting en overdracht – 161	
9.4.4	Een noot bij ontwikkelingspatroon 3: goed gaat samen met goed, en slecht met slecht – 161	
9.5	Sekseverschillen – 161	
9.5.1	Sekseverschillen in de ontwikkeling bij adolescenten als groep – 162	
9.5.2	Sekseverschillen in de meervoudige ontwikkeling – 162	
9.6	De moeilijke of vormende adolescentie? Een conclusie – 162	
9.7	Onderzoek naar ontwikkeling in de adolescentie: een blik op de toekomst – 164	
9.7.1	Kijken naar ontwikkeling en meervoudige ontwikkeling – 164	
9.7.2	Ontwikkeling van individuele verschillen en individuele ontwikkeling – 165	
9.7.3	Ontwikkelingsvolgorde en oorzaak en gevolg in modellen van individuele ontwikkeling – 166	
9.7.4	Combineren van verschillende tijdsschalen in onderzoek naar ontwikkeling – 167	
9.7.5	Op weg naar onderzoek over de hele wereld dat multidisciplinair is – 167	

Literatuur – 167

In de publieke opinie is de adolescentie een turbulente en chaotische periode, ouders vinden het moeilijk om adolescenten op te voeden, en ook in de wetenschap bestaat het beeld van de moeilijke adolescentie. Ik heb in de vorige hoofdstukken laten zien dat dit beeld niet klopt. Dat komt vooral omdat ik systematisch naar ontwikkeling heb gekeken. Als je dat doet, dan zie je dat veel problemen van jongeren van tijdelijke aard zijn en dat de meeste adolescenten een positieve ontwikkeling laten zien. Dat is het voordeel van een ontwikkelingsbenadering: zij vergroot tijdelijke problemen niet uit, maar laat juist de tijdgebondenheid ervan zien. Natuurlijk betekent dit niet dat alle jongeren een positieve ontwikkeling doormaken. Voor een tamelijk grote groep is dat niet het geval.

De gemiddeld positieve ontwikkeling is vooral zichtbaar in ontwikkelingspatroon 1, dat systematische maturatie van adolescenten laat zien op verschillende gebieden. Het patroon is te zien bij adolescenten als groep en bij adolescenten als individu. Ontwikkelingspatroon 2 tot en met 8 werden gevonden in voorspellingsmodellen of ontwikkelingsvolgordemodellen. Ook in deze modellen speelt rijping of de onmogelijkheid tot rijping van adolescenten een grote rol, en dan met name hoe deze in de ontwikkeling samengaat met de ontwikkeling van relaties van adolescenten met hun ouders en leeftijdsgenoten. De ontwikkelingspatronen ondersteunen het klassieke beeld dat ouders veel invloed hebben op kinderen slechts deels; het omgekeerde blijkt ook het geval te zijn. De ontwikkeling van adolescenten heeft ook een sturende invloed op het gedrag van ouders.

In dit hoofdstuk bespreek ik de verschillende ontwikkelingspatronen. Ik begin met ontwikkelingspatroon 1, de maturatie van adolescenten. Daarbij (1) besteed ik aandacht aan de regels van individuele ontwikkeling die naar voren komen in ontwikkelingsketens; (2) laat ik zien hoe identiteit, persoonlijkheid, persoonlijke relaties en psychopathologie zich ontwikkelen in de verschillende subfasen van de adolescentie, en (3) geef ik aan hoe deze resultaten bijdragen aan theorieën over ontwikkeling in de adolescentie. In mijn overzicht van ontwikkelingspatroon 2 tot en met 8 ga ik met name in op de invloed van ouders op adolescenten en die van adolescenten op hun ouders en leeftijdsgenoten, en op de bijdrage van de patronen aan theorieën over adolescentie.

Zo kom ik aan het einde van het hoofdstuk tot een uitvoerig antwoord op de vraag of de adolescentie een periode van turbulentie en chaos is of een vormende periode. Ik besteed ook nog enige aandacht aan de manieren waarop we in de toekomst de ontwikkeling van adolescenten op nieuwe manieren kunnen onderzoeken.

9.1 Beschrijven van ontwikkeling: ontwikkelingspatronen

9.1.1 Maturatie

In ▶H. 2 besprak ik vier manieren om ontwikkeling te beschrijven: (1) gemiddelde verandering, (2) ontstaan en stabiel worden van individuele verschillen, (3) profielstabiliteit, en (4) ontwikkelingsketens. Al deze benaderingen laten systematische maturatie van adolescenten op verschillende ontwikkelingsgebieden zien: identiteit, persoonlijkheid, persoonlijke relaties en psychopathologie. Als we naar de gemiddelde verandering kijken, zien we groei van identiteit (commitments), afname van identiteitstwijfel, groei van persoonlijkheidstrekken (voor sommige trekken vanaf de vroege adolescentie, voor andere vanaf de middenadolescentie), toename van harmonieuze en gelijkwaardige ouder-adolescentrelaties, afname van gedragsmatige controle door ouders, afname van informatie delen met ouders, toename van geheimhouding voor ouders, toename van steun in vriendschappen, groei van cognitieve empathie, en afname van directe agressie en delinquentie vanaf de middenadolescentie. De toename van de stabiliteit van individuele verschillen in persoonlijkheidstrekken geeft rijping op groepsniveau aan: de positie van adolescenten binnen de groep van leeftijdsgenoten komt meer vast te liggen. Ten slotte laten de studies naar ontwikkeling van identiteitsstatus maturatie van identiteit op individueel niveau zien. Omdat deze resultaten werden gevonden in onze eigen studies en in onderzoek in diverse andere landen geven ze het ontwikkelingspatroon van adolescente maturatie aan. Opmerkelijke uitzonderingen op dit positieve ontwikkelingspatroon zijn de toename van depressie en mogelijk ook drugsgebruik vanaf de vroege respectievelijk de middenadolescentie. In ◘tab. 9.1 staat een overzicht van de resultaten.

Een aantal resultaten over maturatie in de adolescentie is niet gerapporteerd voor andere landen en moet daar dus nog worden onderzocht. Daarom kan ik voor deze bevindingen niet van ontwikkelingspatronen spreken. Maar tegelijkertijd is het wel zo dat praktisch al deze resultaten op maturatie wijzen en dus overeenkomen met de resultaten van ◘tab. 9.1. Zie daarvoor ◘tab. 9.2.

De tabel laat om te beginnen maturatie op groepsniveau zien: de stabiliteit van individuele verschillen in helderheid van zelfbeeld, politieke opvattingen, ouder-adolescentrelaties, macht in vriendschappen, angst, depressie en delinquentie neemt systematisch toe in de adolescentie. Hetzelfde zien we voor maturatie op individueel niveau. De profielstabiliteit van politieke identiteit en persoonlijkheid neemt toe. Dat wil zeggen dat het politieke zelfbeeld en de persoonlijkheid meer georganiseerd worden in individuen. En ook zien we een toename van adaptieve individuele typen: van veerkrachtigen, adolescenten met een harmonieuze relatie met ouders, en adolescenten die geen agressie en angst ervaren.

Dus zowel ◘tab. 9.1 als 9.2 laten maturatie van adolescenten en normatieve ontwikkeling zien: ontwikkeling in de adolescentie heeft een duidelijke richting en de meerderheid van de adolescenten vertoont deze ontwikkelingsrichting [52]. Dit patroon komt overeen met het idee van normatieve ontwikkeling van de levenslooppsychologie [5]. De tabellen laten ook, op een paar uitzonderingen na (toename van depressie en drugsgebruik), een positieve ontwikkeling in de adolescentie zien.

9.1.2 Regels van individuele ontwikkeling

In ▶par. 2.3.2 heb ik uitgelegd hoe we met ontwikkelingsketens de individuele ontwikkeling kunnen bestuderen. Met deze benadering kunnen we de toe- en afname van individuele typen vaststellen, eindpunten van ontwikkeling en tijdelijke typen ontdekken, nagaan hoe adolescenten van het ene in het andere type veranderen, en ook hoe vaak ze dat doen. In ▶H. 3 tot en met 6 is vervolgens duidelijk geworden dat deze benadering nuttig is bij het bestuderen van identiteit, persoonlijkheid, persoonlijke relaties en psychopathologie. Het blijkt dat er drie regels van individuele ontwikkeling zijn. Dit zijn tegelijkertijd ook regels van individuele maturatie: (1) er zijn eindpunten van de ontwikkeling en tijdelijke typen; (2) er zijn buurteffecten in ontwikkeling: de kans dat ontwikkelingstype A verandert in ontwikkelingstype B is groter dan in C en D; (3) de frequentie van verandering is beperkt. ◘Tabel 9.3 laat zien dat deze regels gevonden werden in alle gevallen waarin ze werden onderzocht [40, 41, 76, 78, 79]. Ze zijn dus uitzonderlijk goed repliceerbaar.

Naar mijn mening zijn deze drie regels heel belangrijk voor het begrijpen van de individuele ontwikkeling. Ze geven de richting van ontwikkeling aan (van tijdelijke typen naar eindpunten van de ontwikkeling, regel (1)), ze geven aan hoe de ontwikkeling verloopt (typen die in elkaars buurt liggen gaan in elkaar over, regel (2)), en ze tonen de dynamiek van de ontwikkeling (hoe vaak er veranderingen zijn, regel (3)).

9.1 · Beschrijven van ontwikkeling: ontwikkelingspatronen

Tabel 9.1 Ontwikkelingspatronen van maturatie in de adolescentie bij het beschrijven van de ontwikkeling

ontwikkelingspatroon	modellen van beschrijving van ontwikkeling					
	op groepsniveau				op individueel niveau	
	gemiddelde verandering	subfase adolescentie	toename stabiliteit van individuele verschillen	subfase adolescentie	ontwikkelingsketens: toename van adaptieve typen	subfase adolescentie
het ik						
1 (a) rijping identiteit	X	gehele adolescentie			X	gehele adolescentie
1 (a) rijping persoonlijkheid	X	vanaf vroege/middenadolescentie	X	gehele adolescentie		
persoonlijke relaties						
1 (b) groei van harmonieuze en gelijkwaardige ouder-adolescentrelaties	X	vanaf middenadolescentie				
1 (b) afname gedragsmatige controle ouders	X	vanaf vroege adolescentie				
1 (b) afname informatie delen met ouders	X	vanaf vroege adolescentie				
1 (b) toename geheimhouding voor ouders	X	vanaf vroege adolescentie				

◻ Tabel 9.1 Ontwikkelingspatronen van maturatie in de adolescentie bij het beschrijven van de ontwikkeling (vervolg)

ontwikkelingspatroon	modellen van beschrijving van ontwikkeling				op individueel niveau	
	op groepsniveau					
	gemiddelde verandering	subfase adolescentie	toename stabiliteit van individuele verschillen	subfase adolescentie	ontwikkelingsketens: toename van adaptieve typen	subfase adolescentie
1 (b) groei van steun in vriendschappen	x	gehele adolescentie				
1 (b) groei van cognitieve empathie	x	gehele adolescentie				
psychopathologie						
1 (c) toename van depressie	x	vanaf vroege/middenadolescentie				
1 (c) afname van delinquentie	x	vanaf midden-/late adolescentie				
1 (c) afname van directe agressie	x	vanaf middenadolescentie				
1 (c) toename drugsgebruik	x	vanaf middenadolescentie				

Noot: (a), (b) en (c) verwijzen naar respectievelijk maturatie van het ik, persoonlijke relaties en psychopathologie.

Tabel 9.2 Maturatie in de adolescentie gevonden in eigen onderzoek alleen

ontwikkelings-	modellen van beschrijving van ontwikkeling					
patroon	op groepsniveau		op individueel niveau			
	toename stabiliteit van individuele verschillen	subfase adolescentie	profielstabiliteit	subfase adolescentie	ontwikkelingsketens: toename van adaptieve typen	subfase adolescentie
het ik						
1 (a) politieke identiteit			X	van vroege tot late adolescentie		
1 (a) helderheid zelfbeeld	X	gehele adolescentie				
1 (a) politieke opvattingen	X	gehele adolescentie				
1 (a) persoonlijkheid	X	gehele adolescentie	X		X (veerkrachtig)	
persoonlijke relaties						
1 (b) ouder-adolescentrelaties	X	gehele adolescentie			X (harmonieus)	vanaf middenadolescentie
1 (b) macht in vriendschappen	X	gehele adolescentie				
1 (b) ouder-adolescentrelaties en vriendschappen	X	gehele adolescentie			X (toename harmonieus en afname turbulent)	vanaf middenadolescentie

Tabel 9.2 Maturatie in de adolescentie gevonden in eigen onderzoek alleen (vervolg)

ontwikkelings-patroon	modellen van beschrijving van ontwikkeling		op individueel niveau			
	op groepsniveau		profielstabiliteit	subfase adolescentie	ontwikkelingsketens: toename van adaptieve typen	subfase adolescentie
	toename stabiliteit van individuele verschillen	subfase adolescentie				
psychopathologie						
1 (c) angst	X	gehele adolescentie				
1 (c) depressie	X	gehele adolescentie				
1 (c) agressie en angst	X (alleen angst)	gehele adolescentie				
1 (c) delinquentie	X	vroege tot late adolescentie			X (geen problemen)	gehele adolescentie

Noot: (a), (b) en (c) verwijzen naar respectievelijk maturatie van het ik, persoonlijke relaties en psychopathologie.

9.1 · Beschrijven van ontwikkeling: ontwikkelingspatronen

Tabel 9.3 Regels van individuele rijping op verschillende gebieden

ontwikkelingsgebied	1. eindpunten en tijdelijke typen			2. buurteffecten in ontwikkeling		3. beperkte frequentie van verandering
	beide typen aanwezig?	eindpunten van ontwikkeling	tijdelijke typen	aanwezig?	voorbeelden	
– identiteit	het ik ja	closure (C) achievement (A)	diffusion (D) moratorium (M) searching moratorium (SM)	ja	D → C < D → SM, M, A[a]	ja
– persoonlijkheid	ja	veerkrachtigen (V) overcontrollers (O)	undercontrollers (U)	ja	U → R < U → O, O → R	ja
	persoonlijke relaties					
– ouder-adolescentrelaties[b]	ja	harmonieus (H)	turbulent (T) niet betrokken-ruzie (Nb-r) autoritatief (A)	ja	A → H < A → N-br	niet onderzocht
– ouder-adolescentrelaties en vriendschappen	ja	vriendgericht (V)	turbulent (T) harmonieus (H) gemiddeld (G) oudergericht (O)	ja	T → H < T → V	niet onderzocht
	psychopathologie					
– agressie en angst	ja	geen problemen (Gp) angstig (GGA)	agressief (DA) agressief en angstig (DA&GGA)	ja	DA → GGA < DA → Gp	niet onderzocht

[a] D → C geeft ontwikkeling van D naar C aan.
[b] Om de tabel niet te ingewikkeld te maken worden alleen regels van de ontwikkeling van ouder-adolescentrelaties in de midden- en late adolescentie weergegeven.

In de vorige paragraaf gaf ik aan dat de gegevens uit ◘ tab. 9.1 en 9.2 in overeenstemming zijn met de uitgangspunten van de levensloopspychologie [5]. De regels uit ◘ tab. 9.3 komen overeen met twee andere aannames van de levensloopspychologie: multigerichtheid van de ontwikkeling en relatieve kneedbaarheid.

Multigerichtheid [19] is zichtbaar in de verschillende varianten van de individuele ontwikkeling. Zo kunnen bijvoorbeeld undercontrollers veranderen in zowel veerkrachtigen als overcontrollers [79] en agressieve en angstige adolescenten in zowel agressieven als in adolescenten die geen problemen hebben [76]. Vervolgens is het zo dat de buurteffecten de multigerichtheid van de ontwikkeling specificeren; undercontrollers kunnen bijvoorbeeld overgaan in veerkrachtigen en overcontrollers, maar de kans op de eerste overgang is groter dan de tweede.

Maturatie betekent ook verlies van relatieve kneedbaarheid. In de ontwikkeling zien we het overgaan van tijdelijke typen naar eindpunten van ontwikkeling: naar de identiteitsstatus achievement (zie ▶ par. 3.3.2), het veerkrachtige persoonlijkheidstype (zie ▶ par. 4.3.2) en naar het type geen problemen (geen agressie en angst, zie ▶ par. 6.3.1). De eindpunten van de ontwikkeling zijn per definitie minder veranderlijk dan de tijdelijke typen. Een ontwikkeling in hun richting betekent dus ook per definitie verlies van relatieve kneedbaarheid.

9.1.3 Subfasen in de adolescentie

In ◘ tab. 1.1 beschrijf ik vier subfasen in de adolescentie: vroege adolescentie (leeftijd 12–14), middenadolescentie (leeftijd 15–17), late adolescentie (leeftijd 18–20) en postadolescentie (leeftijd 21–23). Hoe verloopt de ontwikkeling in de verschillende subfasen? Wanneer is er een versnelling van de ontwikkeling, en wanneer vertraagt deze? En wanneer zien we een piek of dal in de ontwikkeling? ◘ Tabel 9.4 geeft een overzicht voor het ik, persoonlijke relaties en psychopathologie.

De tabel laat (opnieuw) een systematische ontwikkeling zien van het ik, persoonlijke relaties en psychopathologie. De tabel toont ook dat de subfasen een verschillend profiel hebben. De vroege adolescentie laat een houding zien van 'ga de wereld in': de sterkste afname van separatieangst van ouders, het laagste niveau van gegeneraliseerde angst en depressie, en een piek van directe agressie. De middenadolescentie heeft een typisch profiel van 'storm en stress', met het laagste niveau van ouderlijke steun, een piek in conflict met ouders, turbulente relaties met ouders, sociale angst en delinquentie, en een sterke toename van cannabisgebruik. De late adolescentie laat een 'herstel'-profiel zien, met een toename van harmonieuze ouder-adolescentrelaties, een toename van ouderlijke steun, afname van turbulentie tussen ouders en adolescenten, en daarnaast een afname van sociale angst, delinquentie en directe agressie. Uitzonderingen op dit profiel van herstel zijn een toename van gegeneraliseerde angst, depressie en drugsgebruik. In de tabel is ook te zien dat er niet zoveel onderzoek is gedaan naar de ontwikkeling in de late adolescentie. Wel is zichtbaar dat de toename van stabiliteit van individuele verschillen in politieke opvattingen en ook de afname van delinquentie wat minder sterk zijn in deze periode.

De profielen van de verschillende subfasen passen goed bij de verschillende overgangen en ontwikkelingstaken die in ◘ tab. 1.1 staan. In de vroege adolescentie vragen de puberteit en de overgang van basis- naar middelbaar onderwijs om een 'ga de wereld in'-houding. In de middenadolescentie – de periode van uitgaan, de eerste intieme partner en de eerste seks, en voor sommigen de overgang van middelbaar naar tertiair onderwijs – is de strijd om onafhankelijkheid van de ouders en ook het verkennen van maatschappelijke grenzen (delinquentie, drugsgebruik) op 'storm en stress'-hoogte. In de late adolescentie zijn deze gevechten voor

9.1 · Beschrijven van ontwikkeling: ontwikkelingspatronen

Tabel 9.4 Ontwikkeling van het ik, persoonlijke relaties en psychopathologie in subfasen van de adolescentie

ontwikkelingsgebied	beschrijving van ontwikkeling		subfasen adolescentie			
	type model	op groeps- (G) of individueel (I) niveau	vroeg	midden	laat	post
	het ik					
– persoonlijkheid	stabiliteit individuele verschillen	groep	↗	↗	↗	
– persoonlijkheid	profielstabiliteit	individu	↗	↗	↗	
– politieke opvattingen	stabiliteit individuele verschillen	groep	↗	↗	↗	↗
	persoonlijke relaties					
– ouderlijke steun	gemiddelde verandering	groep	↘	↘∨	↗	
– ouder-adolescentconflict	gemiddelde verandering	groep	↗	↗∧	↘	
– turbulent ouder-adolescenttype	ontwikkelingsketens	individu	↗	↗∧	↘	
– harmonieus ouder-adolescenttype	ontwikkelingsketens	individu	→	→	↗	
– steun in vriendschap	gemiddelde verandering	groep	↗	↗	↗	
	psychopathologie					
– gegeneraliseerde angst	gemiddelde verandering	groep	↘∨	↗	↗	
– separatieangst	gemiddelde verandering	groep	↘	→	→	
– sociale angst	gemiddelde verandering	groep	↗	↗∧	↘	

■ **Tabel 9.4** Ontwikkeling van het ik, persoonlijke relaties en psychopathologie in subfasen van de adolescentie (vervolg)

ontwikke-lingsgebied	beschrijving van ontwikkeling		subfasen adolescentie			
	type model	op groeps- (G) of individueel (I) niveau	vroeg	midden	laat	post
– depressie	gemiddelde verandering	groep	↘∨		↗	↗
– delinquentie	gemiddelde verandering	groep	↗	↗∧	↘	↘
– directe agressie	gemiddelde verandering	groep		∧	↘	↘
– cannabisgebruik	gemiddelde verandering	groep	↗	↗	↗	

typering subfase

| ga de wereld in | storm en stress | herstel | verder herstel |

Noot ↗↗ : toename respectievelijk sterke toename; ↘↘ : afname respectievelijk sterke afname; ∧∨ : dal respectievelijk piek in ontwikkeling.

de meeste adolescenten gevochten. Het verlaten van het ouderlijk huis en de overgang van de middelbare school naar tertiair onderwijs, of van onderwijs naar werk gaan samen met een herstel van de ouder-adolescentrelatie en met een afname van probleemgedrag. Tegelijkertijd is het leven niet zonder problemen: gegeneraliseerde angst, depressie en drugsgebruik nemen toe. Ten slotte hebben we niet zoveel gegevens over de postadolescentie. Het lijkt erop dat het een fase is van voortgaand herstel en een toename van internaliserend probleemgedrag.

9.2 Beschrijven van de ontwikkeling en theorieën van ontwikkeling in de adolescentie

De maturatie van adolescenten die ik in de vorige paragrafen op veel gebieden heb laten zien, biedt steun aan verschillende theorieën over de ontwikkeling in de adolescentie. Ik bespreek hoe de resultaten bijdragen aan theorieën over het ik van adolescenten, persoonlijke relaties en psychopathologie.

9.2.1 Het ik: groei van continuïteit, flexibiliteit en organisatie

De resultaten over rijping van persoonlijke identiteit steunen het kernidee van het dubbelecyclusmodel van Meeus en Crocetti [71]: adolescenten gaan als ze ouder worden over van vorming van identiteit naar handhaving van identiteit. Aan het einde van de late adolescentie heeft een meerderheid relatief sterke en zekere commitments. De stabiliteit van de statussen met hoge commitments, closure en achievement, betekent hoge continuïteit in de tijd *(temporal continuity)*, en dat is volgens Erikson [33], de grondlegger van theorieën over identiteit, de hoeksteen van de ontwikkeling van de identiteit. De twee ontwikkelingscontinuüms van identiteit (zie ◘ fig. 3.8) van Meeus [73] laten zien dat progressie van identiteit tot stand kan komen met en zonder het (her)overwegen van verschillende mogelijke commitments.

Niet alleen de persoonlijke identiteit rijpt, dat geldt ook voor de persoonlijkheid. Veel adolescenten laten een duidelijke ontwikkeling zien: de meerderheid ontwikkelt een veerkrachtige persoonlijkheid en een kleinere maar toch duidelijk zichtbare groep een overcontrolerende. De toename van het veerkrachtige type betekent dat adolescenten meer en meer in staat zijn om flexibel te regeren op verschillende situaties: inhouden en afwachten in de ene situatie en actief zijn en erop afgaan in de andere. Ten slotte laat de groei van profielstabiliteit zien dat jongeren in de adolescentie een heel consistent zelfbeeld opbouwen. Ook hier zien we hoge continuïteit in de tijd: in de hoge stabiliteit van het veerkrachtige type en ook in de hoge profielstabiliteit.

Samenvattend hebben jongeren aan het einde van de adolescentie sterke en consistente levensdoelen, kunnen ze flexibel omgaan met verschillende situaties en hebben ze een goed georganiseerde kijk op zichzelf. Aan de andere kant is er een duidelijke groep met een minder goed ontwikkelde identiteit en persoonlijkheid: moratoriums en overcontrollers. Ik kom hier later in het hoofdstuk op terug.

9.2.2 Persoonlijke relaties: individuatie

Persoonlijke relaties ontwikkelen zich in de adolescentie. De ontwikkeling van ouderadolescentrelaties en opvoedingsgedrag steunt het rijpingsperspectief [108] en het herschikkingsperspectief [23]. De ontwikkeling van de communicatie met ouders is in overeenstemming met het individuatieperspectief, en de ontwikkeling van vriendschappen verloopt zoals de theorie van verbondenheid-individualiteit veronderstelt [38]. Ten slotte steunt de ontwikkeling van cognitieve empathie het idee van de ontwikkeling van metacognitie van persoonlijke relaties.

Zoals het rijpings- en herschikkingsperspectief veronderstellen, ontwikkelen ouderadolescentrelaties zich van autoritaire en niet-symmetrische relaties in de vroege adolescentie naar gelijkwaardige en symmetrische relaties in de late adolescentie. Dit patroon van ontwikkeling geeft aan dat de kernregel van de relatie verandert: van ouderlijke macht naar ouder-adolescente wederkerigheid en gelijkwaardigheid. Ook passen de verschillende onderzoeksresultaten over de ontwikkeling van ouderlijke steun en controle, de twee kerndimensies van opvoeden, goed bij beide perspectieven. Zoals het herschikkingsperspectief voorspelt, neemt ouderlijke steun weer toe in de late adolescentie na de afname in de vroege en middenadolescentie. En de regelmatige afname van ouderlijke controle is in overeenstemming met het rijpingsperspectief.

Beide perspectieven suggereren dat adolescenten zelfstandiger en onafhankelijker worden in de relatie met hun ouders. Dit proces van individuatie zien we ook in de ontwikkeling van de communicatie: meer en meer krijgen adolescenten controle over het delen en niet-delen van persoonlijke informatie met hun ouders.

Vriendschappen ontwikkelen zich zoals de theorie van verbondenheid-individualiteit veronderstelt. In de adolescentie worden vriendschappen persoonlijker en gelijkwaardiger.

Samenvattend zien we groeiende individuatie in relaties van adolescenten. Dit individuatieproces past goed bij de gevonden groei van cognitieve empathie. Toename van cognitieve empathie kan worden geïnterpreteerd als groei van metacognitie op het gebied van persoonlijke relaties: de groei van het vermogen om het perspectief van jezelf en anderen te beoordelen vanuit het perspectief van een derde partij. Met een voorbeeld: als een adolescent en diens ouders van mening verschillen over bijvoorbeeld het gebruik van Facebook, kan de cognitief empathische adolescent zich afvragen wat een derde persoon, bijvoorbeeld een leraar, zou zeggen over het standpunt van de adolescent en dat van diens ouders. Of weer anders gezegd: metacognitie betekent dat een adolescent een derde partij in zijn hoofd rechter kan laten spelen over de verschillende ideeën van de adolescent zelf en diens ouders.

Ten slotte vereist individuatie in persoonlijke relaties een stabiel en georganiseerd ik. En dat is precies wat de onderzoeken over identiteit en persoonlijkheid laten zien: groei van continuïteit en organisatie van identiteit en persoonlijkheid van de vroege tot de late adolescentie.

9.2.3 Problemen van adolescenten: tussen maturatiestress en maturatiegebrek

De ontwikkeling van internaliserend en externaliserend probleemgedrag is in overeenstemming met twee theorieën: (1) de theorie over het leeftijdsspecifiek ontstaan van verschillende angstsymptomen [106]; (2) de theorie die zegt dat depressie het gevolg is van vele (sociale) veranderingen in de adolescentie [21]. Ten derde laat het onderzoek zien dat het onderscheid tussen alleen-adolescent en levenslang probleemgedrag [82] alleen geldt voor externaliseren.

De verschillende angstsymptomen komen op andere momenten in de ontwikkeling tot uitdrukking: school- en separatieangst en ook paniekstoornissen nemen in de adolescentie af, sociale angst piekt in de middenadolescentie en neemt daarna af, en gegeneraliseerde angst heeft een dip in de vroege adolescentie en neemt daarna toe. Als ze ouder worden laten adolescenten de eerste vier vormen van angst achter zich, maar ze ontwikkelen wel een hoger niveau van gegeneraliseerde angst. Deze uitkomsten laten zien dat de ontregeling van het normatieve angstsysteem voor de verschillende angstsymptomen op een ander moment in de ontwikkeling optreedt.

Het ontstaan van depressie wordt vaak toegeschreven aan de verschillende (sociale) veranderingen in de adolescentie. Het is opmerkelijk dat depressie hetzelfde ontwikkelingsverloop laat zien als gegeneraliseerde angst: een dip in de vroege adolescentie en een regelmatige toename daarna. Om deze ontwikkeling te begrijpen maak ik gebruik van een idee van de psychiater Krueger [59]. Hij stelt dat internaliseren en externaliseren naar binnen of naar buiten gerichte reacties zijn op basale gevoelens van angst en onveiligheid. Theoretisch kunnen beide reacties worden gezien als evolutionair geselecteerde manieren [87] van individuen om om te gaan met bedreiging: vechten (externaliseren) of vluchten (internaliseren). In ◘tab. 9.4 over de verschillende subfasen van de adolescentie heb ik de vroege adolescentie getypeerd als de fase van 'ga de wereld in': een periode waarin adolescenten de wereld (moeten) gaan verkennen. Als we het onderscheid vechten/vluchten gebruiken, staan zij in de vechtstand: ze zijn klaar om hun plek in de nieuwe wereld te veroveren. Dit verklaart waarom zij het zich in de vroege adolescentie niet kunnen veroorloven om depressief te zijn of gegeneraliseerde angst te hebben. Door de storm en stress van de middenadolescentie slaat de werkelijkheid toe en gaan adolescenten zien dat het niet zo eenvoudig is om de wereld te veroveren. Deze sociale heroriëntatie leidt tot een vluchtreactie: het begin van de toename van gegeneraliseerde angst en depressie.

Het hoge niveau van directe agressie in de vroege en middenadolescentie en de piek van delinquentie in de middenadolescentie laten zien dat deze problemen voor de meeste jongeren alleen-adolescente problemen zijn. Na de middenadolescentie is de kloof tussen biologische en sociale maturatie [82] kleiner geworden, en is het voor de meeste adolescenten niet meer nodig om het streven naar onafhankelijkheid uit te drukken in vechtgedrag. Directe agressie en delinquentie vormen zo uitingen van tijdelijke problemen in het opgroeien: van maturatiestress die weer overgaat. Onze bevindingen over de ontwikkeling van het ik en persoonlijke relaties komen overeen met deze interpretatie, omdat ze in de late adolescentie duidelijke maturatie van identiteit en persoonlijkheid laten zien en individuatie in relaties met ouders en vrienden.

Tegelijkertijd laten de verschillende studies ook zien dat het onderscheid tussen alleen-adolescent en levenslang probleemgedrag niet opgaat voor internaliseren, zoals gegeneraliseerde angst en depressie. Deze problemen zijn niet alleen-adolescent omdat ze duidelijk toenemen vanaf de middenadolescentie. Dit betekent dat gegeneraliseerde angst en depressie niet het gevolg zijn van de slechte match tussen biologische en sociale leeftijd, maar meer van het onvermogen van jongeren om zich te ontwikkelen tot een veerkrachtige en zelfstandige persoon: van maturatiegebrek. Deze interpretatie past goed bij het persoonlijkheidsprofiel en de identiteit van adolescenten met depressie en gegeneraliseerde angst. Met name adolescenten met een overcontrolerend profiel [79] en moratoriums [65, 75, 77] laten hoge niveaus van depressie en gegeneraliseerde angst zien. Overcontrollers hebben een laag niveau van ego-veerkracht en een hoog niveau van ego-controle en dat leidt tot veel terughoudendheid en inhibitie in verschillende situaties, en tot een onvermogen om actief en ondernemend te zijn als dat nodig is (zie ▶ par. 4.1.1). Voor moratoriums geldt iets vergelijkbaars. Zij zitten vast in het proces van identiteitsontwikkeling en zijn niet in staat om duidelijke commitments te vormen (zie ▶ par. 3.1.1). Het klopt dus dat depressie en gegeneraliseerde angst kenmerken zijn van het onrijpe ik. In ons onderzoek vonden we in de late adolescentie 40 % overcontrollers en 13 % moratoriums. En dat geeft aan dat een behoorlijk groot deel van de jongeren problemen heeft om zich tot een goed gevormd individu te ontwikkelen.

9.3 Patronen van meervoudige ontwikkeling

In ◻tab. 9.5 staat een overzicht van het onderzoek naar meervoudige ontwikkeling. De resultaten kunnen worden samengevat in zeven ontwikkelingspatronen. Deze patronen laten systematische transacties [62, 63] zien tussen personen en sociale contexten in de ontwikkeling, en in de meeste gevallen ook een ontwikkelingsvolgorde in deze transacties. Hieronder bespreek ik hoe de verschillende ontwikkelingspatronen op hun beurt aan elkaar gerelateerd zijn. Het zal duidelijk worden dat het samenspel tussen maturatiestress/maturatiegebrek van adolescenten aan de ene kant en de relaties met hun ouders en leeftijdsgenoten aan de andere kant de kern vormt van deze transacties. Ik bespreek drie combinaties van ontwikkelingspatronen. Twee van deze combinaties gaan over maturatiestress/maturatiegebrek en andere ontwikkelingspatronen.

Tabel 9.5 Patronen van meervoudige ontwikkeling in onderzoek in meerdere landen

ontwikkelingspatroon	modellen van ontwikkeling en leeftijdsgroepen		mediatie van ontwikkelingsvolgorde		leeftijdsperiode
	voorspellen	ontwikkelingsvolgorde	op lange termijn	op korte termijn	
2. *Heterogene continuïteit van persoonlijke relaties* Goede relaties met ouders en leeftijdsgenoten leiden tot goede relaties met intieme partners	X				kindertijd tot adolescentie en jongvolwassenheid
3. *Goed gaat samen met goed, en slecht met slecht in de adolescente ontwikkeling* Op de verschillende ontwikkelingsgebieden zien we consistente positieve of negatieve ontwikkeling		gelijktijdige ontwikkeling[a]			gehele adolescentie
4. *Dominantie van ouders in overdracht van denken en doen* Opvattingen en gedrag gaan vooraf en leiden tot dezelfde opvattingen en gedrag bij adolescenten. Het omgekeerde patroon is afwezig		X			vroege en middenadolescentie
5. *Adolescente psychopathologie leidt tot erosie van relaties met ouders en leeftijdsgenoten* Problemen van adolescenten leiden tot verslechtering van persoonlijke relaties. Het omgekeerde patroon is minder duidelijk		X			gehele adolescentie

9.3 · Patronen van meervoudige ontwikkeling

6. Adolescente psychopathologie voorkomt dat ouders hun zelfstandigheid geven Problemen van adolescenten maken het moeilijker voor ouders om hun onafhankelijkheid te geven	X	gehele adolescentie
7. Opvoeden van adolescenten wordt beperkt door hun streven naar privacy Als ouders de privégrenzen van adolescenten overtreden, leidt dat tot negatieve ontwikkelingsuitkomsten	X	vroege en middenadolescentie
8. Stemmingswisselingen (variabiliteit) en onzekerheid zijn mechanismen van de instandhouding van adolescente psychopathologie Wisseling van stemmingen en persoonlijke en sociale onzekerheid zorgen ervoor dat psychopathologie blijft bestaan	X	kindertijd tot adolescentie

[a] Ontwikkelingspatroon 3 laat geen ontwikkelingsvolgorde zien maar gelijktijdige ontwikkeling: positieve en negatieve ontwikkelingsprocessen neigen ertoe samen te gaan in de tijd.

9.3.1 Ontwikkelingspatronen in samenhang: drie combinaties

I. *Maturatie van adolescenten (patroon 1) beperkt de invloed van ouders (patroon 4, 6 en 7).* Maturatie betekent dat het gedrag van adolescenten stabieler en georganiseerder wordt, en dat zij onafhankelijker en zelfverzekerder worden in de relaties met anderen. Daarom is het waarschijnlijk dat de effecten van maturatie te zien zijn in meervoudige ontwikkeling. En dat is ook precies wat zichtbaar is in de ontwikkelingsvolgordemodellen van ontwikkelingspatroon 4 en 6 en 7.

Ontwikkelingspatroon 4 laat dominantie zien van ouders in de overdracht van opvattingen en gedrag ten opzichte van adolescenten. Als we nauwkeuriger kijken naar het proces van overdracht van met name opvattingen en manieren van conflictoplossing, dan zien we in de vroege en middenadolescentie eenrichtingsverkeer van ouders naar adolescenten. Daarna verandert dat proces echter: vanaf de late adolescentie hebben ouders invloed op adolescenten, maar adolescenten ook op hun ouders. Dat is simpelweg het gevolg van de maturatie van adolescenten. Omdat zij vanaf de late adolescentie ook vrij stabiele opvattingen en gedrag hebben, kunnen ze die vanaf dat moment op anderen overdragen, ook op hun ouders. Zolang opvattingen en gedrag niet stabiel zijn is dat natuurlijk moeilijk.

Een ander effect van maturatie en individuatie van adolescenten zien we in ontwikkelingspatroon 7: beide zorgen ervoor dat de invloed van opvoeding door ouders minder sterk is. Maturatie van adolescenten houdt ook in dat ze privacy willen en een sterke invloed van ouders afwijzen als het gaat om zaken die ze als persoonlijk beschouwen, zoals de keuze van vrienden en wat ze doen in hun vrije tijd. Als ouders deze grenzen van hun kinderen niet respecteren, kan dit negatieve gevolgen hebben, zoals geheimhouding door adolescenten en delinquentie.

Aan de andere kant laat ontwikkelingspatroon 6 de effecten zien van ouderlijke sensitiviteit als adolescenten niet rijpen, namelijk als ze veel psychopathologie vertonen. In ▶ par. 9.2.3 heb ik beschreven dat psychopathologie kan worden geïnterpreteerd als maturatiestress of maturatiegebrek. Als adolescenten dat laten zien, blijven ouders veel psychologische controle uitoefenen en weigeren ze om hun kinderen autonomie te geven. Dat is een begrijpelijke opstelling van ouders.

II. *Maturatiestress en maturatiegebrek leiden tot erosie van persoonlijke relaties (patroon 5), en maturatiegebrek is een verklaring voor negatieve ontwikkelingsuitkomsten (patroon 8).* Ontwikkelingspatroon 5 laat een ontwikkelingsvolgorde zien tussen psychopathologie en persoonlijke relaties. Het patroon toont dat internaliserende en externaliserende problemen van adolescenten leiden tot minder goede relaties – het erosie-effect – met ouders en leeftijdsgenoten later in de adolescentie. Adolescenten die veel problemen hebben met maturatie of daartoe niet in staat zijn, zijn later in de adolescentie minder aantrekkelijk als sociale partner.

Patroon 8 laat zien dat onzekerheid van adolescenten een kernproces is van het maturatiegebrek, omdat het ervoor zorgt dat adolescenten zich niet goed ontwikkelen. Stemmingswisselingen (variabiliteit) en onzekerheid zijn mechanismen van de instandhouding van (sociale) angst.

III. *De invloed van impliciet opvoeden: ouders als model (patroon 2, 4 en 7).* Ontwikkelingspatroon 2 en 4 laten zien dat ouders rolmodellen zijn voor hun kinderen. Goede relaties met ouders in de adolescentie leiden tot goede relaties met intieme partners in de jonge volwassenheid (patroon 2). Ook dragen ouders opvattingen, manieren van conflictoplossing, cognitieve empathie en helderheid van zelfbeeld op hun kinderen over, met name in de vroege en middenadolescentie (patroon 4). Het is duidelijk dat ouders veel invloed hebben op de ontwikkeling van hun kinderen [98]. Gemeenschappelijk aan beide patronen is dat ze voorbeelden zijn van impliciet opvoeden. Door een voorbeeld en model te zijn als het gaat om relaties, opvattingen, zelfbeeld en cognitieve empathie geven ouders dit door aan hun kinderen. Van expliciet opvoeden of kinderen instrueren is hier geen sprake, en blijkbaar is dat ook niet nodig. Wel is het zo dat deze uitkomsten in scherp contrast staan met ontwikkelingspatroon 7, waar we de grenzen van expliciet opvoeden zagen bij persoonlijke kwesties zoals privacy, vrije tijd en keuze van vrienden. Samengenomen suggereren de resultaten dat impliciet opvoeden in de adolescentie even nuttig kan zijn als expliciet opvoeden.

9.4 Patronen van meervoudige ontwikkeling en theorieën over adolescentie

De drie combinaties van ontwikkelingspatronen geven steun aan verschillende theorieën over de ontwikkeling in de adolescentie. Ook maken ze duidelijk dat de processen beschreven in deze theorieën van groot belang zijn in de adolescente ontwikkeling.

9.4.1 Adolescenten en ouders: verschuivende posities

Maturatie van adolescenten beperkt de invloed die ouders op hen hebben: ik noem dit het maturatie-effect. Deze bevinding steunt verschillende theorieën die benadrukken dat adolescenten meer en meer onafhankelijk worden van hun ouders: Smetana's theorie van de terreinspecifieke zeggenschap van ouders [94, 95], de communicatie-en-privacytheorie [50] en Brittains terreinhypothese van het ouder-leeftijdsgenotenconflict [12]. De theorie over de specifieke zeggenschap van ouders stelt dat adolescenten ouderlijke macht over persoonlijke onderwerpen meer en meer afwijzen als zij ouder worden. Op een vergelijkbare manier stelt de communicatie-en-privacytheorie dat adolescenten met het ouder worden meer privacy willen, en de terreinhypothese dat sommige vraagstukken niet langer bepaald kunnen worden door de ouders. De onderzoeksresultaten uit dit boek zoals samengevat in ontwikkelingspatroon 7 (zie ◘tab. 9.5) laten zien dat deze verschillende processen van maturatie en individuatie inderdaad van invloed zijn op andere ontwikkelingsprocessen: zij beperken de mogelijkheden van ouders om het persoonlijk leven van adolescenten te bepalen.

Ook geeft het maturatie-effect beperkte steun aan de gezinssysteemtheorie van Minuchin [81] en de sociale leertheorie van Bandura [6]. De gezinssysteemtheorie stelt dat het ouderlijke subsysteem de meeste invloed heeft in het gezin, en de sociale leertheorie benadrukt de centrale rol van ouders in het opvoeden van kinderen. Ontwikkelingspatroon 4 (◘tab. 9.4) laat zien dat deze ouderlijke invloed beperkt is tot de vroege en middenadolescentie. Opnieuw specificeren de onderzoeksgegevens uit dit boek de invloed van ouders in de adolescentie. Deze beperking van de ouderlijke invloed is het gevolg van maturatie en individuatie van adolescenten.

Ten slotte laat het maturatie-effect zien dat ouders gevoelig zijn voor de psychosociale problemen van hun kinderen. Maturatiestress of maturatiegebrek van adolescenten (ontwikkelingspatroon 6 in ◘tab. 9.5) geven ouders het signaal dat ze hun kinderen moeten blijven begeleiden en nog geen zelfstandigheid kunnen geven.

Samenvattend geeft het maturatie-effect steun aan verschillende theorieën die stellen dat in de adolescentie de machtsbalans tussen ouders en jongeren verschuift. En het laat zien hoe de invloed van ouders beperkt wordt.

9.4.2 Erosie van persoonlijke relaties, mislukte emotieregulatie en onzekerheid

Adolescente psychopathologie leidt tot slechtere persoonlijke relaties en andere negatieve ontwikkelingsuitkomsten. Dit effect voegt een ontwikkelingsaspect toe aan de verschillende theorieën die veronderstellen dat psychopathologie in de adolescentie samengaat met slechte persoonlijke relaties. Ook zijn er aanwijzingen dat dagelijkse variabiliteit van emoties en stressgevoeligheid op korte termijn de mechanismen zijn van het voortbestaan van psychosociale problemen van adolescenten.

Onderzoek naar emotie-expressie veronderstelt dat problemen van adolescenten het gevolg zijn van een hard gezinsklimaat en ouderlijke kritiek op kinderen [42]. Onderzoek naar gegeneraliseerde angst neemt aan dat angst het resultaat is van problemen met anderen en zorgen die men heeft over het omgaan met anderen [44]. Onderzoek naar depressie stelt dat depressie het gevolg is van gebrekkige sociale vaardigheden van depressieve personen en de onwil van mensen op te trekken met depressieven [25, 26]. Hirschi's sociale-controletheorie [51] suggereert dat delinquentie het gevolg is van gebrekkige hechting aan ouders. En ten slotte stelt agressieonderzoek vast dat het verband tussen agressie en slechte persoonlijke relaties het gevolg is van de gebrekkige zelfcontrole van agressieve adolescenten [15].

Gemeenschappelijk aan de theorieën over adolescent probleemgedrag uit deze verschillende onderzoekstradities is de aanname dat adolescente psychopathologie samengaat met slechte persoonlijke relaties. Maar de onderzoekstradities verschillen in hun ideeën over de ontwikkelingsvolgorde tussen psychopathologie en slechte persoonlijke relaties. Het meest expliciet hierin zijn het emotie-expressie- en depressieonderzoek, waarbij de eerste traditie benadrukt dat slechte ouder-adolescentrelaties leiden tot adolescente problemen en de tweede dat adolescente problemen leiden tot slechte relaties. De drie andere onderzoekstradities zijn niet erg duidelijk over hun ideeën over de ontwikkelingsvolgorde. Ontwikkelingspatroon 5 geeft duidelijk steun aan Coyne's hypothese [25] dat depressie leidt tot sociale afwijzing en maakt ook duidelijk dat dit effect meer algemeen geldt voor internaliseren en externaliseren. In de regel leidt internaliserende en externaliserende psychopathologie tot erosie van persoonlijke relaties in de adolescentie.

Het is aannemelijk dat mislukte emotieregulatie, en meer specifiek dagelijkse stemmingswisselingen [86] en gevoeligheid voor sociale stress [85], de kortetermijnmechanismen zijn die psychopathologie van adolescenten in stand houden (zie ontwikkelingspatroon 8 in ◘ tab. 9.5). Daarnaast is het aannemelijk dat persoonlijke en sociale onzekerheid niet alleen de mechanismen zijn van langdurige voortzetting van adolescente psychopathologie, maar zelfs de processen zijn die in de ontwikkeling *leiden tot* psychopathologie. Een aantal van onze studies biedt steun aan deze hypothese. Zo vonden we dat een dagelijkse onzekere identiteit en stemmingswisselingen leiden tot angst en depressie op langere termijn [93].

9.4.3 Ouders als rolmodel: hechting en overdracht

In mijn bespreking van het maturatie-effect op ouders (▶par. 9.4.1) wees ik op de afnemende invloed van ouders als adolescenten ouder worden. Maar dit is niet het hele verhaal. Het impliciete opvoedingseffect (ontwikkelingspatroon 2, 4 en 7, zie ▶par. 9.3.1) laat zowel blijvende als tijdelijke invloed van ouders op de ontwikkeling van adolescenten zien. Het effect geeft steun aan de hechtingstheorie [2], de gezinssysteemtheorie [81] en de sociale leertheorie [6].

De hechtingstheorie neemt aan dat hechting in de ouder-kindrelatie bepalend is voor de ontwikkeling van intieme relaties later in het leven. Kinderen ontwikkelen in de relatie met hun ouders een werkmodel van persoonlijke relaties en het zelf en zullen dit werkmodel later gebruiken om de relatie met een intieme partner vorm te geven. Daarom voorspellen positieve ouder-adolescentrelaties positieve intieme relaties. Langlopende voorspellingsstudies vonden systematische steun voor deze theoretische aanname van de hechtingstheorie (ontwikkelingspatroon 2 in ◘tab. 9.5).

Het impliciete opvoedingseffect is ook te zien in de overdracht van opvattingen en gedrag (ontwikkelingspatroon 4 in ◘tab. 9.5), en daarmee in overeenstemming met de gezinssysteemtheorie en sociale leertheorie voor de vroege en middenadolescentie. De studies in verschillende landen laten zien dat ouders dominant zijn in de overdracht van opvattingen en gedrag. In het ontwikkelingsproces bepaalt hun voorbeeld de opvattingen en het gedrag van kinderen. Dit betekent dat de invloed van ouders in hoge mate impliciet van aard is.

9.4.4 Een noot bij ontwikkelingspatroon 3: goed gaat samen met goed, en slecht met slecht

Voor een groot aantal ontwikkelingsgebieden vonden wij dat een positieve of negatieve ontwikkeling op het ene gebied samengaat met een positieve of negatieve ontwikkeling op het andere. Dit suggereert dat de kansen voor een positieve ontwikkeling zich opstapelen bij een bevoorrechte groep van adolescenten en kansen voor negatieve ontwikkeling bij een groep van minder kansrijke jongeren. Dit maakt het absoluut noodzakelijk om de condities te bestuderen die leiden tot een minder gunstige ontwikkeling gedurende de levensloop. Natuurlijk vereist dit dat de ontwikkeling van dezelfde personen gedurende de gehele levensloop wordt bestudeerd.

9.5 Sekseverschillen

Dit boek gaat over ontwikkeling. Om die reden, maar ook om de presentatie van de vele gegevens niet te ingewikkeld te maken, heb ik er in de verschillende hoofdstukken van afgezien sekseverschillen te bespreken. Daarom besteed ik hieronder aandacht aan sekseverschillen voor de verschillende ontwikkelingspatronen. Een beperking is wel dat in ongeveer een derde van de besproken studies geen sekseverschillen worden gerapporteerd, omdat in een aantal studies niet beide seksen werden bestudeerd en in andere sekseverschillen werden genegeerd.

9.5.1 Sekseverschillen in de ontwikkeling bij adolescenten als groep

In meerdere landen zijn er gedurende de gehele adolescentie systematische sekseverschillen aanwezig. Dat geldt voor de ontwikkeling van empathie, depressie en directe agressie. Meisjes laten steeds een hoger niveau van cognitieve en affectieve empathie zien dan jongens [13, 28, 31, 80, 102], meer depressie [1, 9, 22, 36, 37, 39, 47, 48, 54, 57, 58, 69, 83, 105] (waarbij de sekseverschillen in de loop van de adolescentie nog toenemen) en minder directe agressie [16, 20, 107]. Meisjes begrijpen anderen dus gemiddeld beter dan jongens en voelen meer met anderen mee. Ze laten meer internaliserend probleemgedrag zien dan jongens, terwijl het omgekeerde voor externaliserende problemen geldt.

9.5.2 Sekseverschillen in de meervoudige ontwikkeling

In tegenstelling tot de vorige paragraaf bleek dat sekseverschillen heel onwaarschijnlijk zijn in drie patronen van meervoudige ontwikkeling (zie ◘tab. 9.5): heterogene continuïteit van persoonlijke relaties (ontwikkelingspatroon 2), adolescente psychopathologie die leidt tot erosie van relaties met ouders en leeftijdsgenoten (ontwikkelingspatroon 5) en adolescente psychopathologie die voorkomt dat ouders adolescenten zelfstandigheid geven (ontwikkelingspatroon 6). In twee studies [30, 35] werden sekseverschillen in heterogene continuïteit gevonden, maar in meer dan tien studies niet [3, 24, 27, 29, 34, 49, 90, 92, 95, 99]. Ook voor psychopathologie en erosie van relaties [11, 14, 18, 43, 44, 45, 56, 60, 64, 96, 97, 103] en psychopathologie die zelfstandigheid blokkeert [18, 44, 53, 56, 64, 97, 101] werden in de overgrote meerderheid van de studies geen sekseverschillen gevonden. Voor de andere ontwikkelingspatronen uit ◘tab. 9.5 (3, 4, 7 en 8) was het beeld minder eenduidig, maar kan niet tot systematische sekseverschillen worden geconcludeerd.

Samenvattend blijken er dus in de hele adolescentie voor sommige gedragingen systematisch sekseverschillen te zijn, maar als we kijken naar de manier waarop verschillende ontwikkelingsprocessen elkaar beïnvloeden (meervoudige ontwikkeling) is daar weinig bewijs voor.

9.6 De moeilijke of vormende adolescentie? Een conclusie

In ▶H. 1 beschreef ik twee perspectieven op de adolescentie: dat van de moeilijke adolescentie en dat van de adolescentie als vormende periode. Welk perspectief is het juiste? Deze vraag is niet nieuw, en er is inmiddels veel kritiek op het idee dat de adolescentie een periode van 'storm en stress' is [4, 52, 70]. Toch heb ik de vraag bewust gesteld, en wel om drie redenen. (1) In de media wordt de adolescentie nog steeds als een problematische periode afgebeeld, en ook ouders vinden het de moeilijkste periode in de opvoeding. (2) Het idee van de adolescentie als een periode van storm en stress is te vinden in de haarvaten van de adolescentiepsychologie en zichtbaar in belangrijke theoretische begrippen, zoals identiteitscrisis, generatiekloof, ouder-adolescentconflict en het idee dat de adolescentie de periode is van het ontstaan van psychopathologie. (3) Tot nu toe is er geen overzicht van onderzoek dat de kerngebieden van de ontwikkeling van adolescenten dekt. Dit boek geeft dat overzicht wel en maakt het zo mogelijk een helder antwoord op de vraag te geven.

En het antwoord dat dit boek geeft, is heel duidelijk: voor de overgrote meerderheid van de jongeren is de adolescentie de vormende periode van het leven (zie ook Meeus [72, 74]). Ik liet groei van de continuïteit, flexibiliteit en organisatie van het adolescente ik zien, en daarnaast individuatie in persoonlijke relaties. Ook bleek dat voor de meerderheid van de

9.6 · De moeilijke of vormende adolescentie? Een conclusie

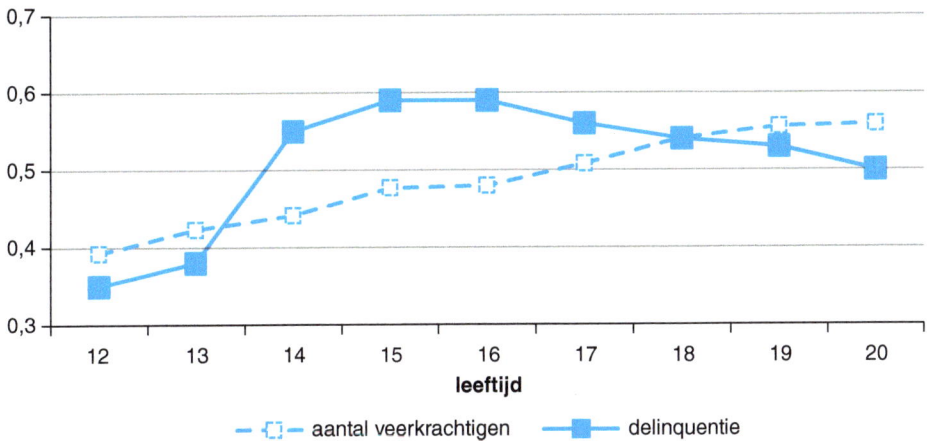

□ **Figuur 9.1** Ontwikkeling van veerkracht en delinquentie. De scores van veerkracht en delinquentie lopen van 0 tot 1, waarbij 0,5 bij veerkracht voor 50 % van de respondenten staat. De gegevens over veerkracht komen uit ◻fig. 4.6, die over delinquentie uit Landsheer en anderen [61]

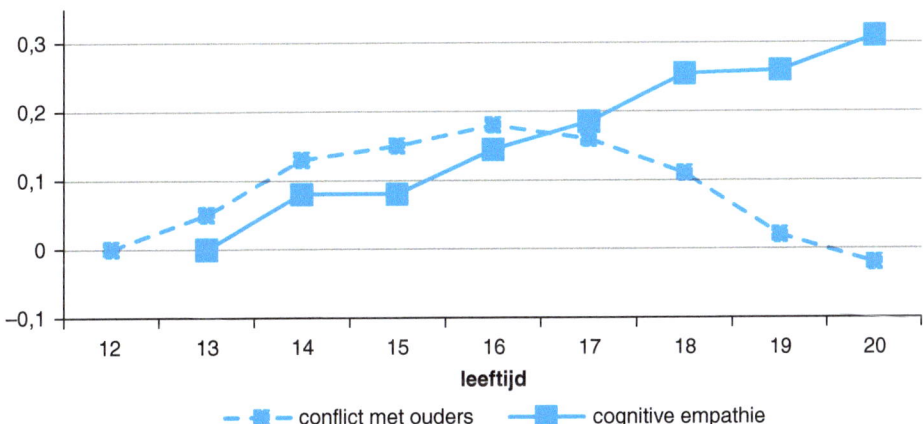

□ **Figuur 9.2** Ontwikkeling van conflict met ouders en cognitieve empathie. Om de ontwikkelingscurves te kunnen vergelijken is het beginniveau van conflict met ouders en cognitieve empathie op 0 gesteld. De gegevens over conflict met ouders komen uit ◻fig. 5.1 en die over cognitieve empathie uit ◻fig. 1.4 voor leeftijd 19 en 20 aangevuld met gegevens uit Endedijk en anderen [32]

jongeren internaliserende en externaliserende problemen een indicatie vormen van maturatiestress en niet maturatiegebrek. Daarnaast toonde ik aan dat de middenadolescentie de periode is van storm en stress, waarin veel problemen een piek laten zien, terwijl de late adolescentie de periode van herstel is (zie ◻tab. 9.4), waarin veel problemen worden opgelost. Ik merk op dat mijn beschrijving van de middenadolescentie als een periode van storm en stress betekent dat hier de botsing tussen maturatie en maturatiestress het sterkst is, en dat voor een vrij groot deel van de jongeren maturatiestress de overhand heeft op maturatie. Ook stel ik vast dat ◻fig. 1.4 een goed beeld geeft van de tijdelijkheid van veel problemen van adolescenten. Ik gebruik twee voorbeelden uit dit boek om een en ander nogmaals toe te lichten. Het eerste gaat over de veerkrachtige persoonlijkheid en delinquentie (◻fig. 9.1) en het tweede over de ontwikkeling van ouder-adolescentconflict en cognitieve empathie (◻fig. 9.2).

Beide figuren laten zien dat de ontwikkeling van de positieve kenmerken, veerkracht en cognitieve empathie, later begint dan die van risico- en probleemgedrag, delinquentie en conflict met ouders. Maar ze laten ook zien dat de positieve ontwikkeling van veerkracht en cognitieve empathie tot in de late adolescentie doorgaat, terwijl de ontwikkeling van delinquentie en ouder-adolescentconflict een piek vertoont in de middenadolescentie en een afname daarna. Risico- en probleemgedrag ontwikkelen zich sneller dan de rem daarop, maar in de late adolescentie is de rem krachtiger dan het probleemgedrag: veerkracht en cognitieve empathie beperken delinquentie en ouder-adolescentconflict dan effectief. Probleemgedrag is tijdelijk en wordt in de late adolescentie vervangen door controle ervan.

De gegevens van ◘fig. 9.1 en 9.2 passen heel goed bij het neurobiologische model dat stelt dat risicogedrag in de adolescentie het gevolg is van de eerdere ontwikkeling van gevoeligheid voor emotionele prikkels uit de omgeving en de latere ontwikkeling van cognitieve controle (zie Casey en anderen [17]). Dit risicogedrag is het gevolg van de eerdere ontwikkeling van het subcorticale limbische systeem, het hersengebied van de gevoeligheid voor emotionele prikkels, en de latere ontwikkeling van de prefrontale cortex, het hersengebied van cognitieve controle.

Hoewel maturatie het normatieve patroon is van de ontwikkeling van de meeste adolescenten laat een duidelijke minderheid maturatiegebrek zien. Zo kampt in de late adolescentie 11,5 % met directe agressie [76], 21 % met gegeneraliseerde angst [76], 16,3 % met sociale angst [84], 13,3 % met een identiteit in crisis (de identiteitsstatus moratorium) [78], 17 % met een laag niveau van affectieve en cognitieve empathie [104], 11 respectievelijk 17 % met een turbulente en niet-betrokken conflictrelatie met de ouders [40], en 18,2 % met cannabisgebruik [100]. Deze minderheid van adolescenten is niet in staat de storm en stress van de adolescentie achter zich te laten.

Conclusie: de adolescentie is een moeilijke én vormende periode. Beide perspectieven hebben geldigheid. Maar het perspectief van de adolescentie als vormende periode geldt voor de meeste adolescenten, terwijl dat van de moeilijke adolescentie geldt voor een minderheid. De middenadolescentie is dé periode van storm en stress.

9.7 Onderzoek naar ontwikkeling in de adolescentie: een blik op de toekomst

Ik bespreek een aantal suggesties voor toekomstig onderzoek naar de ontwikkeling van adolescenten.

9.7.1 Kijken naar ontwikkeling en meervoudige ontwikkeling

Onderzoek naar ontwikkeling richt zich op een ontwikkelingsverschijnsel en beschrijft dat. Onderzoek naar meervoudige ontwikkeling gaat na hoe verschillende processen van ontwikkeling samenhangen en op elkaar inwerken. Beide benaderingen zijn nodig. Zonder het onderzoek naar de beschrijving van ontwikkeling had ik nooit kunnen concluderen dat de adolescentie de vormende periode van het leven is (ontwikkelingspatroon 1). Ook bleken de modellen die ontwikkelingsketens beschrijven bijzonder nuttig. Hierdoor was het mogelijk regels van de individuele ontwikkeling te formuleren (zie ▸par. 9.1.2).

Het onderzoek naar meervoudige ontwikkeling maakt duidelijk dat we ontwikkeling in haar context moeten bekijken en leidde tot de formulering van ontwikkelingspatroon 2 tot en met 7. De voorspellings-, ontwikkelingsvolgorde- en mediatie-modellen lieten de ontwikkelingsvolgorde zien in de transacties tussen personen en sociale contexten op verschillende ontwikkelingsgebieden: heterogene continuïteit in persoonlijke relaties (patroon 2), dominantie van ouders in de overdracht van opvattingen en gedrag (patroon 4), psychopathologie leidt tot erosie van relaties (patroon 4), psychopathologie zorgt ervoor dat ouders hun kinderen geen zelfstandigheid geven (patroon 6) en opvoedingsgedrag dat geen rekening houdt met de persoonlijke grenzen van adolescenten leidt tot een negatieve ontwikkeling (patroon 7). Naar mijn mening moet vooral het onderzoek naar meervoudige ontwikkeling uitgebreid worden. Ik doe een aantal suggesties.

9.7.2 Ontwikkeling van individuele verschillen en individuele ontwikkeling

In dit boek heb ik benadrukt dat onderzoek naar ontwikkeling zich vooral moet richten op de individuele ontwikkeling. Daarom heb ik veel aandacht besteed aan modellen van individuele ontwikkeling: profielstabiliteit en ontwikkelingsketens (zie ▶H. 2) en formuleerde ik in ▶par. 9.1.2 regels van individuele ontwikkeling. En dat brengt me bij een belangrijke beperking van de modellen van meervoudige ontwikkeling uit dit boek: zij richten zich op de ontwikkeling van individuele verschillen. Zo betekent bijvoorbeeld de bevinding dat adolescente psychopathologie tot slechtere relaties met ouders en leeftijdsgenoten leidt (◘fig. 7.6), dat jongeren met meer problemen op tijdstip 1 slechtere relaties hebben met anderen op tijdstip 2 *in vergelijking tot andere jongeren*. Het betekent niet noodzakelijk dat individuele adolescenten met meer problemen op tijdstip 1 slechtere persoonlijke relaties hebben op tijdstip 2. Om dat vast te stellen hebben we andere statistische modellen nodig, namelijk modellen die laten zien hoe bij één persoon een hoog niveau van psychopathologie op een bepaald tijdstip leidt tot een verslechtering van diens relaties op een later tijdstip. Dergelijke modellen zijn recent ontwikkeld [46, 55], en ze zijn vooral ook theoretisch van groot belang. Ik licht dat toe aan de hand van onderzoek naar de ontwikkeling van identiteit.

Onderzoekers in de traditie van het identiteitsstatussenmodel van Marcia [68] gaan ervan uit dat verkenning van verschillende commitments leidt tot de keuze voor een ervan. Op deze manier wordt persoonlijke identiteit gevormd. Zoals dat bij veel ontwikkelingstheorieën het geval is [10], is de exploratie-commitmentvolgorde een proces binnen het individu en daarbij wordt aangenomen dat de individuele exploratie van verschillende commitments leidt tot de individuele commitment. Om het concreter te zeggen: als individu A verschillende commitments verkent, leidt dat op termijn tot een toename van commitments bij individu A. Opmerkelijk is echter dat deze volgorde van exploratie en commitment tot nu toe niet op het individuele niveau met steekproeven van een acceptabele omvang (steekproefgrootte > 200 personen) is onderzocht. Becht en anderen [8] probeerden deze lacune aan te vullen door het effect van exploratie op commitment in de tijd op individueel niveau te bestuderen. Zij gebruikten daarvoor recent ontwikkelde modellen. De uitleg van deze modellen valt buiten het bestek van dit boek en daarom beperk ik me tot de bevindingen van het onderzoek.

Inderdaad vonden Becht en anderen [8] voor de volgorde van exploratie en commitment dat het heroverwegen van commitments op individueel niveau leidde tot sterkere commitments een jaar later. Het is belangrijk om daarbij te vermelden dat de uitkomst van het onderzoek werd gevonden nadat de effecten van individuele verschillen uit het model waren weggenomen. Dat betekent dat de invloed van heroverwegen van commitments met grote waarschijnlijkheid de oorzaak is van de vorming van commitments. Dat kunnen we zeggen omdat deze invloed blijft bestaan nadat bijvoorbeeld de verschillen in opleiding en sekse tussen jongeren zijn weggenomen. Om die reden vormt de studie van Becht en anderen een belangrijke bijdrage aan een theorie over de individuele ontwikkeling van identiteit. Ook is duidelijk dat veel ontwikkelingstheorieën samenhang tussen verschillende ontwikkelingsprocessen binnen individuen veronderstellen. En dan moeten die processen natuurlijk ook op het individuele niveau worden geanalyseerd.

Ik ben het er dus mee eens dat we ons meer moeten richten op de analyse van de individuele ontwikkeling. Maar dat betekent naar mijn mening niet dat we ons daar alleen op moeten richten. Het is ook belangrijk om naar individuele verschillen in ontwikkeling te blijven kijken, met name om na te gaan hoe in de adolescentie relatief gunstige en ongunstige posities van (groepen) jongeren op verschillende ontwikkelingsgebieden toenemen. Zo laat bijvoorbeeld het relatie-erosie-effect (ontwikkelingspatroon 6) zien dat jongeren met problemen later in de adolescentie relatief slechte relaties met vrienden zullen hebben. Dit is belangrijk voor de ontwikkeling, omdat het ertoe leidt dat probleemjongeren minder kans hebben om door hun leeftijdsgenoten als vriend gekozen te worden dan jongeren zonder problemen. Daarom zullen ze ook minder hulp krijgen van hun vrienden om de vraagstukken van de adolescentie op te lossen. En dat maakt de relatieve positie van probleemjongeren opnieuw slechter. Dus is het in het algemeen voor de ontwikkeling van groot belang of jongeren in een relatief gunstige of ongunstige positie zitten in vergelijking tot leeftijdsgenoten. En om dat te bestuderen zijn de voorspellingsmodellen en ontwikkelingsvolgordemodellen uit ▶H. 7 nodig.

Samenvattend trek ik twee conclusies: (1) We moeten ons meer richten op de analyse van de individuele ontwikkeling; (2) onderzoek naar individuele verschillen in meervoudige ontwikkeling is van groot belang om ontwikkeling te begrijpen.

9.7.3 Ontwikkelingsvolgorde en oorzaak en gevolg in modellen van individuele ontwikkeling

Onderzoek naar meervoudige ontwikkeling heeft als uiteindelijke doel de ontwikkelingsvolgorde of oorzaak en gevolg in een ontwikkeling vast te stellen. De studie van de ontwikkelingsvolgorde of oorzaak en gevolg kan het best beginnen met vast te stellen in welke mate verschillende ontwikkelingsprocessen op een verschillend moment stabiel worden. Het ligt immers meer voor de hand dat een eerder stabiel proces van invloed is op een later stabiel proces dan omgekeerd. Hierbij is het de uitdaging om de ontwikkelingsvolgorde te vinden in onderzoek naar ontwikkelingsketens. Daarvoor is het nodig dat we eindpunten van de ontwikkeling vaststellen op twee ontwikkelingsgebieden en ook of die eindpunten relatief vroeg of laat in de ontwikkeling ontstaan. Onderzoek naar meervoudige ontwikkeling in ontwikkelingsketens kan dan laten zien in welke mate het vroege ontstaan van eindpunten van ontwikkeling op gebied 1 de oorzaak is van het ontstaan van eindpunten van ontwikkeling op gebied 2. Op deze manier zouden we bijvoorbeeld na kunnen gaan in welke mate de ontwikkeling tot een veerkrachtige persoonlijkheid – het eindpunt van de ontwikkeling van de adolescente persoonlijkheid – voorafgaat aan de verandering van tijdelijke identiteitsstatussen (diffusion, moratorium en searching-moratorium) naar statussen die het eindpunt van de ontwikkeling van de identiteit vormen (closure respectievelijk achievement). Een dergelijke bevinding zou een replicatie in twee ontwikkelingsketens zijn van onderzoek dat laat zien dat jongeren die relatief hoog scoren op bepaalde persoonlijkheidstrekken later ook actiever zijn in het verkennen van verschillende identiteitsalternatieven [66].

9.7.4 Combineren van verschillende tijdsschalen in onderzoek naar ontwikkeling

In ▶ par. 8.1.1 liet ik zien dat veel stemmingswisselingen van dag tot dag een verklaring bieden voor het voortbestaan van angst op langere termijn. Adolescenten die vaak van dag tot dag van stemming wisselen zijn angstig en blijven dat waarschijnlijk ook [86]. Dat is een belangrijk inzicht omdat het laat zien dat kortetermijnprocessen ten grondslag kunnen liggen aan processen op langere termijn. En dat is weer belangrijk omdat alle ontwikkeling haar basis vindt in het hier en nu van het dagelijks leven. Om die reden is onderzoek naar processen op korte termijn in combinatie met processen op lagere termijn veelbelovend. Het kan de mechanismen die ten grondslag liggen aan de ontwikkeling op langere termijn goed blootleggen. Voorbeelden daarvan zijn het onderzoek dat liet zien dat negatieve ouder-adolescentrelaties hun oorsprong vinden in stemmingswisselingen van dag tot dag [67], en dat dagelijkse onzekerheid over identiteit leidt tot angst en depressie op lange termijn.

9.7.5 Op weg naar onderzoek over de hele wereld dat multidisciplinair is

Dit boek heeft laten zien dat onderzoek naar de ontwikkeling van adolescenten een duidelijke groei doormaakt. Een beperking ervan is evenwel dat het meeste onderzoek gedaan is in de rijke, westerse landen [91]. Dit betekent dat onze onderzoeksresultaten betrekking hebben op adolescenten die maar een klein deel van de wereldbevolking uitmaken. En dit vereist dat er grote investeringen worden gedaan in ontwikkelingsonderzoek naar de meerderheid van de jeugd van de wereld die in niet-westerse landen leeft. Alleen op deze manier kunnen we uitvinden welke processen van ontwikkeling in de adolescentie relatief universeel zijn en welke niet.

Ten slotte: dit boek geeft een overzicht van onderzoek naar gedrag en denken van adolescenten. Om het veld vooruit te helpen hebben we onderzoek nodig dat de studie naar gedrag combineert met longitudinaal biologische (zie Platje en anderen [89]) en neurocognitieve (zie Becht en anderen, [7]) benaderingen, en ook met moleculaire genetica (zie Pasman en anderen [88]).

Literatuur

1. Abela, J., & Hankin, B. (2011). Rumination as a vulnerability factor to depression during the transition from early to middle adolescence: A multiwave longitudinal study. *Journal of Abnormal Psychology, 120,* 259–271.
2. Ainsworth, M., & Bowlby, J. (1991). An ethological approach to personality development. *American Psychologist, 46,* 331–341.
3. Amato, P., & Booth, A. (2001). The legacy of parents' marital discord: Consequences for children's marital quality. *Journal of Personality and Social Psychology, 81,* 627–638.
4. Arnett, J. (1999). Adolescent storm and stress, reconsidered. *American Psychologist, 54,* 317–326.
5. Baltes, P. (1987). Theoretical propositions of life-span developmental psychology: On the dynamics between growth and decline. *Developmental Psychology, 23,* 611–626.
6. Bandura, A. (1977). *Social learning theory*. Englewood Cliffs, NJ: Prentice-Hall.
7. Becht, A., Bos, M., Nelemans, S., Peters, S., Vollebergh, W., Branje, S., Meeus, W., & Crone, E. (2018). Goal-directed correlates and neurobiological underpinnings of adolescent identity: A multimethod multisample longitudinal approach. *Child Development, 89,* 823–836.

8. Becht, A., Nelemans, S., Branje, S., Vollebergh, W., Koot, H., & Meeus, W. (2017). Identity uncertainty and commitment making across adolescence: Five-year within-person associations using daily identity reports. *Developmental Psychology, 53,* 2103–2112.
9. Bélanger, M., & Marcotte, D. (2013). Étude longitudinale du lien entre les changements vécus durant la transition primaire-secondaire et les symptômes dépressifs des adolescents [A longitudinal study on the link between changes during the transition from primary to secondary school and depressive symptoms in adolescence]. *Canadian Journal of Behavioural Science, 45,* 159–172.
10. Berry, D., & Willoughby, M. (2017). On the practical interpretability of cross-lagged panel models: Rethinking a developmental workhorse. *Child Development, 88,* 1186–1206.
11. Brière, F., Archambault, K., & Janosz, M. (2013). Reciprocal prospective associations between depressive symptoms and perceived relationships with parents in early adolescence. *Canadian Journal of Psychiatry, 58,* 169–176.
12. Brittain, C. V. (1967). An exploration of the bases of peer-compliance and parent-compliance in adolescence. *Adolescence, 13,* 445–458.
13. Brouns, B., De Wied, M., Keijsers, L., Branje, S., Van Goozen, S., & Meeus, W. (2013). Concurrent and prospective effects of psychopathic traits on affective and cognitive empathy in a community sample of late adolescents. *Journal of Child Psychology and Psychiatry, 54,* 969–967.
14. Buist, K., Deković, M., Meeus, W., & Van Aken, M. (2004). The reciprocal relationship between early adolescent attachment and internalizing and externalizing problem behavior. *Journal of Adolescence, 27,* 251–266.
15. Buyukcan-Tetik, A., Finkenauer, C., Siersema, M., Vander Heyden, K., & Krabbendam, L. (2015). Social Relations Model Analyses of Perceived Self-Control and Trust in Families. *Journal of Marriage and the Family, 77,* 209–223.
16. Caprara, G., Tisak, M., Alessandri, G., Fontaine, R., Fida, R., & Paciello, M. (2014). The contribution of moral disengagement in mediating individual tendencies toward aggression and violence. *Developmental Psychology, 50,* 71–85.
17. Casey, B. J., Jones, R., & Somerville, L. (2011). Braking and accelerating of the adolescent brain. *Journal of Research on Adolescence, 21,* 21–33.
18. Chung, W., Chen, C., Greenberger, E., & Heckhausen, J. (2009). A cross-ethnic study of adolescents' depressed mood and the erosion of parental and peer warmth during the transition to young adulthood. *Journal of Research on Adolescence, 19,* 359–379.
19. Cicchetti, D., & Rogosch, F. (2002). A developmental psychopathology perspective on adolescence. *Journal of Consulting and Clinical Psychology, 70,* 6–20.
20. Cleverley, K., Szatmari, P., Vaillancourt, T., Boyle, M., & Lipman, E. (2012). Developmental trajectories of physical and indirect aggression from late childhood to adolescence: Sex differences and outcomes in emerging adulthood. *Journal of the American Academy of Child and Adolescent Psychiatry, 51,* 1037–1051.
21. Cole, D. A., Nolen-Hoeksema, S., Girgus, J., & Paul, G. (2006). Stress exposure and stress generation in child and adolescent depression: A latent trait-state-error approach to longitudinal analyses. *Journal of Abnormal Psychology, 115,* 40–51.
22. Cole, D., Tram, J., Martin, J., Hoffman, K., Ruiz, M., Jacquez, F., & Maschman, T. (2002). Individual differences in the emergence of depressive symptoms in children and adolescents: A longitudinal investigation of parent and child reports. *Journal of Abnormal Psychology, 111,* 156–165.
23. Collins, W. A., & Luebker, C. (1994). Parent and adolescent expectancies: Individual and relational significance. *New Directions for Child and Adolescent Development, 66,* 65–80.
24. Cook, E., Buehler, C., & Blair, B. (2013). Adolescents' emotional reactivity across relationship contexts. *Developmental Psychology, 49,* 341–352.
25. Coyne, J. (1976a). Depression and the response of others. *Journal of Abnormal Psychology, 85,* 186–193.
26. Coyne, J. (1976b). Toward an interactional description of depression. *Psychiatry, 39,* 14–27.
27. Cui, M., & Fincham, F. (2010). The differential effects of parental divorce and marital conflict on young adult romantic relationships. *Personal Relationships, 17,* 331–343.
28. Davis, M., & Franzoi, S. (1991). Stability and change in adolescent self-consciousness and empathy. *Journal of Research in Personality, 25,* 70–87.
29. De Goede, I., Branje, S., Van Duin, J., Van der Valk, I. E., & Meeus, W. H. J. (2012). Romantic relationship commitment and its linkages with commitment to parents and friends during adolescence. *Social Development, 21,* 425–442.
30. Ehrensaft, M., Knous-Westfall, H., & Cohen, P. (2011). Direct and indirect transmission of relationship functioning across generations. *Journal of Family Psychology, 25,* 942–952.

31. Eisenberg, N., Cumberland, A., Guthrie, I. K., Murphy, B. C., & Shepard, S. A. (2005). Age changes in prosocial responding and moral reasoning in adolescence and early adulthood. *Journal of Research on Adolescence,15,* 235–260.
32. Endedijk, H., Nelemans, S., Schür, R., Boks, M., Van Lier, P., Meeus, W., Vinkers, C., Sarabdjitsingh, R., & Branje, S. (2019). The role of stressful parenting and mineralocorticoid receptor haplotypes on social development during adolescence and young adulthood. *Journal of Youth and Adolescence,* online publication first.
33. Erikson, E. (1968). *Identity: youth and crisis.* New York: W. W. Norton.
34. Fite, J., Bates, J., Holtzworth-Munroe, A., Dodge, K., Nay, S., & Pettit, G. (2008). Social information processing mediates the intergenerational transmission of aggressiveness in romantic relationships. *Journal of Family Psychology, 22,* 367–276.
35. Flouri, E., & Buchanan, A. (2002). What predicts good relationships with parents and partners in adult life: Findings from the 1958 British birth cohort. *Journal of Family Psychology, 16,* 186–198.
36. Garber, J., Keiley, M., & Martin, N. (2002). Developmental trajectories of adolescents' depressive symptoms: Predictors of change. *Journal of Consulting and Clinical Psychology, 70,* 79–95.
37. Ge, X., Conger, R., & Elder, G. (2001). Pubertal transition, stressful life events, and the emergence of gender differences in adolescent depressive symptoms. *Developmental Psychology, 37,* 404–417.
38. Grotevant, H., & Cooper, C. (1998). Individuality and connectedness in adolescent development: Review and prospects for research on identity, relationships, and context. In E. Skoe, & A. Von der Lippe, (Eds.), *Personality development in adolescence: A cross-national and life span perspective* (pp. 3–37. Florence, KY, US: Taylor & Francis/Routledge.
39. Guttman, L., & Eccles, J. (2007). Stage-environment fit during adolescence: Trajectories of family relations and adolescent outcomes. *Developmental Psychology, 43,* 522–537.
40. Hadiwijaya, H., Klimstra, T., Vermunt, J., Branje, S., & Meeus, W. (2017). On the development of harmony, turbulence, and independency in parent-adolescent relationships: A five-wave longitudinal study. *Journal of Youth and Adolescence.46,* 1772–1788.
41. Hadiwijaya, H., Klimstra, T., Vermunt, J., Branje, S., & Meeus, W. (2019). Perceived relationship development in anxious and non-anxious adolescents: A person-centered five-wave longitudinal study. *Journal of Abnormal Child Psychology, 47,* 499–513.
42. Hale, W.W., Crocetti, E., Nelemans, S., Van Lier, P., Koot, H., & Meeus, W. (2016). Mother and adolescent expressed emotion and adolescent internalizing and externalizing symptom development: A six-year longitudinal study. *European Child and Adolescent Psychiatry, 25,* 615–624.
43. Hale, W., Keijsers, L., Klimstra, T., Raaijmakers, Q., Hawk, S., Branje, S., ... Meeus, W. (2011). How does longitudinally measured maternal Expressed Emotion affect internalizing and externalizing symptoms of adolescents from the general community? *Journal of Child Psychology and Psychiatry, 52,* 1174–1183.
44. Hale, W., Klimstra, T., Branje, S., Wijsbroek, S., & Meeus, W. (2013). Is adolescent Generalized Anxiety Disorder a magnet for perceived negative parental interpersonal behaviors? *Depression and Anxiety, 30,* 849–856.
45. Hale, W., Van der Valk, I., Akse, J. & Meeus, W. (2008). The interplay of early adolescents' depressive symtoms, aggression and perceived parental rejection: A four-year community study. *Journal of Youth and Adolescence, 37,* 928–940.
46. Hamaker, E., Kuiper, R., & Grasman, R. (2015). A critique of the cross-lagged panel model. *Psychological Methods, 20,* 102–116.
47. Hankin, B., Abramson, L., Mofitt, T., Silva, P., McGee, R., & Angell, K. (1998). Development of depression from preadolescence to young adulthood: Emerging gender differences in a 10-year longitudinal study. *Journal of Abnormal Psychology, 107,* 128–140.
48. Hankin, B., Young, J., Abela, J., Smolen, A., Jenness, J., Gulley, L., ... Oppenheimer, C. (2015). Depression from childhood into late adolescence: Influence of gender, development, genetic susceptibility, and peer stress. *Journal of Abnormal Psychology, 124,* 803–816.
49. Hare, A., Miga, E., & Allen, J. (2009). Intergenerational transmission in romantic relationships: The moderating role of attachment security. *Journal of Family Psychology, 23,* 808–818.
50. Hawk, S. T., Keijsers, L., Frijns, T., Hale, W., & Meeus, W. (2013). "I still haven't found what I'm looking for": Parental privacy invasion predicts reduced parental knowledge. *Developmental Psychology, 49,* 1286–1298.
51. Hirschi, T. (1969). *Causes of delinquency.* Berkeley, CA: University of California Press.
52. Hollenstein, T., & Lougheed, J. (2013). Beyond storm and stress. *American Psychologist, 68,* 444–454.
53. Huh, D., Tristan, J., Wade, E., & Stice, E. (2006). Does problem behavior elicit poor parenting? A prospective study of adolescent girls. *Journal of Adolescent Research, 21,* 185–204.

54. Keenan, K., Culbert, K., Grimm, K., Hipwell, A., & Stepp, S. (2014). Timing and tempo: Exploring the complex association between pubertal development and depression in African American and European American girls. *Journal of Abnormal Psychology, 123*, 725–736.
55. Keijsers, L., Voelkle, M., Maciejewski, D., Branje, S., Koot, H., Hiemstra, M., & Meeus, W. (2016). What drives developmental change in adolescent disclosure and maternal knowledge? Heterogeneity in within-family processes. *Developmental Psychology, 52*, 2057–2070.
56. Kerr, M., Stattin, H., & Özdemir, M. (2012). Perceived parenting style and adolescent adjustment: Revisiting directions of effects and the role of parental knowledge. *Developmental Psychology, 48*, 1540–1553.
57. Kofler, M., McCart, M., Zajac, K., Ruggiero, K., Saunders, B., Kilpatrick, D. (2011). Depression and delinquency covariation in an accelerated longitudinal sample of adolescents. *Journal of Consulting and Clinical Psychology, 79*, 458–469.
58. Kouros, C., & Garber, J. (2014). Trajectories of individual depressive symptoms in adolescents: Gender and family relationships as predictors. *Developmental Psychology, 50*, 2633–2643.
59. Krueger, R. (1999). The structure of common mental disorders. *Archives of General Psychiatry, 56*, 921–926.
60. Laird, R., Pettit, G., Bates, J., & Dodge, K. (2003). Parents' monitoring-relevant knowledge and adolescents' delinquent behavior: Evidence of correlated developmental changes and reciprocal influences. *Child Development, 74*, 752–768.
61. Landsheer, J., Oud, J., & Van Dijkum, C. (2008). Male and female development of delinquency during adolescence and early adulthood: A differential autoregressive model of delinquency using an overlapping cohortdesign. *Adolescence, 43*, 89–98.
62. Lerner, R. (1991). Changing organism-context relationships as the basic process of development: A developmental contextual perspective. *Developmental Psychology, 27*, 27–32.
63. Lerner, R. (1996). Relative plasticity, integration, temporality, and diversity in human development: A developmental contextual perspective about theory, process, and method. *Developmental Psychology, 32*, 781–786.
64. Loukas, A. (2009). Examining temporal associations between perceived maternal psychological control and early adolescent internalizing problems. *Journal of Abnormal Child Psychology, 37*, 1113–1122.
65. Luyckx, K., Teppers, E., Klimstra, T., & Rassart, J. (2014). Identity processes and personality traits in adolescence: Directionality of effects and developmental trajectories. *Developmental Psychology, 50*, 2144–2153.
66. Luyckx, K., Schwartz, S. J., Goossens, L., Soenens, B., & Beyers, W. (2008). Developmental typologies of identity formation and adjustment in female emerging adults: A latent class growth analysis approach. *Journal of Research on Adolescence, 18*, 595–619.
67. Maciejewski, D., Van Lier, P., Neumann, A., Van der Giessen, D., Branje, S., Meeus, W., & Koot, H. (2014). The development of adolescent generalized anxiety and depressive symptoms in the context of adolescent mood variability and parent-adolescent negative interactions. *Journal of Abnormal Child Psychology, 42*, 515–526.
68. Marcia, J. E. (1966). Development and validation of ego identity status. *Journal of Personality and Social Psychology, 3*, 551 – 558.
69. Measelle, J., Stice, E., & Hogansen, J. (2006). Developmental trajectories of co-occurring depressive, eating, antisocial, and substance abuse problems in female adolescents. *Journal of Abnormal Psychology, 115*, 524–538.
70. Meeus, W. (1992). *Kiezen, legitimeren en adolescente identiteit. Over jongeren, levensloop en het zelf.* Groningen: Wolters-Noordhoff.
71. Meeus, W. (2011). The study of adolescent identity formation 2000 – 2010: A review of longitudinal research. *Journal of Research on Adolescence, 21*, 75–94.
72. Meeus, W. (2016). Adolescent psychosocial development: A review of longitudinal models and research. *Developmental Psychology, 52*, 1969–1993.
73. Meeus, W. (2018). The identity status continuum revisited. A comparison of longitudinal findings with Marcia's model and dual cycle models. *European Psychologist, 23*, 289–299.
74. Meeus, W. (2019). *Adolescent development. Longitudinal research into the self, personal relationships and psychopathology*. Abingdon, Oxon & New York: Routledge.
75. Meeus, W., Iedema, J., Helsen, M., & Vollebergh, W. (1999). Patterns of adolescent identity development: Review of literature and longitudinal analysis. *Developmental Review, 19*, 419–461.
76. Meeus, W., Van de Schoot, R., Hawk, S., Hale, B., & Branje, S. (2016). Direct aggression and generalized anxiety in adolescence: Heterogeneity in development and intra-individual change. *Journal of Youth and Adolescence, 45*, 361–375.

77. Meeus, W., Van de Schoot, R., Keijsers, L., & Branje, S. (2012). Identity statuses as developmental trajectories. A five-wave longitudinal study in early-to-middle and middle-to-late adolescents. *Journal of Youth and Adolescence, 41*, 1008–1021.
78. Meeus, W., Van de Schoot, R., Keijsers, L., Schwartz, S. J., & Branje, S. (2010). On the progression and stability of adolescent identity formation. A five-wave longitudinal study in early-to-middle and middle-to-late adolescence. *Child Development, 81*, 1565–1581.
79. Meeus, W., Van de Schoot, R., Klimstra, T., & Branje, S. (2011). Personality types in adolescence: Change and stability and links with adjustment and relationships: A five-wave longitudinal study. *Developmental Psychology, 47*, 1181–1195.
80. Miklikowska, M., Duriez, B., & Soenens, B. (2011). Family roots of empathy-related characteristics: The role of perceived maternal and paternal need support in adolescence. *Developmental Psychology, 47*, 1342–1352.
81. Minuchin, P. (1985). Families and individual development: Provocations from the field of family therapy. *Child Development, 56*, 289–302.
82. Moffitt, T. (1993). Adolescence-limited and life-course-persistent antisocial behavior: A developmental taxonomy. *Psychological Review, 100*, 674–701.
83. Morris, M., Ciesla, J., & Garber, J. (2010). A prospective study of stress autonomy versus stress sensitization in adolescents at varied risk for depression. *Journal of Abnormal Psychology, 119*, 341–354.
84. Nelemans, S. A., Hale III, W. W., Branje, S., Raaijmakers, Q., Frijns, T., Van Lier, P., & Meeus, W. (2014). Heterogeneity in development of adolescent anxiety disorder symptoms in an 8-year longitudinal community study. *Development and Psychopathology, 26*, 181–202.
85. Nelemans, S., Hale, B., Raaijmakers, Q., Branje, S., Van Lier, P., Koot, H., & Meeus, W. (2017). The role of stress reactivity in the long-term persistence of adolescent social anxiety symptoms. *Biological Psychology, 125*, 91–104.
86. Neumann, A., Van Lier, P., Frijns, T., Meeus, W., & Koot, H. (2011). Emotional dynamics in the development of early adolescent psychopathology: A one-year longitudinal study. *Journal of Abnormal Child Psychology, 39*, 657–669.
87. Nigg, J. (2006). Temperament and developmental psychopathology. *Journal of Child Psychology and Psychiatry, 47*, 395–422.
88. Pasman, J., Verweij, K., Gerring, Z., Stringer, S., Sanchez-Roige, S., Treur, J., Abdellaoui, A., Nivard, M., Baselmans, B., Ong, J-S., Ip, H., Van der Zee, M., Bartels, M., Day, F., Fontanillas, P., Elson, S., the 23andMe Research Team, de Wit, H., Davis, L., MacKillop, J., The Substance Use Disorders Working Group of the Psychiatric Genomics Consortium, International Cannabis Consortium, Derringer, J., Branje, S., Hartman, C., Heath, A., Van Lier, P., Madden, P., Mägi, R., Meeus, W., Montgomery, G., Oldehinkel, A., Pausova, Z., Ramos-Quiroge, J., Paus, T., Ribases, M., Kaprio, J., Boks, M., Bell, J., Spector, T., Gelernter, J., Boomsma, D., Martin, N., MacGregor, S., Perry, J., Palmer, A., Posthuma, D., Munafò, M., Gillespie, N., Derks, E., & Vink, J. (2018). GWAS of lifetime cannabis use identifies new risk loci, genetic overlap with psychiatric traits, and a causal influence of schizophrenia. *Nature Neuroscience, 21*, 1161–1170.
89. Platje, E., Vermeiren, R., Raine, A., Doreleijers, T., Keijsers, L., Branje, S., Popma, A., Van Lier, P., Koot, H., Meeus. W., & Jansen, L. (2013). A longitudinal biosocial study of cortisol and peer influence on the development of adolescent antisocial behavior. *Psychoneuroendocrinology, 38*, 2770–2779.
90. Raby, K., Lawler, J., Shlafer, R., Hesemeyer, P., Collins, W., & Sroufe, A. (2015). The interpersonal antecedents of supportive parenting: A prospective, longitudinal study from infancy to adulthood. *Developmental Psychology, 51*, 115–123.
91. Raffaelli, M., Lazarevic, V., Koller, S., Nsamenang, A., & Sharma, D. (2013). Introduction: Special issue on adolescents in the majority world. *Journal of Research on Adolescence, 23*, 1–8.
92. Rauer, A., Petitt, G., Lansford, J., Bates, J., & Dodge, K. (2013). Romantic relationship patterns in young adulthood and their developmental antecedents. *Developmental Psychology, 49*, 2159–2171.
93. Schwartz, S., Klimstra, T., Luyckx, K., Hale, W., Frijns, T., Oosterwegel, A., van Lier, P., Koot, H., & Meeus, W. (2011). Daily dynamics of personal identity and self-concept clarity. *European Journal of Personality, 25*, 373–385.
94. Smetana, J., & Asquith, P. (1994). Adolescents' and parents' conceptions of parental authority and personal autonomy. *Child Development, 65*, 1147–1162.
95. Smetana, J., & Gettman, D. (2006). Autonomy and relatedness with parents and romantic development in African American adolescents. *Developmental Psychology, 42*, 1347–1351.

96. Soenens, B., Luyckx, K., Vansteenkiste, M., Duriez, B., & Goossens, L. (2008). Clarifying the link between parental psychological control and adolescents' depressive symptoms. *Merrill Palmer Quarterly, 54,* 411–444.
97. Steeger, C., & Gondoli, D. (2013). Mother-adolescent conflict as mediator between adolescent problem behaviors and maternal psychological control. *Developmental Psychology, 49,* 804–814.
98. Steinberg, L. (2001). We know some things: Parent-adolescent relationships in retrospect and prospect. *Journal of Research on Adolescence, 11,* 1–19.
99. Surjadi, F., Lorenz, F., Conger, R., & Wickrama, K. (2013). Harsh, inconsistent parental discipline and romantic relationships: Mediating processes of behavioral problems and ambivalence. *Journal of Family Psychology, 27,* 762–772.
100. Van Delden, A., Van der Valk, I., Meeus, W., & Branje, S. (2017). *Adolescent substance use trajectories in relation to internalizing problems in young adulthood: The role of friendship quality.* Manuscript aangeboden voor publicatie.
101. Van der Giessen, D., Branje, S., & Meeus, W. (2014). Perceived autonomy support from parents and best friends: Longitudinal associations with adolescents' depressive symptoms. *Social Development, 23,* 537–555.
102. Van der Graaff, J., Branje, S., De Wied, M., Hawk, S., Van Lier, P., & Meeus, W. (2014). Perspective taking and empathic concern in adolescence: Gender differences in developmental changes. *Developmental Psychology, 50,* 881–888.
103. Van Eijck, F., Branje, S., Hale, W. W., & Meeus, W. (2012). Longitudinal associations between perceived parent-adolescent attachment relationship quality and generalized anxiety disorder symptoms in adolescence. *Journal of Abnormal Child Psychology, 40,* 871–883.
104. Van Lissa, C. J., Hawk, S. T., Branje, S, Van Lier, P., Koot, H., & Meeus, W. (2015). Divergence between adolescent and parental perceptions of conflict in relationship to adolescent empathy development. *Journal of Youth and Adolescence, 44,* 48–61.
105. Van Oort, F., Greaves-Lord, K., Verhulst, F., Ormel, J., & Huizink, A. (2009). The developmental course of anxiety symptoms during adolescence: The TRAILS study. *Journal of Child Psychology and Psychiatry, 50,* 1209–1217.
106. Weems, C. (2008). Developmental trajectories of childhood anxiety: Identifying continuity and change in anxious emotion. *Developmental Review, 28,* 488–502.
107. Xie, H., Drabick, D., & Chen, D. (2011). Developmental trajectories of aggression from late childhood through adolescence: Similarities and differences across gender. *Aggressive Behavior, 37,* 387–404.
108. Youniss, J., & Smollar, J. (1985). *Adolescent relationships with mothers, fathers, and friends.* Chicago: University of Chicago Press.

Bijlagen

Bijlage A – 174

Literatuur – 175

Register – 176

© Bohn Stafleu van Loghum is een imprint van Springer Media B.V., onderdeel van Springer Nature 2019
W. Meeus, *Vallen en opstaan in de adolescentie*, https://doi.org/10.1007/978-90-368-2362-3

Bijlage A

Beschrijving van de steekproeven van de eigen longitudinale studies

Het merendeel van de onderzoeksresultaten uit dit boek komt uit vier longitudinale studies uitgevoerd aan de Universiteit van Utrecht.

USAD (Utrecht Study of Adolescent Development 1991–1997) is een drie-wave longitudinale studie met metingen uitgevoerd in 1991, 1994 en 1997. De longitudinale steekproef bestond uit 1.302 deelnemers (42 % jongens) onderverdeeld in 25 % vroege adolescenten van 12–14 jaar, 26 % middenadolescenten van 15–17 jaar, 20 % late adolescenten van 18–20 jaar en 29 % postadolescenten van 21–24 jaar in 1991. Zestien procent van de deelnemers had een laag opleidingsniveau en 41 % een gemiddeld, 25 % een hoog en 18 % het hoogste opleidingsniveau. De steekproef is representatief voor de oorspronkelijk Nederlandse jeugd van de jaren negentig. Een gedetailleerdere steekproefbeschrijving is te vinden in Meeus en anderen [3].

CONAMORE (COnflict And Management Of RElationships 2001–2010) is een zes-wave longitudinale studie. De eerste vijf waves werden jaarlijks uitgevoerd tussen 2001 en 2005 en een zesde wave in 2010. De longitudinale steekproef bestond uit 1.313 jongeren (48,5 % jongens) onderverdeeld in een cohort vroege tot middenadolescenten ($n = 923$; 70,3 %) die op meting 1 gemiddeld 12,4 jaar waren, en een cohort midden- tot late adolescenten ($n = 390$) met een gemiddelde leeftijd van 16,7 jaar op meting 1. De steekproef was relatief hoogopgeleid: ongeveer 20 % van de deelnemers had een laag opleidingsniveau en 80 % een gemiddeld of hoog opleidingsniveau. De meeste deelnemers waren van oorsprong Nederlands (86 %). Een gedetailleerdere steekproefbeschrijving is te vinden in Klimstra en anderen [2].

RADAR-young (Research of Adolescent Development And Relationships, younger cohort, 2005 tot heden) is een lopend longitudinaal onderzoek. Tot nu toe zijn 9 waves uitgevoerd. De steekproef bestaat uit 497 adolescenten (56,9 % jongens), hun vaders en moeders, een broer of zus, en de beste vriend van de adolescent. Op de eerste meting waren de deelnemers gemiddeld 13,03 jaar en zaten ze in het eerste jaar van de middelbare school. De meeste adolescenten zijn oorspronkelijk Nederlands (95 %) en komen uit gezinnen met een gemiddelde of hoge sociaaleconomische status (89 %). Dit betekent dat de deelnemers een hogere sociaaleconomische status hebben dan de algemene bevolking van Nederland (CBS [1]). Een gedetailleerdere steekproefbeschrijving is te vinden in Van Lier en anderen [5].

RADAR-old (Research of Adolescent Development And Relationships, older cohort, 2002 tot heden) is een lopend longitudinaal onderzoek. Tot nu toe zijn 12 waves uitgevoerd. De steekproef bestaat uit 323 adolescenten (48,9 % jongens) en hun vaders en moeders. Op de eerste meting waren de deelnemers gemiddeld 13,2 jaar en zaten ze in het eerste jaar van de middelbare school. De meeste adolescenten zijn oorspronkelijk Nederlands (99 %) en komen uit gezinnen met een gemiddelde of hoge sociaaleconomische status (70 %). Dit betekent dat de deelnemers een hogere sociaaleconomische status hebben dan de algemene bevolking van Nederland (CBS [1]). Een gedetailleerdere steekproefbeschrijving is te vinden in Van Doorn en anderen [4].

Literatuur

1. CBS (2005). Nederlandse bevolking steeds hoger opgeleid. *CBS Web-magazine, 25 juli.*
2. Klimstra, T. A., Hale, W. W., Raaijmakers, Q. A. W., Branje, S. J. T., & Meeus, W. (2009). Maturation of personality in adolescence. *Journal of Personality and Social Psychology, 96,* 898–912.
3. Meeus, W., Branje, S., & Overbeek, G. (2004). Parents and partners in crime: A six-year longitudinal study on changes in supportive relationships and delinquency in adolescence and young adulthood. *Journal of Child Psychology and Psychiatry, 45,* 1288–1298.
4. Van Doorn, M., Branje, S., & Meeus, W. (2007). Longitudinal transmission of conflict resolution styles from marital relationships to adolescent-parent relationships. *Journal of Family Psychology, 21,* 426–434.
5. Van Lier, P., Frijns, T., Den Exter Blokland, E., Neumann, A., Koot, H., & Meeus, W. (2008). *The RADAR study: Design, description of sample and validation of cohort assignment.* Ongepubliceerd manuscript, Vrije Universiteit Amsterdam.

Register

A

adolescentie 2
- als vormende periode 7, 9
- fase 'ga de wereld in' 154
- late adolescentie (18–20 jaar) 5
- middenadolescentie (15–17 jaar) 5
- moeilijke adolescentie 3, 6
- postadolescentie (21–23 jaar) 5
- subfasen 5
- uitgerekte adolescentie 4
- vroege adolescentie (12–14 jaar) 5

C

communicatie-en-privacytheorie 133

D

directe agressie 87

E

eindpunt van ontwikkeling 16
emotie-expressie 117
emotieregulatie 130
emoties
- niveau van emoties 130
- variabiliteit van 130
empathie 60
- affectieve 60
- cognitieve 60
- empathische betrokkenheid 60
- metacognitie 154
- perspectief nemen 60
- volgorde van affectieve en cognitieve empathie 117
etnocentrisme 33
externaliserend probleemgedrag 85
- alleen-adolescente (adolescence-limited) delinquenten 86
- delinquentie 86
- differentiële-associatietheorie 86
- druggebruik 87
- langdurige (life-course persistent) delinquenten 86
- leeftijd-delictcurve 86
- ontwikkelingstaxonomie 86
- sociale-controletheorie 86
externaliserende problemen 85

G

gedragsgenetische studies 58
generatiekloof 6

I

identiteit 23
- exploratie-commitmentvolgorde 165
- exploratie en commitment 24
- 'fundamentele ontwikkelingshypothese' van het identiteitsstatussenmodel 27
- handhaving van 30
- Marcia's model 26
- Meeus-Crocetti-model 24
- twee cycli van de ontwikkeling van 25
- vorming van 30
identiteitscontinuüm 26
identiteitscrisis 7
identiteitsstatussen 24
individuatie in relaties 154
internaliserend probleemgedrag 85
- angstreactiesysteem 85
- angstsymptomen 85
- depressieve symptomen 85
internaliserende en externaliserende problemen
- basale gevoelens van onveiligheid en angst 94
- faalmodel (failure model) 94
- gegeneraliseerde angst en directe agressie 94
- stabiliteitsmodel (stability model) 94
internaliserende problemen 85
intieme relaties 109

K

kind-effectmodellen 117
Kistemaker, Henk 2

L

leeftijdsgenoot-effectmodellen 117

M

Malala 2
manieren om ontwikkeling te beschrijven 14
- gemiddelde verandering 14
- ontstaan van individuele verschillen 14
- ontwikkelingsketens 16
- profielstabiliteit 15
marshmallowtest 108
maturatie 35
- kloof tussen biologische en sociale 155
- maturatie op groepsniveau 144
- maturatie op individueel niveau 144
- van cognitieve empathie 76
- van ouder-adolescentrelaties 76
- van persoonlijke identiteit 35
- van persoonlijkheid 50
- van vriendschapsrelaties 76
maturatie-effect 159
maturatiegebrek 155
maturatiekloof 86
maturatiestress 155
meervoudige ontwikkeling 107
- ontwikkelingsvolgorde 113
- ontwikkelingsvolgordemediatiemodel 132
- ontwikkelingsvolgordemodellen 107
- oorzaak en gevolg 113
- voorspellingsmodellen 107
multigerichtheid van de ontwikkeling 150

N

neurobiologisch model van de ontwikkeling 10
no-futuregevoel 7
normatieve ontwikkeling 144

O

ontwikkelingspatronen 9
- beperkingen in het opvoeden van adolescenten 137
- de donkere kant van variabiliteit en onzekerheid 137

Register

- dominantie van ouders in overdracht van denken en doen 120
- goed gaat samen met goed en slecht met slecht in de adolescente ontwikkeling 120
- heterogene continuïteit van persoonlijke relaties 112
- maturatie 143
- psychopathologie van adolescenten leidt tot erosie van persoonlijke relaties 120
- psychopathologie van adolescenten voorkomt dat ouders hun zelfstandigheid geven 120

opvoeden 58
- controle 58
- gedragsmatige controle 58
- impliciet opvoeden 120
- psychologische controle 58
- warmte/steun 58

ouder-adolescentrelaties 57
- conflict 61
- evolutionair perspectief 57
- geheimhouden 61
- herschikkingsperspectief 57
- in overleg conflicten oplossen 61
- informatie delen 61
- macht 61
- ouder-adolescent- en vriendschapsrelaties 69
- rijpingsperspectief 57
- separatie-individuatieperspectief 57
- steun 61
- typen van 67

ouder-effectmodellen 117

overdracht van ouders naar kinderen 115
- gezinssysteemtheorie 115
- hoge stabiliteit 115
- overdacht van denken en doen 116
- sociale leertheorie 115

P

persoonlijkheid 43
- Big Five 43
- ego-controle 44
- ego-veerkracht 44
- persoonlijkheidstrekken 43
- persoonlijkheidstypen 43
- profielstabiliteit 47

politieke identiteit 32
- links-rechtsidentificatie 32

R

regels van individuele ontwikkeling 144
- buurteffecten in ontwikkeling 144
- dynamiek van de ontwikkeling 144
- richting van ontwikkeling 144

relatie-erosie-effect 166

relaties met leeftijdsgenoten 111
- gelijkwaardige relaties 111

relatieve kneedbaarheid 150

S

sekseverschillen 161

sociale-metertheorie 129
- zelfwaardering en waardering door anderen 129

spiegelwaardering 129

stemmingswisselingen 8

stressgevoeligheid in sociale situaties 131

streven naar sociaaleconomische gelijkheid 33

T

terreinhypothese van het ouder-leeftijdsgenotenconflict 133

terreinspecifieke zeggenschap van ouders 133

typen in de ontwikkeling 16
- eindpunt van ontwikkeling 16
- tijdelijk type 17

V

vriendschappen 59
- conflict 61
- hechtingstheorie 59
- individuatie 59
- macht 61
- probleem oplossen 63
- psychologische nabijheid 59
- Selmans sociaal-cognitieve theorie 59
- steun 61
- verbondenheid-individualiteitstheorie 59

W

wurgspel 2

Z

zelfcontrole 108

Zwaanswijk, Bertus 2
- Lucebert 2

MIX
Papier aus verantwortungsvollen Quellen
Paper from responsible sources
FSC® C105338

If you have any concerns about our products,
you can contact us on
ProductSafety@springernature.com

In case Publisher is established outside the EU,
the EU authorized representative is:
**Springer Nature Customer Service Center GmbH
Europaplatz 3, 69115 Heidelberg, Germany**

Printed by Libri Plureos GmbH
in Hamburg, Germany